新时代山地户外运动产业高质量发展研究

朱亚成◎著

九州出版社
JIUZHOUPRESS

图书在版编目（CIP）数据

新时代山地户外运动产业高质量发展研究 / 朱亚成著.
— 北京 : 九州出版社,
ISBN 978-7-5225-0301-1

Ⅰ. ①新… Ⅱ. ①朱… Ⅲ. ①新时代-山地户外运动产业-高质量发展-中国 Ⅳ. ①G000

中国版本图书馆CIP数据核字(2021)第143194号

新时代山地户外运动产业高质量发展研究

作　　者　朱亚成　著
责任编辑　李　荣
出版发行　九州出版社
地　　址　北京市西城区阜外大街甲 35 号 (100037)
发行电话　(010)68992190/3/5/6
网　　址　www.jiuzhoupress.com
电子信箱　jiuzhou@jiuzhoupress.com
印　　刷　北京荘都印务有限公司
开　　本　787 毫米 ×1092 毫米　16 开
印　　张　15.25
字　　数　271 千字
版　　次　2021 年 8 月第 1 版
印　　次　2021 年 8 月第 1 次印刷
书　　号　ISBN 978-7-5225-0301-1
定　　价　78.00 元

前 言

党的十九届五中全会指出，“十四五”时期经济社会发展要以推动高质量发展为主题，以深化供给侧结构性改革为主线，以改革创新为根本动力，以满足人民日益增长的美好生活需要为根本目的，做到社会文明程度得到新提高，人民思想道德素质、科学文化素质和身心健康素质明显提高。新时代我国社会主要矛盾已经转化为人民日益增长的美好生活需要和不平衡不充分的发展之间的矛盾。人民群众既向往“金山银山”带来的财富获得感，又向往“绿水青山”承载的户外生活幸福感。国务院及有关部委陆续出台相关政策，山地户外运动相关政策组合拳不断发力，如何将制度优势转化为治理效能是山地户外运动产业高质量发展的关键。我国山地户外运动经历了从民间草根运动到顶层设计行动的跨越，在体育强国建设背景下，山地户外运动通过对“两山理论”的最佳诠释，让全民健身赋能全民健康，让全民健康助力全面小康，山地户外运动将逐渐成长为支柱性产业和标志性事业。

山地户外运动产业是经济和社会发展到一定历史阶段的经济现象和社会现象。山地户外运动产业是健身休闲产业的重要组成部分，是以自然山地环境为载体、以参与体验为主要形式、以促进身心健康为目的，向大众提供相关产品和服务的一系列经济活动，主要包括登山、徒步、露营、真人 CS 野战、极限拓展、骑行、自然岩壁攀登、跑马、滑草、越野车、卡丁车、定向与导航等项目。大力发展山地户外运动产业是满足新时代人民群众对美好体育生活向往的重要途径，是落实《全民健身计划（2021–2025 年）》、推进健康中国行动（2019–2030 年）、建设体育强国和健康中国、激发产业发展活力的重要内容，对释放消费潜力、打造经济增长新动能具有十分重要的意义。

从20世纪50年代开始，我国的户外运动经历了三个发展阶段：科考探险阶段（始于20世50年代）、专业赛事阶段（始于20世纪80年代）、全民健身阶段（始于20世纪90年代）。2005年4月，国家体育总局将山地户外运动设立为正式开展的体育项目，标志着我国户外运动步入发展快车道。2020年12月，运动攀岩正式成为2024年巴黎奥运会赛事项目，并设4块金牌。至于攀岩项目，巴黎奥运会对于中国代表团是一个利好。在今后相当一段时间内，攀岩运动“入奥效应”愈加显著。在参与人数上，根据2014年统计的数据，目前我国每年已有1.3亿人开展徒步旅行、休闲户外等泛户外运动；有6000万人进行登山、攀岩、徒步等户外运动。2020年新冠肺炎疫情让人们重新认识到运动和健康的重要性，参与户外运动的需求和动力持续高涨。后疫情时代，我国户外运动参与人数将呈现井喷式增长。在市场规模上，2020年我国户外用品市场规模超过270亿元，创造了历史新高。总体而言，无论是市场接受度，还是社会参与度，或是在产业覆盖面等方面，山地户外运动产业的实力都得到了显著的增长。

梳理我国山地户外运动产业发展历史不难发现，我国山地户外运动产业发展大体上经历了三个阶段：生根发芽阶段（2005年之前）、内生长阶段（2005–2016年）、顶层设计阶段（2017–2025年），并预测到2025年以后达到成熟发展阶段。我国山地户外运动产业发端于民间小众群体，其成长过程具有典型的自组织演化特点。得益于经济社会大环境的利好，户外休闲逐渐成长为社会广泛认同和追求的时尚生活方式，户外休闲的强大需求必然衍生为巨大的产业消费架构，其经济活力和社会价值得到政府在内的相关组织的关注和认可，此时就需要引导型产业成长政策的介入。无论从政策支持层面还是经济承载层面，我国已经到了发展山地户外运动的最佳时机。

2016年11月8日，《山地户外运动产业发展规划》（以下简称《规划》）由国家体育总局牵头，与国家发展改革委、工业和信息化部、财政部、国土资源部、住房城乡建设部、交通运输部、国家旅游局联合印发。该《规划》的颁布实施无疑对我国山地户外运动乃至体育产业的发展具有重大里程碑意义！《规划》聚焦在山地户外健身休闲产业领域，突出问题导向，求深求实，集中发力，其主要思路是通过大力培育市场主体，着力完善设施建设，强化创新驱动，推动山地户外运动产业供给侧结构性改革，优化消费环境，让更多普通群众参与户外健身休闲，享受品质服务，全面提升幸福感和获得感。《规划》明确提出，“到2020年基本形成布局合理、功能完善、门类齐全的山地户外运动产业体系，市场机制不断完善，消费需求愈加旺盛，对其它产业带动作用明显提升。山地户外运动产业总规模达到4000亿元，成为推动经济社会持续发展的重要力量”。

为了实现上述目标，《规划》提出要在以下六个方面着力加以推动：一是加快场地设施建设，提出建立“点、线、面”立体、多元的山地户外运动场地设施体系；二是丰富赛事活动供给，要求持续完善、不断创新，打造顶级赛事引领、专业赛事推动、业余赛事普及的赛事层级体系；三是培育多元市场主体，要求支持和鼓励各种山地户外类企业发展，大力支持各类山地户外运动社会组织发展；四是全面提升产业能级，提出优化山地户外相关产业结构，推动山地户外运动服务标杆引领，打造“三纵三横”的全国山地户外运动战略布局，形成各具特色的山地户外运动产业集聚区和产业带，推动山地户外运动需求升级形成产业融合体系；五是积极引导大众消费，要大力推广适合公众广泛参与消费的山地户外运动项目，积极引导具有消费引领性的山地户外运动重点项目健康发展，鼓励适合不同人群、不同地域特点的特色运动项目发展，逐步满足广大人民群众层次化、多元化消费需求；六是健全安全救援体系，要求打造安全急救网络，加强安全信息警示，建立应急救援机制。

自从《规划》颁布实施之后，我国山地户外运动产业发展迎来“春天”，山地户外运动产业取得全方位的发展和突破。

第一，在政策落实上，我国山地户外运动发达省份纷纷结合本省实际情况，制定本省加快发展山地户外运动行动方案或发展规划。2018年7月江苏省印发《加快发展山地户外运动产业行动方案》（苏体经〔2018〕49号），2018年11月陕西省出台《山地户外运动产业发展规划（2018–2025年）》，2019年4月江西省制定《山地户外运动产业发展规划（2019–2025年）》等。如在《江苏省加快发展山地户外运动产业行动方案》中明确提出，“到2020年，产业总规模达到400亿元”；在《陕西省山地户外运动产业发展规划（2018–2025年）》中提出“到2025年，山地户外运动产业总规模达到450亿元，成为推动陕西经济转型升级的重要力量和现代服务业的增长点”；在《江西省山地户外运动产业发展规划（2019–2025年）》中提出“参加山地户外运动的人数力争达到全省总人口的20%，各县（市、区）力争完成300公里左右健身步道（登山步道、健步走道、骑行步道）建设目标，山地户外运动产业总规模得到明显提升”。此外，在全国各省最近颁布和出台的《体育强省发展规划》中，大部分省份将“发展山地户外运动产业”作为实现体育强省目标的应对之举。如在《西藏自治区人民政府办公厅关于加快建设体育强区的实施意见》中提出“实施山地户外运动引领工程”。

第二，在市场规模上，户外运动产业整体市场规模稳步提升。据不完全统计，2016年中国户外运动行业整体市场规模达484亿元人民币，其中核心户外市场规模达到 184.4 亿元，较上年增长 1.9%。2017 年户外整体市场规模达 504.2 亿元人民币，其中核心户外市场规模达到 190.3 亿元，较上年增长 3.2%。2018 年户外运动行业整体市场规模达 537 亿元人民币，其中核心户外市场规模达到 204.1 亿元。与此同时，与山地户外运动产业相关的体育产业和文旅产业呈现双向增长态势。2018 年，全国体育产业总规模（总产出）为 26579 亿元，增加值为 10078 亿元，体育产业增加值占国内生产总值的比重达到 1.1%。其中，体育服务业保持良好发展势头，增加值为 6530 亿元，在体育产业中所占比重达到 64.8%，比上年有所提高；体育用品及相关产品制造的增加值为 3399 亿元，占全部体育产业增加值比重的 33.7%。2019 年，我国文化产业和旅游产业总量规模稳步增长，产业结构逐步优化。2019 年前三季度，全国 5.6 万家规模以上文化及相关产业企业实现营业收入 62187 亿元，同比增长 7.6%。2019 年前三季度，国内旅游人数达到 45.97 亿人次，同比增长 8.8%，入境旅游人数 10876 万人次，同比增长 4.7%，出境旅游人数 11990 万人次，同比增长 8.5%。2019 年，国家发展改革委核准发行的文化和旅游企业债券规模约 777 亿元，同比增长 5.34 倍。

第三，在赛事活动上，近年来我国山地户外运动赛事规模逐渐扩大，赛事种类逐渐丰富，培育了一批国际级品牌赛事，打造了一批具有国家影响力、国内知名的品牌赛事，初步形成了“一项一品”、“一地一品”的山地户外运动赛事发展良好局面。仅以 2020 年下半年为例，全国一共举办了 20 余场大规模的山地户外运动赛事，主要分布在北京、贵州、山东、浙江、山西、吉林、广西等地。2020 年 7 月辽宁省举办全国山地户外领队综合技能训练营定向赛，8 月北京举办活力中国 2020 X-O Life 超级山地定向越野赛、贵州省举办 2020 年贵州省青少年锦标赛攀岩比赛、山西省长治市举办中国 · 长治“太行山登山活动”暨第一届八泉峡户外挑战赛，9 月山东省举办第 34 届泰山国际登山比赛、吉林省举办长白山全国山地户外运动挑战赛、贵州省黔南州举办第四届山地户外运动攀岩挑战赛，10 月贵州省举办“共享新时代 · 全民健身贵阳行”之山地户外系列赛事，11 月浙江省举办第三届“一带一路”中国四明山百公里山地户外运动挑战赛、湖州市举办 2020 中国 · 安吉“云上草原杯”全国山地户外运动多项赛，10 月、11 月和 12 月在浙江、广西等地举办中国山地户外运动越野挑战赛等多项重大赛事。上述赛事是在新冠肺炎疫情的背景下举办的，后疫情时代，我国山地户外运动赛事将会迎来大爆发。

第四，在具体实践上，全国多省多地涌现出山地户外运动产业典型示范区和成功案例。如西藏自治区在全力打造全国山地户外运动大区方面，确定 2020 年为西藏山地户外运动年，突出“圣地西藏 · 户外天堂”的主题，立足“一核两带四翼”的体育产业空间布局，以西藏山地户外运动大会为统领，积极开展各类山地户外活动，着力培育山地户外运动品牌，加快构建“环喜马拉雅”赛事体系，力争5年内把西藏打造成为山地户外运动的“天堂”。四川省阿坝藏族羌族自治州小金县山地户外运动产业稳步发展。近年来，小金县抢抓山地户外运动产业发展机遇，切实做好山地户外运动产业发展，编制《山地户外运动基地总体规划》《山地户外运动旅游项目概念规划》，开发登山线路9条、攀冰线路21条、攀岩线路6条、穿越线路8条，设立户外产业发展奖励基金，扶持发展高山向导及户外运动公司27家，打造四姑娘山户外运动小镇，投入资金3000万元，建成户外中心、登山馆等公共服务设施，组建四姑娘山高山救援队，举办户外运动技能培训班和高山向导、高山协作专业培训班。安徽省确立山地户外运动产业主攻领域，精心培育环黄山山脉线路、沿大别山线路、皖中风景廊道、沿江线路、皖南古道线路、环巢湖户外运动线路、皖南川藏线、皖北户外线路等“8大精品线路”。

重庆市南川区全力打造国家级山地户外运动健身休闲目的地，近年来，重庆市南川区成功举办了中国健身名山金佛山登山赛、国际大学生金佛山登山赛、首届金佛山绳命 Life Line 国际绳索救援邀请赛等大型户外赛事活动，坚持每年举办“金佛山滨水露营音乐季”、“黎香湖滨湖露营垂钓季”、“重庆森林越野公园运动季”；定期开展“转山转水转金佛”全域自驾露营和山王坪露营星空、定向运动、观赏彩林等系列活动。青海省根据本省海拔梯度优势，推广登山、攀岩、徒步、露营、拓展等山地户外运动项目，依托生态体育建设暨山地户外运动联盟平台，打造穿越青藏高原、三江源、柴达木、可可西里，沿青藏公路、唐蕃古道、丝绸之路的骑行、徒步和山地户外运动线路。有望在2025年打造成为“世界级高原户外运动胜地”“最让人向往的高原生态健身休闲目的地”“丝绸之路体育旅游聚集地”。贵州省黔西南依托山地资源优势，打造山地户外运动天堂。黔西南按照“依托资源、政府主导、市场运作、活动支撑、打造基地”工作思路，依托山地户外运动专项规划，积极策划组织了各类山地户外运动赛事，打造了以自行车、攀岩、武术、徒步、露营、热气球、野钓的经典户外休闲体育运动，汇集了高品质的山地户外运动资源，结合旅游业发展推出精品山地户外运动休闲旅游产品和路线，打造出具有国际品质的山地户外运动休闲胜地。

伴随新生代户外参与人口的运动基因升级，全民健身体育生活方式更加深入人心，国家体育治理理念和方式更加以人为本，中国将迎来竞技体育、全民健身、体育产业和体育文化全面协调发展的“全体育时代”！“农耕文明时代，平原最值钱；商业文明时代，沿海最值钱；生态文明时代，山野最值钱”。山地户外运动作为一种健康的生活方式已经从最开始的小众趋势发展成一种现象级运动，山地户外运动行业符合当前环保经济、绿色经济、朝阳经济的要求。虽然目前我国山地户外市场规模与欧美等发达国家相比差距巨大，然而随着政治、经济、社会、文化环境的总体利好，自然健康的生活方式日益深入人心，山地户外运动人群的边界越发清晰，山地户外运动以正面形象为社会所接纳，新消费者不断加入，消费深度持续提升，我国山地户外运动市场具备媲美欧美市场的潜在优势。

加快发展山地户外运动产业是推动体育产业向纵深发展的强劲引擎，是增强人民体质、实现全民健身和全民健康深度融合的必然要求，是建设“健康中国”的重要内容，对挖掘和释放消费潜力、保障和改善民生、培育新的经济增长点、增强经济增长新动能具有重要意义。山地户外运动产业与文化、教育、旅游、健康、养老、地产、传媒、信息、金融、农业等产业的融合发展将进一步加深，融合后的“外溢效应”将成为山地户外运动产业价值的增长空间。山地户外运动作为体育产业和旅游产业发展的重点领域，山地户外运动产业既是幸福产业也是民生经济，做大做强山地户外运动产业是满足新时代人民美好生活需要的重大举措。未来山地户外产业利益相关者要按照高质量发展的新要求，贯彻“创新、协调、绿色、开放、共享”最新发展理念，解放思想，真抓实干，优化存量，扩大增量，提升核心竞争力，着眼于满足人民日益增长的美好生活需要，把山地户外运动产业做成健康产业、幸福产业、生态产业和融合产业，奋力谱写新时代中国山地户外运动产业高质量发展的新篇章。

朱亚成

2021 年 6 月

目　录

绪 论

第一节 山地户外运动的内涵与开展区域

一、山地户外运动的主要内涵

在日常生活中，很多人对山地户外运动的概念是非常模糊的，经常将其和其他户外活动混为一谈。因此，要想了解山地户外运动的真正内涵，就要先明白有关山地户外运动的相似概念，在对其深入分析后选取最合适的邻近属概念。

（一）体育

我国部分体育史学专家统计和调查后发现，体育一词最早是由日本传入我国境内的。日本的箕作麟祥把Physical Education一词翻译为“体之教”，而在1878年，近藤镇三把这一词翻译为“体育”。公元1904年初，清朝颁布了《奏定学堂章程》，其中内容有“朝廷与学之意，外国学堂于智育、体育外，尤重德育，中外固无二理也”，也表明了这一时期的教育政策是引进国外的政策，其中智育、德育、体育是最重要的三个目标。这时的“体育”更多地是指一种教育的理念，并不是课程的名称。但在之后不断的发展过程中，体育逐渐变成了术科课程的名称。

随后，“体育”这一词主要指的是学校体育以及社会体育，前者一般指的就是学校内部讲解的体育教学，而后者则是发展在学校内外的各种运动比赛等。不过，很多人把学校体育也称之为体育，因此体育又得到细化，有了广义和狭义的区别。后来，我国成立了教育部体育委员会，负责全国的“学校体育”以及“社会体育”的管理，体育一词在这时成为了概括性质的用语，包含了体育运动的方方面面。时至今日，伴随着教育事业的发展，体育的概念还在无限扩张，把体育事业中包含的所有内容都囊括在内。目前最为广泛的体育定义则是我国体育院校的通常教材《体育概论》中的总结归纳，即体育是一种“以身体练习为基本手段，以增强体质，促进人的全面发展，丰富社会文化生活和促进精神文明为目的的一种有意识、有组织的社会活动”。

（二）体育教育

如果单论体育教育的思想，西方国家的历史可以一直追溯到古希腊时期，在这一阶段内尽管没有体育教育（Physical Education）这个词语，但是诸如体操（Gymnastics）、竞技（Athletics）、训练（Training）等单词都带有培养和指导身体进行锻炼的意味，这和现阶段的体育教育有着一定的相似之处。根据相关体育历史学的资料记载，体育教育（Physical Education）首次出现是在1863年的英国，当时的Archibald Malaren把身体的锻炼和教育联系在一起，发明了这样的词语。无独有偶，这一时期的法国出现了Education Physique的词语，和英国的体育教育一词遥相呼应。我国在20世纪20年代以前，基本用“体操”一词来代表“体育教育”，1922年，麦可乐在《体育季刊》中发表了一篇名为《科学方法和体育教育关系》的文章，这也是我国第一次出现“体育教育”的词语。总的来说，体育教育实施的重要场所是学校，在学校的所有教育中具有举足轻重的地位，有着非常重要的教育意义。它是一种活动的教育，主要利用不同的运动形式或者身体活动来作为主要的方式，以实现相应的教育目标。所以，体育教育这一词语在学校中应用得最为广泛，同时有着较为明显的教育目的。假如超出了学校的范围或者实施的各种活动没有明确的教育目的，就脱离了体育教育的范围。

（三）Sport

英文单词Sport经翻译后在我国表达为“运动；游戏；娱乐；运动会”。清朝末期，这一单词流入我国，它代表了多层含义，既可以是身体活动，也可以是运动会，也可以理解为运动项目的一种，同时它又是术科课程教学的内容。运动（Sport）和体育之间是附属关系，人们直到现在都认为前者是后者的附属品。为了避免出现争议，在本书中将“sport”的中文含义用“运动”代替。

Sport这一单词首次出现于体育学的舞台上是在公元1440年的英格兰。它来源于拉丁文和法语，法语单词de（s）porter的词根来源于拉丁语的deportare，这一单词代表着“娱乐自己”的含义。因此，中世纪时期，很多人把钓鱼、打猎这种没有规则成分在内的娱乐运动也称之为sport。在之后的发展中，sport这一单词不再只包含娱乐自己的意思，它得到了更多延伸，开始指代各种竞争性质的比赛，其含义也变成了按照一些固定规则、完成一定的运动量并且含有竞争意味的活动。由于其明显的竞争意味，sport的进行方式也多采用“竞争”式样。竞争通常指的是两个或以上的个人或者群体进行通过同样的活动达到同样的目标的行为，一般不包含自己和自己的竞争行为。但无论 sport 采用何种竞争形式，都要满足公平、公正的原则，这也是最为重要的前提。这一原则也贯彻落实到每一个运动的规则中，这些规则必须要经过所有人的同意，且要科学、合理，有一定的标准，不能随意变化。不同比赛中运动员的数量多少、对场地以及装备有何要求都会通过比赛规则作出详细地说明。此外，sport 本身带有的竞争意味使它对参与者的身体素质、技术水平、运动量有着相对高的标准。同时，sport 也具有所有体育活动都具备的游戏特征。言而总之，sport 既有着一定的竞争性，又要遵守规则的限制，对人的身体运动量有着较高的要求，又不乏游戏的娱乐性。通过这些特点，可以对一项体育活动是不是 sport 作出较为明确的判断。

（四）休闲

美国的杰弗瑞·戈比在 1940 年出版了《Introducation to Community Recreation》（中文翻译为《社区游憩概论》）一书。这本书中的“Leisure”代表了休闲的意思，自此逐渐被更多人使用。休闲这一词汇究竟在我国何时出现尚未有明确的结论，但“闲暇”“余暇”等词语也在某种程度上证明“休闲”一词早有存在的踪迹。

针对休闲的定义，不同的人有不同的理解，但大体可以分为四种类别：其一，字义的观点。英文单词 Leisure 来源于拉丁文 Lacer，而 Lacer 一词又来源于希腊语中的 Schooled，其中 Lacer 代表着被许可的活动或者无拘无束的活动的含义，而 Schooled 则表示脱离了劳动生产之后的自由时间。因此综合两者意义可以把休闲定义成“在自由时间内无拘无束来开展活动”。其二，时间的观点。如果根据人们支配时间的方式来进行定义，休闲指的是人们为了生存必须完成的任务之外的时间，是人们可以真正自由支配的时间。休闲应当是自由的，是人们可以根据自己意愿随意裁剪或者选择的。在人们工作、学习、应酬之外的时间，供自己娱乐的时间可以称之为休闲。其三，活动的观点。杜马哲迪尔（Dumazedier，1969）认为，休闲是人们从家庭、工作、社会中的各项责任中抽离出来，依据个人需求进行身心的放松或者学习知识、发挥创造力的过程。在人们自由支配的时间内进行各种形式的娱乐、游戏的活动，才是真正的休闲，它不应该有工作的性质，一旦休闲活动带有职业意味，就不能称之为真正的休闲。其四，心理状态的观点。古希腊哲学家亚里士多德认为，休闲指的是心灵的一种状态，是人心理的一种态度，是人内心活动的外在反映，是一种方法和生活的方式。也有专家认为，休闲是一种生活状态，它很少受到文化或者社会环境外在强制力的驱使，而是在内心的真正需求下获得相对愉悦的体验以及直觉认为值得的体验。此外，有学者认为休闲的本质就是完全依据自己想要的节奏来进行活动。综合这些休闲的不同定义可以发现，社会发展的同时，休闲的定义也在产生着不同的变化，且含义在不断地延伸和扩张。现阶段可以把休闲定义为个体在自由支配时间内不受约束地从事自己想要进行的活动，从而得到愉悦感的过程。

（五）山地户外运动邻近属概念的选择

根据以上六个户外运动相关概念的定义可以发现，山地户外运动不只是指体育，还有休闲游憩以及教育等学科的内容，逐渐呈现出体育运动、休闲游憩以及教育三种形式共同发展的趋势。简言之，山地户外运动是户外运动中陆上户外运动的主要部分，是以山地自然环境为运动场地的户外运动。主要包括山地登山徒步运动、山地运动、峡谷运动、野外生存（含露营）以及荒漠运动等。假如单纯地把山地户外运动理解成这三个定义的其中一个，就会显得内容过于狭隘，不能全面地描述出山地户外运动的概念。所以，对山地户外运动的邻近属概念再次进行选择十分有必要。在结合众多学者的思考和研究后，归纳总结出最适合山地户外运动的邻近属概念应当是“身体活动”。它和山地户外运动的意义最贴近，同时能够从各个角度反映出山地户外运动的特性。山地户外运动是指在自然的山地进行的一组集体运动项目群，主要包括山地运动、峡谷运动、荒漠运动、海岛运动、人工建筑运动。身体活动指的是所有由人的骨骼肌产生且消耗身体能量的动作。它涵盖的内容非常多，诸如体育、教育、游憩等内容都可以囊括在内。部分专家认为，锻炼和 sport 都应该隶属于身体活动，并且是身体活动的关键部分，所有人们按照自身意愿进行的有一定计划、组织、目的的身体活动都能够称之为锻炼，而有组织同时有相应规则，且含有竞争性质的身体活动则称之为 sport。身体活动对于活动中的运动量也有要求，假如不产生运动量，那么就不能纳入身体活动的范畴，这也可以作为户外运动和其他运动的一个区分标准。但运动量并没有明确的限制，它既可以是人体“大肌肉群”的活动，也可以是微运动量的项目。

二、山地户外运动的具体研究内容

（一）山地户外运动的课题研究

山地户外运动在西方国家发展得较为成熟，在我国尚且属于新兴运动，因此针对其开展的课题研究相对较少，现阶段主要围绕的课题研究在以下几个方面：

一是山地户外运动的概念界定与内涵特征研究，如山地户外运动的定义、内涵、特点和特征研究；二是山地户外运动项目和山地户外休闲运动研究，如登山、攀岩、山地自行车等；三是山地户外运动赛事相关研究，如重庆武隆、黔西南、万峰林、贵州省和四川省等地举办的山地户外运动赛事；四是山地户外运动参与人群和户外运动俱乐部研究；五是山地户外运动产业研究，如户外运动产业、山地户外运动资源开发和利用、体育旅游产业、山地户外运动产业发展策略、国际山地户外运动产业发展经验及其启示研究。虽然这些研究都是一些较为基础的课题，但做好这些理论分析对促进山地户外运动产业发展有着举足轻重的意义。

（二）山地户外运动的教学研究

社会和经济的飞速发展使得全球逐步迈入了工业化社会，人们与自然的接触越来越少，取而代之的是各种电子用品和人造环境，诸如空调、暖气、网络、灯光等事物在为人们提供更多便捷的同时，也悄然改变着他们的机能和形态，使人逐渐变得脆弱。一些原本不存在的疾病以及损伤纷纷涌现，对人们的健康造成了极大困扰。对此，欧洲国家的体育学者们认为学生们应当回归到大自然中，经过自然的磨练才能得到改变。比如苏联的一些学校把体育课的地点安排在茂密的森林或者湖泊、山丘等有一定危险的地带。其课程内容一般是开展各种野外活动来锻炼提高学生的生存技能。比如让学生在一定时间内完成爬山任务、游泳、光脚在森林中前进、找水源、宿营等等。这些学校把 3 年当作一个训练周期，通常情况下，在一个周期完毕后学生们的主观和客观指标水平都达到了很高的水准。而在亚洲地区，也有国家认识到了工业时代带来的弊端，积极开展各种锻炼。比如自然资源没有苏联丰富的日本，结合本国实际情况来锻炼学生，在中小学的体育课程中加入冷水浴的内容，在温度较低的时候要求学生赤背等，通过自然的磨练来锻炼下一代。这些经验虽然不一定适用于我国，但其中遵循的教育理念却对我国体育运动的改革取得进一步发展有着重要的促进作用。

我国很多教育学者也针对山地户外运动的课程设置和教学内容作了深入的分析和探讨。许多专家学者认为，在我国学校内部开展户外运动课程和国家的教育方针是吻合的，但选取的内容应该尽量结合高校学生的年龄和心理特点，保证高等院校体育课程建设及发展的方向不出现偏差。户外运动本身有着非常多的项目，在开展教学时有足够多的内容可以讲解，学生一般对此抱有较大的兴趣和较高的热情，参与度也比较高，在参与过程中也乐于听从教师指导，能够帮助教师培养其优秀的人格。户外运动的课程应当进行具体分类，分为理论课、实践课以及综合训练课等内容，这也是高等院校体育课程中非常有价值的内容。有的学校会组织学生进行拓展训练来锻炼学生的整体素质。根据相关调查显示，适度的户外拓展训练可以提高人的社会适应能力，使他们的动手能力、交流能力得到加强，同时也可以提高他们的集体活动责任心，树立起团体意识。此外，户外拓展训练也可以增强学生身体的灵敏度、锻炼他们的心肺功能。这些形式多样的户外运动在学生即将就业时也会对其产生较为正确的影响，间接提高他们的竞争和风险意识。综上所述，在高等院校的体育课程中加入这些内容，不仅对学生进入社会有着很好的现实意义，还能促使更多人了解到户外活动的乐趣。

（三）山地户外运动的产业研究

山地户外运动在我国初兴起时，吸引到的是那些有一定经济实力、较高文化程度、身体素质较好且对山地户外运动抱有浓厚兴趣的精英人群，这一群体有着较高的消费力，因此很快得到了不同行业的商家们的持续关注。尤其是近几年来，我国的经济发展突飞猛进，人们的生活水平日渐提高，更多人在生存之余追求生活的品质，参与山地户外运动的人群越来越多，山地户外运动俱乐部也如雨后春笋般出现，山地户外运动市场逐渐成为一块飞速膨胀的“奶酪”。虽然和有着百年户外运动历史的西方国家相比，我国的山地户外运动还处于起步阶段，但人口众多、丰富的自然资源条件为山地户外运动的进一步发展奠定了坚实的基础，各种优越的地理条件必然会吸引本土和国际上众多山地户外运动爱好者的到来，快速推动山地户外运动的发展，使其也逐渐转变成一种主流的运动方式。据不完全统计，一线城市的山地户外运动产品销售额每年都在以成倍的速度增长着，这也是山地户外运动在我国快速扩张的有力证明。有关数据显示：山地户外运动产业取得了快速增长，全国户外运动爱好者已达 1.3 亿，户外用品市场规模已达 180 亿元，我国山地户外运动产业总体实力、产业覆盖面、社会参与度、市场认可度均得到较大的提升。但需要注意的是，尽管各行各业都认为山地户外运动的发展前景一片大好，但加以比较后可以发现，我国山地户外运动并未达到相应的规模，仅仅是有了发展的雏形，并未形成完整的、规模宏大的产业链。

除此之外，我国山地户外运动产业还存在着各种各样的问题，比如产业规模较小，产业基础较为薄弱，产业体系不健全，中低端消费动力不足与高端消费外流并存，产业协作日趋紧密与多部门协同缺位并存，管理体制不完善与运行机制不顺畅等矛盾并存。这些问题和山地户外运动的快速发展并存，且暂时没有得到有效的处理，这也是部分学者对山地户外运动的未来持保守态度的重要原因。但即使问题存在，有一点却是毋庸置疑的，即我国山地户外运动产业有着难以预估的巨大商机。在这一认知的驱使下，国内以及国际上的山地户外运动企业都努力采取多种措施来试探或者铺垫中国户外运动产业之路，为以后获得盈利提前做好打算。

（四）山地户外运动的发展趋势分析

山地户外运动是从西方国家传入我国境内的，它本身的一些观念和中国的传统文化有所差异是可以预见的。部分专家认为，山地户外运动在我国取得发展的一大阻碍就是观念的不同。但也有专家持反对意见，认为人与大自然亲近是不分国界的，这是全人类都有的需求，只要有合理、正确的引导，户外运动就能得到快速发展。观察现阶段我国山地户外运动的整体发展趋势可以发现，许多参与者对山地户外运动的追捧并非是发自内心的喜欢，而是在社会环境影响下人追求刺激、冒险、时尚的心理所致。在空闲之余和一些志趣相投的朋友一起进行穿越、远足、登山等各种户外运动，似乎成了一种时尚的生活方式的证明。山地户外运动的多数项目都是探险性质的活动，这些项目本身的刺激性和挑战性都非常大，使参与者在和自然亲密接触的同时不断锻炼自我，提高他们野外生存的能力，并在前进的过程中加强和团队其他成员的合作精神，提高他们的合作意识。这种和日常体育活动形式不一样的模式使得人们获取了全新的运动体验，也越来越热衷参加各项户外运动。不过，部分山地户外运动爱好者由于过分沉迷于这种新奇感的体验中，非常容易陷入一味追求刺激、冒险的状态中，把山地户外运动理解成是“勇敢者”的运动，这种错误的解读和思想给他们带来了很大安全隐患。我国山地户外运动飞速发展的同时，安全措施一直做得不够到位，有着巨大的隐患，这些年来参与山地户外运动的伤亡人数一直在持续增加，甚至有学者指出我国目前的山地户外运动“除了勇气什么都没有”，这也是山地户外运动发展需要解决的重要问题。

总的来说，我国现阶段关于山地户外运动的研究数量有限，且已经进行的研究多数只是进行了较为基本的探讨，并没有进入更深层次的分析和研究。

三、山地户外运动的开展区域和产品研发

（一）山地户外运动的开展区域

在人们的理解中，户外一般是指自己的住所外、各种建筑的露天场所，这一理解将户外定义得太过宽泛，使得人们对户外运动的理解也出现了一定的偏差。在 20 世纪的 80 年代末期一直到 21 世纪初，我国的体育界以及相关管理部门把

户外运动定义为野外活动，表明户外运动是在野外即人烟稀少的自然环境中进行的活动。21 世纪初期，英文 Outdoor 单词翻译成的户外运动得到了大范围的使用，并且读音不拗口，因此也就逐渐取代了“野外运动”这一称呼。结合其发展的历史可以发现，“户外运动”中的“户外”指的是野外的自然环境，和上文中的游憩、体育、教育等活动形式结合分析后可以发现，这些活动基本上都把户外运动开展的区域定义为野外自然环境。由此可以看出，无论是从历史层面来分析还是结合现代社会的户外运动发展趋势来探讨，户外运动开展的区域都是野外的自然环境。

（二）山地户外运动和自然生态环境的联系

和传统的体育活动相比，户外活动和大自然的联系更加紧密，这是由于其活动基本上是在野外的自然环境中进行的，对于大自然当中的陆地、海洋、动植物资源非常需求，假如没有这些自然环境或者资源，户外运动的开展就无法顺利进行。但需要明白的是，尽管户外运动对自然有着很强的依赖性，但这并不意味着参与者可以从自然中毫无底线地索取。户外运动需要人和自然互相作用，需要参与者提高保护环境的意识，对大自然抱有足够的尊重、敬畏之心，关心自然环境的发展，控制户外运动对自然产生的负面影响，尽可能将其减小到最低。假如发现某项运动对自然造成了较大的影响，就要及时对运动方案进行调整。因此，户外运动与自然生态环境之间是密不可分且共同发展的关系。

（三）部分地区山地户外运动产品的开发和研究

随着现代社会生活节奏的加快，人们的生活水平得到提高的同时也要承受较大的工作和生活压力，在闲暇时间内人们更想走出纷扰的城市去和自然亲密接触，真正地释放身心压力，满足精神层次的需求。山地户外运动在自然环境中展开，以秀丽山水为载体，得到了现代社会人们的青睐。我国地大物博，有众多壮丽的景色，且文化历史悠久，为山地户外运动发展提供了非常有利的自然条件。怎样把各个区域摆在面前的山地户外运动资源合理利用起来，将其经过科学开发而吸引到更多游客的注意，是山地户外运动旅游业得以持续发展必须解决的问题。在下文中以我国安徽省皖南地区为例，重点对山地户外运动旅游产品的开发进行分析和探讨，为其他地区山地户外运动产业的进一步发展提供相关借鉴。

1. 皖南地区的山地户外运动产品开发情况分析

皖南，安徽省南部的简称，位于以上海为龙头的长三角城市群，东靠江苏，南接浙江、江西，西连湖北。皖南包括黄山、芜湖、铜陵、宣城、池州 6 市。皖南地势由皖南山区和皖南沿江平原组成，有九华山、黄山两个山系纵横其间。皖南地区有着非常丰富的自然和人文旅游资源，是绝佳的户外运动旅游区域，其内部不仅有黄山、齐云山、瀑布群等众多享有盛名的山水资源，也有很多充满着浓郁民族气息的徽派文化、民情风俗以及历史悠久的文化古迹，这些资源都对山地户外运动爱好者有着非常大的吸引力，每年都会有很多山地户外运动者到此处进行登山、漂流、拓展训练等各种山地户外运动。

随着皖南地区“两山一湖”的旅游政策的推动，该区域以山地户外运动为主要特色的旅游资源产品开发引起了有关部门的高度重视。在石台县大力打造原生态环境，大力发展户外旅游产业，结合民众喜好规划了多条户外运动旅游路线，受到了游客以及户外运动参与者的热烈欢迎。而在绩溪县、黄山太平湖点等地也在不断进行户外运动产品的开发和研究。

山地户外运动爱好者相对来说追求运动当中的刺激和挑战，因此皖南地区一些原本未经开发的原生态地带也在这些运动者徒步、登山的活动中逐渐彰显出其特有的价值，且在当地部门的扶持下形成了较为著名的山地户外运动徒步线路。很多山地户外运动者对这一地区内的“徽杭古道”徒步、九华后山徒步等线路非常有兴趣，在这些地段经常能看到徒步穿越者的身影。

皖南地区山地户外运动产业的飞速发展主要是因为其将山地户外运动和区域内的人文、自然资源完美结合起来，努力寻求和外界合作的机会。在节日期间举办户外运动比赛，诸如黄山国际登山节、石台牯牛降帐篷节等，这些大型赛事的举办使得区域的山地户外运动旅游形象被更多人知晓和认可，不仅扩大了山地户外运动的知名度，使得皖南区域的旅游资源被更多人看到，同时也提升了山地户外旅游产品的知名度。

2. 皖南地区山地户外运动产品开发的问题

尽管皖南地区的山地户外运动旅游产业得到了较快的发展，但总的来说还存在以下三方面的问题：首先，产品未能得到有效开发。区域内的许多旅游产品以及服务都由当地的农户提供，没有专门的旅游公司或者户外运动管理团队来进行有效管理。户外运动的休闲产品未能得到专业的开发，比如历溪大峡谷，尽管有着非常丰富的自然资源，但真正开发使用的产品却寥寥无几，市场几乎处于疲软状态。其次，在同一区域的不同地段出现太多相似产品。一些相邻的地段开发的户外运动旅游产品内容都大差不差，游客在选择时基本上会去往有着相对丰富资源的景区，这就导致部分景区的观赏人数下降，收入减少。最后，产品开发管理不够规范。皖南地区的户外运动旅游产品尽管有了一定发展，但有关户外运动旅游的法律条文几乎没有。针对资源展开的各种开发、设计也没有一个固定的标准，同时运动旅游组织的安全得不到充分保障，到此参与户外运动旅游的群体中有很多不具备相应的专业知识等。这种种原因使得皖南户外运动旅游没有得到更好的发展，户外运动的旅游产品无法统一使用，在很大程度上阻碍了皖南户外运动旅游业的发展。

3. 皖南地区山地户外运动旅游产品开发的具体措施

结合皖南地区山地户外运动旅游的现状，可以从以下几个方面进行优化。其一，把丰富的山地户外运动旅游资源当作基础。充分利用自然资源并把它们转化为产品优势，把山地户外运动旅游和生态、休闲、文化等旅游形式结合起来，注重本地区内人文资源的深度挖掘和利用。其二，把本地区内山地户外运动产品的特色彰显出来。现阶段出去游玩的人们不只有欣赏风景的需求，更希望享受到独具特色的衍生服务以及鲜明的产品。这一点在江西婺源县得到了充分验证。婺源被称为“中国最美丽的乡村”，其丰富的文化资源使得众多山地户外运动旅游爱好者不远千里赶来，同时他们也确实感受到了别具风格的徽派文化。因此，皖南地区的户外运动旅游业要注重开发有特色的产品。其三，不断满足市场的需求。山地户外运动旅游和通俗意义上的旅游有一定的区别，它更追求和自然的亲密接触，在自然环境中锻炼身体，释放压力。山地户外运动旅游者的年龄、身体素质、经济情况都会影响到其出游的需求。因此在开发产品时要做好市场调查工作，摸清楚群体的需求，以此为依据来选择合适的运动项目并设计出相应的产品，尽力使产品的结构更加多元，满足众多山地户外运动旅游者的不同需求，为他们提供更加个性化的体验。

第二节 山地户外运动的特点与价值

一、山地户外运动的主要特点

第一，山地户外运动都是在野外的自然环境中进行。在运动的过程中会和自然有亲密的接触，能够使人感受到返璞归真的快乐。在参与山地户外运动时要对大自然抱有敬畏之心，同时要热爱和亲近自然，才能真正体会到自然馈赠的乐趣。对自然的热爱不仅仅指的是喜欢其秀丽的风景，也要接受它恶劣的地理条件等。

第二，山地户外运动不管是何种形式的运动项目，都会有一定的挑战和探险性质。在参与山地户外运动之前要做好充分的心理准备，对环境当中的艰辛困苦有足够清晰的认知，以乐观积极的状态去面对每一个项目。

第三，要有强烈的团队意识。山地户外运动基本上都是团体活动，很少有人单独进行山地户外运动，这都是出于安全方面的考虑。户外运动充满了未知性，很多危险是不能提前预见的，尤其在野外陌生的环境中，团队拥有的力量要比个人大得多。在集体活动中时刻保持强烈的团队意识，不仅能够保证自己的安全，也不会为团队带来麻烦，影响其他人的安全。

第四，山地户外运动涵盖的内容范围极其广泛。这是由于自然环境中有太多未知因素，运动本身会受到地理、天气、动植物、水文甚至地区文化的影响。因此参与山地户外运动的人员不仅要具备较高的身体和心理素质，也要对各方面的知识都有所涉猎，为自己增加安全保障。

第五，山地户外运动对参与者的体能要求非常高。它有着很强的专业性，在进行运动前要进行科学、严苛的训练，对运动者的生理、心理以及装备等方面的标准也很高，并不像一些年轻人理解的背起背包就可以动身参与了。

第六，山地户外运动是体验教育的关键部分。在进行山地户外运动时，领导者组织并及时给予正确的引导，使参与者得到亲身实践，在和自然的接触中学到天文、地理、运动学、动植物学以及人文历史等知识，在集体活动中锻炼参与者的意志力，使他们具有团队合作精神，乐于助人，把教育中泛泛而谈的道理真正地变成自身品质的一部分，从而养成良好的生活和运动习惯，收获更好的自己。

二、山地户外运动的主要价值

（一）健身价值

运动的好处是非常多的，适量的运动可以增强人机体的抵抗力，减少疾病的侵袭。山地户外运动作为一种含有一定探险性质以及挑战性的运动，自然也有着一般户外运动的健身价值。

现阶段我国的山地户外运动得到了一定的发展，充分利用自然界的资源，诸如阳光、水、江、森林、草原、荒原等各种条件，结合实际情况来举行登山、徒步、漂流、滑雪等活动或者比赛。根据相关研究证实，在进行这些户外运动时，人们的新陈代谢速度加快，身体素质得到锻炼，免疫力也大大增强，久而久之就不易生病。此外，在山地户外运动中经常会做跳跃、攀爬等高强度动作，参与者的速度、力量、身体的协调性和灵敏度以及反应速度都得到了大幅提升。山地户外运动包含的项目种类非常丰富，能够满足不同人群的需求，参与者可以结合自己的身体素质以及兴趣爱好来选择合适的运动内容。

山地户外运动所具有的健身价值不仅体现在能够促进人体质的增强上，还体现在其独特的挑战性和刺激性带给参与者的吸引力上，能够使他们由衷喜欢上这项活动。换句话说，它既锻炼了参与者的身体，又给了他们足够的锻炼动机，对社会的稳定、发展、进步作出了一定的贡献。

（二）和谐价值

我国哲学中有一个天人合一的观点，指的是人、物、自然、宇宙等方面的和谐与统一，主要包含人际和谐、天人和谐以及人体身心的和谐等三方面的内容。户外运动其实是一个人类向自然挑战的过程，在这一过程中实现这三点的和谐，具体的和谐价值体现在以下三个方面。

首先，山地户外运动使人们暂时地远离节奏过快的现代社会。从家庭、工作的无穷责任中抽离出来，回归大自然，通过各种漂流、徒步旅行、登山等活动和自然亲密接触，在无声中和自然进行交流，使人的视野开阔，见识增多，欣赏自然风景，实现与自然的和谐共处和发展。在我国几千年的传统文化中，也有很多优秀的诗篇记录欣赏自然美景的感受，比如孔子的“登泰山而小天下”，杜甫的“会当凌绝顶，一览众山小”等。美丽壮观的自然风景能使人的心情愉悦，还能进一步地陶冶情操。参与山地户外运动时，人和自然互相融合，欣赏美景时人们会自然而然地生出保护环境的意识，这也体现了人和自然互相促进的作用。

其次，山地户外运动能够充分锻炼人的意志，使人养成遇事不慌的性格。山地户外运动在自然环境中进行，气候、环境都充满了不确定性，条件通常都比较艰苦，参与者还要背着几十斤重的行李行走，途中不断地跨越沟壑和溪流，攀爬各种岩壁，走过遍地荆棘，抵抗恶劣的自然环境，在非常疲惫时还要说服自己不能放弃。在经过种种锻炼后，参与山地户外运动的人员都能够获得过硬的技术，收获超强的胆识和快速的反应能力，遇到事情时也能够保持冷静，及时分析情况、找出解决办法，拥有面对困难毫不退缩、一往无前的良好品质。总的来说，山地户外运动不仅能够使参与者勇敢挑战自我，最大程度地挖掘出自身的潜能，也能使他们的信念更加坚定，面对挫折时变得更加顽强。

最后，培养团队精神，实现人际和谐。社会的稳定与和谐主要指的是人际和谐，因为社会是由人组成的，人唯有真正地融入社会当中，才能实现自我的发展和完善，成为真正的“人”。而现代社会，人与人的关系却出现了种种问题。社会在不断发展，科学技术和互联网的广泛普及使得人们维持联系的方式变得越来越多，但人们的关系却愈来愈远。更多人住在现代化的房子里，就像是把自己锁在了房子里，和其他人的交流越来越少；金钱至上的时代，更多人把交往掺入了利益的因素；交流的软件跳脱了时间以及空间的桎梏，人们却更愿意关注各种搞笑视频，导致信任危机的出现以及情感的淡化。山地户外运动的出现在很大程度上改变了这种生活方式。其活动地点通常在野外自然环境，把人们聚集起来并提供了交流的空间。在进行活动的过程中，人们不再依赖于手机等电子产品，而是和同伴一起讨论行进的方向，自然环境带来的美景也使人们有交谈的欲望，激发大家的思维。在团体活动中，谁的体力不支时，同伴可以及时给予鼓励和帮助；遇到一定障碍时，可以和同伴共同克服，这些交流都可以帮助参与者增强信心，并且努力坚持下去，也在无形中增进了感情。山地户外活动中，每个人的目标是一致的，为了这一目标，团队成员由素未谋面到无话不谈，在旅途中喝同一瓶水、用同一个碗的事情时有发生。所有人都互相配合，人们彼此信任且有着强烈的团队意识，艰苦的环境也锻炼了自身吃苦耐劳的品质。除此之外，山地户外运动中每个人都有明确的分工，这些工作都和团队的运动进度密切相关。运动时，每个成员都会考虑自身的工作未完成会对团队造成怎样的影响，同时也会关心其他参与者的任务是否能够完成。在组织户外运动时，一定要有严格的团队纪律，这也是顺利完成活动的根本前提，而互帮互助是每一个参与人员都应当具备的思想认识，在这些条件的加持下，参与山地户外运动时即使遇到了一定的问题，也能够在团队的帮助下得到解决。由此可见，山地户外运动可以提高人们的团队意识，促进人与人之间的交流，实现人际关系的和谐发展，使人们在运动过程中养成乐于助人的品质，最终实现人与人关系的健康发展。

三、教育价值

20 世纪 90 年代末期，户外运动在我国逐渐兴起，同时以其独特的魅力获得了诸多群体的喜爱，它也作为一种运动项目被加入高等院校的体育课程中。截至现在，山地户外运动已经在高校开展了 20 多年，尽管时间相对短暂，但却深受广大学生的欢迎。山地户外活动的教育价值主要体现在这一运动在高校的地位以及作用上。现代教育理念随着社会的发展一直在不断更新，体育教学的内容也相应地发生了变化，更加重视其是否有一定的接受性、科学性，其娱乐性以及趣味性、健身性是否满足学生的需求。教学方法也有所改进，更注重学生的人格是否得到足够尊重，其个体差异有没有被教师重视。可以说，高等院校体育课程的核心已经转变成了“快乐教育”“健康第一”。而山地户外运动的理念恰恰和这一核心在很大程度上吻合。因此在 2004 年，我国体育总局就已经把山地户外运动列为第 100 项体育竞技项目。2020 年 6 月，西藏自治区体育局与西藏民族大学合作共建西藏民族大学山地户外运动学院，旨在加强体育人才教育培养和提升高原体育科研发展水平。时至今日，我国已经有上百所高等院校陆续创设了攀岩、拓展、野外生存等有关课程，使我国高校学生在校内就能学到相关知识，充分发挥山地户外运动的教育价值。

四、观赏价值

几乎全部的体育运动都会有参与者和观众互动的环节，这也是体育活动的特点之一。山地户外运动和其他运动有所不同，它暗藏着一定的危险，更加刺激、惊险，且具有很强的竞争性，这些都赋予了其更高的观赏价值。大自然中陡峭的岩壁、流速极快的河水、遍地荆棘的丛林都有着未知的风险，人们希望去挑战它，征服它，而这些未知又为运动本身增添了神秘色彩，激发观众的好奇心和观看的欲望。另外，山地户外运动包含的项目内容众多，观众可以结合自己的兴趣来选择观看的项目，有非常大的选择范围。

也正因为山地户外运动的高度观赏价值，才使得网络平台、电视等媒体纷报道各种户外运动比赛。这些赛事大多刺激非常，险象环生，且举办的地点一般有着非常壮观的风景，使观赏的人们在为赛事紧张的同时也能感受到大自然的鬼斧神工，能吸引到更多人的注意力。许多原本对山地户外运动知之甚少的人会在观看节目后去尝试了解，并在参与后真正爱上这项运动。此外，山地户外运动在开展时会有大量的观众参与，举办地的风景也被更多人知晓，从而带动当地旅游产业快速发展，使当地获得经济上的巨大收益。

五、经济价值

体育作为一种产业，发展得好就能够在很大程度上促进经济的发展，美国就是一个很好的证明。现代社会人们的生活水平不断提高，对于精神层次的要求也越来越高，服务业在国家经济中的占比也逐渐增大。体育产业主要提供各种体育服务，生产各种体育用品、积极发展体育旅游，已经成为我国的朝阳产业，有着非常广阔的发展前景。而山地户外运动作为一种新兴的体育运动，有着较强的挑战性和观赏性，同时又能锻炼人的身体，在未来的发展中必然会获得更多人群的参与，从而使体育用品的需求不断增大，带动体育用品的销售，实现经济利润的增长。

第三节 山地户外运动产业的发展阶段、趋势与模式

一、山地户外运动产业的发展阶段

梳理我国山地户外运动的发展历程，可以将其大概划分为以下阶段。

第一个阶段，山地户外运动的萌芽时期。现代户外运动自欧美进入我国后到2005年之前，户外运动在我国民间得到了自发的成长，有着一定的草根性。而在2005年4月26日，山地户外运动被国家体育总局批准成为我国正式的体育运动项目，标志着山地户外运动从自发萌芽阶段走向规范发展的新道路。

自此户外运动得到了蓬勃发展，山地户外运动进入了发展的第二个阶段，即2005至2015年的快速发展阶段。在这十年间，我国相关部门出台了很多相关政策和文件，逐渐把体育产业放到国家战略的层面上，体育产业的发展得到了政府部门的引导和干预，户外运动发展迎来了新的转折点。

2016年到2020年，随着我国经济实力的进一步增强，人们的生活水平也逐渐提升，山地户外运动作为一项和常规体育活动不一样的项目得到了更多人的青睐。尤其是2016年11月8日，《山地户外运动产业发展规划》（以下简称《规划》）的颁布实施无疑对我国山地户外运动乃至体育产业的发展具有重大里程碑意义。此时山地户外运动进入了第三个阶段，山地户外运动产业发展阶段，即较为成熟的发展阶段。这一时期，户外运动的项目变得更加多元，能够满足不同人的个性需求；参与的人数也越来越多，正逐渐变得全民化；在运动装备上也做得更加完善，针对不同人群和不同活动做出了细致的划分；户外运动俱乐部、运动协会和各种有关户外运动的网络平台也纷纷涌现出来，户外运动正在逐渐形成一个便捷的互联网络，为更多爱好者提供更加便捷、快速的服务。依据相关文件，我国在2025年，体育产业总规模要达到5万亿元，经常参加体育锻炼的人口要达到5亿人。尽管现阶段山地户外运动已经有了较大的发展，但距离实现此目标尚有一定的距离，因此国家和行业都要积极扶持，促进“泛户外”时代的加速到来，真正实现全民健身，实现山地户外运动的鼎盛发展。

二、山地户外运动产业的发展趋势

（一）各个区域之间的联系和合作加强

受地理条件和自然环境的影响，我国的山地户外运动发展并不均衡，东部地区的经济发展较快，有着较大的市场需求，但却没有足够的资源，而中西部经济发展相对滞后，资源丰富却没有足够的市场需求。只要不断加强区域间的深层合作，把优势资源进行有效整合，就能实现不同地区的互惠共赢。比如我国东部地区的山地户外运动俱乐部会员数量很多，加上本地缺乏资源，他们非常希望能够到资源丰富的外省来组织各种户外运动，但开发一条新线路需要投入大量的资金，俱乐部通常无法承担这一成本而被迫放弃。假如能和外省的俱乐部达成合作，由资源丰富的外省俱乐部提供相应的路线，共同组织山地户外运动，不仅能保证参与者的来源和数量相对稳定，同时又能凭借俱乐部对路线的熟悉程度来实现更加全面、安全的行进路线，最大程度地保证户外参与者的安全。由此可见，增加各个地区户外运动俱乐部的合作、加强彼此之间的联系、实现资源的共享是户外运动俱乐部实现进一步发展的主要手段，也是大势所趋。

（二）媒体、微信公众号、网络平台发挥重要作用

全球信息时代的到来使得互联网的应用越来越普遍，由此也对行业产生了巨大的影响，户外运动产业自然也不例外。现阶段，针对山地户外运动有很多线下杂志，诸如美国的*Outside*、*Backpacker* 等，我国的《户外》《户外生活》《户外装备》《户外探险》等，对山地户外运动的推广和普及有一定的促进作用。此外，还有一些关注度较高的微信公众号，例如户外探险 outdoor、全国户外安全教育计划、山野杂志、徒步中国、西藏体育、西藏圣山登山探险、喜马拉雅登山论坛、野外大冒险、浪漫山川、绿野救援队、极度体验、户外运动学习平台等。但现代社会是一个效率至上的社会，信息技术的发达使人们更愿意通过网络来获得消息和各种资讯，有关山地户外运动的网站也在人们的需求下应运而生，户外时代、绿野等山地户外运动网站被更多人运用，而新媒体平台也逐渐加入了宣传山地户外运动的行列，在抖音、快手、微博这类居民使用度较高的软件上都能看到山地户外运动的踪迹。随着人们对电子产品的依赖和互联网的发展，各种媒体和网络平台势必会在山地户外运动的发展中占据更加重要的地位。

（三）户外拓展训练有发展前景

最近几年来，山地户外运动行业出现了一种新的盈利模式，即户外拓展训练。这种模式主要针对企业客户，通过组织山地户外运动来磨炼客户的意志，挖掘他们的潜能，不断完善他们的人格，加强团队之间的凝聚力。由于企业客户相对一般客户来说更加重视培训的最终结果而对训练的价格不甚在意，因此俱乐部能够获取相对高额的利润，而由于这种训练往往有一定的效果，和企业的理念在某种程度上产生了重合，因此受到了企业客户的欢迎，预计在未来能够得到不错的发展。

（四）汽车露营以及房车逐渐兴起

交通的便利和生活水平的提高使得汽车的使用率越来越高，且逐渐和户外运动结合起来。参加运动项目的人们驾车到出发地，背上背包开始一次次运动的旅程，这也是未来参与山地户外运动的主流形式之一。它使人们的出行变得更加快捷，节省大量时间。除此之外，美国非常盛行的房车也在国内悄然兴起，它的多种功能为山地户外运动者提供了更多便利，相信在未来能够得到更多人的青睐，拥有更加广阔的发展前景。

（五）山地户外运动不再只是小众人士的选择

山地户外运动刚刚在我国兴起时被很多人误认为这是精英人群的专属，这是由于它对参与者的运动装备以及运动知识都有一定的要求，而这也决定了参与者要有一定的经济实力和教育水平。但随着山地户外运动的不断发展以及人们生活水平的改善，越来越多的人尝试去了解这项运动，而户外运动本身既能够强身健体，又可以和大自然亲密接触，使人们在感受美丽风景的同时释放工作以及生活中的压力，由此也得到了更多群体的青睐。山地户外运动俱乐部的纷纷出现以及国内运动产品的种类增加也为人们提供了更多选择，在保证安全的前提下人们可以得到相对高质量的服务和产品，这也是参与户外运动的人数逐渐增加的重要原因之一。总的来说，山地户外运动不再只是小众人士的选择，它正在逐渐进入广大群众的视野中，也在不断的改进和优化中向全民化发展。

三、山地户外运动产业的发展模式

作为我国新兴的一种休闲方式，山地户外运动尽管有了较大的发展，但相对于其他普通运动项目来说依然是小众的，怎样才能使它转换成范围更广的大众消费活动，最终形成一定的产业链，是目前山地户外运动以及相关行业非常关心的问题。

（一）山地户外运动比赛到休闲产业的转变

山地户外运动发展到户外休闲产业的过程中涉及以下几个概念。第一，山地户外运动。它是指在野外的自然环境中进行的有一定探险意味或者探险体验的体育活动项目群。山地户外运动是指在海拔3500m以下的山区、丘陵开展的与登山有关的户外运动。户外运动最初是为了生存而设立的，早在二战期间，英国的特种部队借助大自然设置屏障以及各种绳网来作为障碍物训练士兵，使列兵的野外生存以及团队合作能力都得到增强。战争结束后，这项运动也保存了下来，并根据人们的需求作出了一定改动，逐渐成为人们运动、休闲、娱乐的新方式。时至今日，山地户外运动一般都由专人组织，且活动本身有着程度不一的挑战和危险，对参与者的心理和身体素质的要求也较其他运动高，相对于跑步、游泳等活动来说依然是小众的运动项目。第二，山地户外运动比赛。比赛形式的山地户外运动对参与者的能力要求更高，同时各个环节的设置也更加惊险刺激，有着很强的示范性与观赏性，很多人对山地户外运动的了解就是通过这种方式获得的，他们借助媒体和网络平台观看各种各样的户外运动比赛，在娱乐的同时激发自身参与运动的兴趣。第三，山地户外运动休闲。顾名思义，它是一种把山地户外运动作为基础的休闲活动，面向的群体是广大群众，不管是对参与者技术和体能的要求，还是运动的量或挑战性都相对较低，且基本上有专业人员组织，活动本身的体育属性并不明显，本身的旅游休闲属性则更加突出。第四，泛户外运动休闲。现在有很多户外休闲的方式已经摆脱了技术要求的束缚，形成了不同的户外运动以及活动，这也就是泛户外运动休闲。户外休闲的发展速度非常快，在我国已经逐渐有了产业链，也就是常说的户外休闲产业。根据不同的角度，户外休闲产业又可以分为以下三种。首先站在社会“时尚”领域的角度，像361°、安踏这样主营运动休闲服装的企业，属于户外运动休闲装备产业中的外在延伸，应该隶属于服装、运动装备产业。其次则站在体育人士的立场，户外运动产业隶属于体育产业，它可以借助网络平台和各种媒体扩大宣传，具备较大的观赏效应，并且基本上都有赞助商提供资金支持，比如各种登山比赛、山地自行车比赛等等。最后，现在较受欢迎的旅游休闲产业其形式和户外运动休闲方式有一定相似之处，它按照人们日常旅游的程序来运营，加入一定的户外运动项目，以此来吸引更多人参与，这些项目通常是滑草、漂流、滑雪等。

尽管山地户外运动产业以不同的形式在发展着，但户外休闲想要实现大众化还有较长的路要走，距离形成大规模的休闲产业也还需要一段时间。由山地户外运动的性质决定，参与者的身体和心理素质都要达到相应的水平，同时也要受到一定范围的年龄限制，这些条件都为户外运动走向大众化形成了一定的阻碍。但泛户外运动休闲和户外运动有所不同，它主要面向大众，在设置运动项目时考虑到了不同人群的承受能力，因此在难度、强度上的标准都相对较低，满足他们对安全的需求，增加大众的参与度。总的来说，户外运动休闲想要实现产业化需要满足六个要求，即运动量要适度、年龄范围要有弹性、运动的娱乐性较强、群体组织不宜过小或者过大、能够保障人身安全、舒适度较高。

（二）山地户外运动休闲产业的发展模式分析

山地户外运动休闲产业想要得到发展，从两个角度思考并采取措施可以起到良好的效果：第一是针对山地户外运动的休闲装备等内容进行研发和设计，逐渐形成运动时尚产品和产业化，以此作为发展模式之一。山地户外运动的装备由于要考虑到安全因素，因此所用的材料质量好、价格高，像防水衣、指南针、GPS等较为专业的运动设备拥有的人数较少，如果能够对这些装备用品加以改良，使更多人拥有这些产品并扩大规模，就能够逐渐形成产业链，使山地户外运动得到一定的发展。第二则是针对山地户外运动的场所进行规划，逐渐形成旅游项目的产业化。这一发展模式主要考虑运动场所形成的休闲旅游运动项目有着不同的产品类型，比如时段消费型、工具租赁型、带动消费型等，且不同类型对应的收益方式也有着较大的区别，各个旅游场所在设计产品时要结合实际情况，选择合适的设计方式。

山地户外运动休闲实现产业化要注意三点，即从小到大、从内到外、从道具到休闲整合，这也会使最终形成的产业化方向有所区别。针对道具的产业化会形成山地户外运动装备和服装产业的主流，而针对山地户外运动休闲项目进行包装，使其向景区化发展，就会逐渐形成旅游休闲的产业化发展模式，而将山地户外运动休闲归纳整合，就可以得到户外休闲生活方式。

实现山地户外运动休闲产业化的目标一定要结合产品来进行设计，目前针对山地户外运动休闲项目的设计主要有以下三种：一是收入模式设计，一般包含了消费和收入的方式设计；二是游憩方式的设计，包含的内容相对较多，涵盖了道具工具、环境、场地、刺激点等四个方面；三是运营模式设计，主要是指营销、管理、战略发展等三个方面的内容。

第一章 山地户外运动项目概述

第一节 登山、攀岩

一、登山、攀岩的概念

在特定的自然地理环境中，人们从海拔较低、地势较为平缓的区域向海拔较高的山峰不断攀登的体育活动就是登山。根据目的、形式的不同，登山又可以分为定向登山、旅游登山、竞技登山以及探险登山四种。定向登山是一种比赛形式的登山活动，其组织以及实施的过程更加严密和规范；而旅游登山一般都在旅游景点处进行，通常高度在 3 000 米左右，主要目的是欣赏风景，因此生活、安全以及交通设施都比较完善；竞技登山是一种竞赛活动，需要参与者想方设法克服困难，徒手或者使用相应的器械而进行的登山活动；探险登山的难度则要大得多，它需要人们利用器械和装备登上山顶，在途中会经历各种困难，地理环境、恶劣天气以及各种突发状况都无法预料，参与者要和这些危险因素斗争，有时甚至会失去珍贵的生命。

攀岩活动则是由登山活动逐渐衍生出来的，属于登山运动的一个分支，也是竞技登山的一种。对于登山者来说，攀岩技术是必然要掌握的技术之一，它把竞技、娱乐和休闲活动结合到一起，既能检测参与者的体力和技巧的水平，又能使他们不断挑战自我，增强心理素质，是不折不扣的勇敢者的运动。一些水平较高的攀登者甚至能够在高度、角度都不同的岩壁上顺利完成一系列专业的惊险动作，被很多人称为“岩壁上的芭蕾”。

攀岩运动最早在 20 世纪 50 年代末的欧洲国家内出现，当初的目的是希望不同的人对登山活动有足够了解，使得参与者积极参与其中。随着攀岩活动的不断发展，攀岩运动也逐渐成为一个单独的运动项目，并在 20 世纪 90 年代在我国兴起，现阶段则主要以攀登自然岩的方式为主。攀岩一般有两种形式：一种是不使用相关运动设备，仅仅依靠岩石的裂缝、岩洞以及悬崖等自然条件向上攀登，即自由攀登；另外一种则是充分利用攀岩的各种器械来向上攀爬，即器械攀岩。

二、登山、攀岩所需要的装备

在登山和攀岩活动中，参与者除了要准备足够的食品、燃料以外，也要准备相应的安全保障以及日用装备，为将要进行的运动提供充分的物质保障。在准备装备时要结合登山、攀岩地点的自然环境来选择，选择那些较为轻便的产品，同时也要满足安全需求，尽可能地坚固、牢靠。按照使用范围的不同，可以把这些装备分为技术、被服以及露营设备三种。按照使用的目的又可以分为以下几种：第一，个人装备。运动参与者个人必要的装备，运动背包、睡袋、有较好的御寒效果的服装以及风雪衣、质量上乘的照明装置、攀登必备的岩石鞋和登山鞋、护目眼镜以及各种运动必备的生活用品等等。根据登山或者攀岩的性质来选择合适的装备，切忌贪图便宜，购买质量不过关的产品。第二，技术装备。在登山、攀岩过程中要用到各种辅助运动装备来保证运动的安全，比如主绳、辅绳、安全带、上升器、铁锤、冰爪、冰雪锥等等。第三，集体装备。一般包含各种灶具、帐篷、通讯器材、必备的药品以及食物等。第四，保障装备。由于登山、攀岩活动多数有着很高的风险，过程中稍有不慎就会发生各种意外，因此参与者务必要准备一些特殊的器材、用品来应付这些突发状况。此外，登山、攀岩可能有着特定的目的，为了实现这一目的，也需要携带一些保障装备。保障装备应当配置什么，配置多少，要根据不同的运动任务以及参与者的人数来决定，风险相对较低、人数少的简单准备即可，风险大、人数多的运动自然要准备充足。一般来说，保障装备中必不可少的有以下三种装备：一是氧气装备。探险登山运动员进行的登山活动一般都海拔较高，有的甚至超过 7500 米，而在这种情况下有很大可能会缺氧或者出现身体不适，因此氧气装备是必不可少的。通常情况下氧气装备包含指示装置、贮气筒以及面具三个部分。二是通讯器材。为了和周边城市保持较好的联系，需要参与者携带手机以及信号较强的卫星电话等装置。三是摄影器材。一些登山活动是为了攀登到顶峰，比如攀登珠穆朗玛峰，这时候就需要准备相应的摄影装备来进行记录，以确保登顶成功的真实性。

三、登山、攀岩活动中的基本技术

（一）结绳技术

把绳索和绳索、绳索和不同的运动装备连接起来的技术即为结绳技术。在登山、攀岩的过程中和其他队员彼此保护，遇到障碍物及时跨越，攀登布满冰雪的峭壁以及渡过流速极快的山涧时都需要绳索的协助，可以说绳索在这两项运动中有着不可替代的重要地位。唯有充分利用绳索，把运动员的身体和其他的物品连接、固定得当，才能在运动过程中最大程度地保障队员的人身安全。绳结是否能够使用合适的技术进行连接，将对运动员的参与活动结果产生直接的影响。

1. 结绳的具体方法

根据结绳后的具体用途可以把结绳技术分为以下几种类型。

第一，固定绳结。顾名思义，把绳索的其中一头和自然界的物体直接固定好即为固定绳结。固定时一般采用织布结、牵引结、通过结等三种。

第二，接绳绳结。按照运动所需的不同要求，把短绳变成长绳时使用的绳结。一般接绳有平结、交织结以及混合结三种方式。平结和交织结通常都用于直径相同的绳索，混合结则用于直径不同的绳索之间，使其连接更加牢固。

第三，保护绳结。绳索和绳索间、绳索和铁索间有时要保证能摩擦或者滑动，采用保护绳结即可满足这一要求。按照使用的不同目的，可以把保护绳结分成抓结和单环结两种。前者主要是为了控制参与者在沿着主绳下降时的速度，而后者则是为了在前进的攀登过程中给予自身一定的保护。比如在环境险恶的危险地带，运动员一旦滑倒，抓结可以使其即刻固定在主绳上，充分保障其人身安全。假如不再需要它施加保护，参与者可以用手推其前进，可以节省体力。抓结有单抓、双抓以及变形抓三种方法。

第四，操作绳结。这种绳结又可以称为双套结，通常是在特定的攀登或者下降的技术中所采用的操作。

第五，辅助绳结。登山以及攀岩过程中会有很多危险地带，这时一定要使用登山安全带。假如没有准备登山安全带，可充分利用主绳以及辅助绳来做成保护胸腰的绳索，将其结组。若制作胸腰保护绳时用到的绳索类型不同，那么制作的方法也有所区别。一是把一根辅绳当作胸绳，把主绳先打成布林结，再把绳子套在布林结上，把一头的绳子从左边肩膀处越过，搭到背上，再经过背部穿过，从右侧肩膀错下来后和参与者胸前的十字互相交叉，把平结和之前的主绳互相连接。

2. 结绳的要求和注意事项

运动员在结绳时务必要保证结绳牢固、简单易行，不管是结绳还是解开绳子都要十分方便。打好绳结后应当认真进行检查，看是否存在错误之处，是否满足安全方面的要求，一旦发现有问题就及时解开并再次结绳，直到打出正确的绳结为止。不管是登山还是攀岩，绳结的方法都是必须掌握的内容之一，参与者要多加练习、充分掌握，并且要熟悉这些绳结使用的时机，利用这些绳结来保护自己。这也是登山、攀岩技术对参与者最基础的要求。

在使用绳索时有以下几点需要重点注意。

第一，使用前要认真地做好检查工作，查看绳索有无损坏或者老旧现象。有时候绳子会和各种组合铁索以及小挂件装备结合起来，这时更要检查得万分仔细。

第二，绳索的存放一定要做到整齐、规范、有条理，切勿随便拉随便放，很容易造成绳索间的互相混杂，耽误运动的时间。

第三，在前进的道路上设置绳索时要充分考虑，在有岩石缝隙以及尖锐的石头时要及时避开，避免这些自然物对绳索的压力造成一定的干扰。行进途中也要及时观察，一旦发现绳索有磨损即刻进行加固处理，磨损得较为严重时要及时更换，避免影响运动的安全性，对人身安全造成致命威胁。

第四，登山、攀岩途中以及休息时不能踩踏绳索，以免绳索出现安全隐患。运动员脚上有冰爪时要十分注意，冰爪底部的钢片如果扎入绳索中，会使内部绳索断裂，在使用时极易引发安全事故。

第五，绳索要保存得当，在水里浸泡会使其牢固性大大下降，因此一定要避免绳索浸泡。

（二）保护技术

在登山以及攀岩的过程中难免会因为体力不支、环境等因素出现动作上的失误，这些失误一旦出现就会对参与者的生命产生威胁，为防止这些失误的产生而进行的操作技术就是保护技术。保护技术较少单独使用，在攀登、渡河以及救护的过程中，为了提高参与者的安全保障一般会同时使用多种技术。根据运动所处的条件不同，可以把保护技术具体划分为以下三种。

1. 固定保护

对前进途中的参与者预先设定的保护叫作固定保护。保护者暂停前进，把运动主绳采取合适的方式进行固定，选择一个相对有利的位置负责保护工作。按照保护的方式，固定保护又可以分为交替固定保护、上方固定保护、下方固定保护三种。交替固定保护一般在按组通过一些非常陡峭的冰坡时使用。由于环境恶劣，一个组内同一时间段内只允许一个人通行，组内其他成员暂停前进，把冰雪锥或者冰镐打进坡面内形成支点，把主绳依据特殊要求缠绕在上面。和行进者紧挨的参与者缠绕好主绳后要观察行进者的速度，做好收绳和放绳动作。行进者走完危险距离后暂停，改做保护者的动作，之后的参与者也按照这一要求陆续进行，直到队伍内的所有人都通过危险地段。上方固定保护，顾名思义，指的是固定保护者位于保护者的上方，一般在攀登峭壁时使用。保护者在峭壁的顶部寻找合适的地方插入钢锥或者自然物，并把主绳固定在上面，将身体牢牢固定于主绳的邻近地点，形成安全的自我保护装置，避免下方攀登者不慎摔落时被牵动。做好这些准备工作后，保护者把主绳的另一端扔给峭壁底部的参与者，参与者把绳子牢牢固定在身体上，确认安全并告知保护者后即可开始向上攀登。保护者要根据参与者攀登的速度做好收绳动作，避免绳子松弛，起不到相应的保护作用。下方固定保护则和上方固定保护相反，即保护者是在攀登者的下方实施相应保护。在开始前，保护者也要选择合适的地点打入装置，把主绳固定好后把另外一端交由攀登者，让他们紧紧固定在自己身上。攀登者在向上行动的过程中要持续地在峭壁上打入支点，并随着前进的顺序更换主绳的位置。保护者根据攀登者上升的速度进行放绳，假如攀登者不小心滑落，牵动保护者的拉力处于上方，并不能造成太大威胁，因此可以不设置自我保护。

2. 行进中保护

行进中保护和固定保护的区别在于不需要预先设置专人保护，而是在发生危险情况时利用保护装置采取紧急保护的技术。行进保护最常用的办法是通过一根主绳把运动员的身体牢牢连接，使其组成一个结组。一般一个结组的人员控制在 2 ~ 5 个。在前进的过程中，结组内的成员假如意外滚坠，其他人则立刻使用保护装置来实施保护性操作，也就是在最短时间内用最方便的姿势和动作把冰镐插进碎石、冰雪的裂缝当中形成支点，借助身体的力量减缓滚坠者跌落的趋势，最终使其得救。

3. 自我保护

在登山以及攀岩的过程中会出现各种各样的意外，而不管是预先设置的固定保护还是及时反应的行进保护都不能成为每个参与者的绝对保障，攀登者最重要的是用尽全力作自我救护。比如在行进保护时，一旦攀登者意外滑落，在高呼“保护”的同时也要立刻将身体作出俯卧姿势，拼尽全身力量让冰镐尖和坡面形成摩擦，使下滑的速度得到一定程度的减慢，再配合其他队员的保护，获得救援。

（三）攀登技术

按照地形地貌的不同特点进行划分，攀登技术主要分为冰雪作业、岩石作业两类。

在进行冰雪攀登时，参与者要记住把双手放置在胸前，横握冰镐，一只手握紧镐头的三通连接处，保持镐尖向下，另外一只手则握在冰镐下方的 1/3 处，两只手的距离要和肩宽基本相同。在向上攀登时，两手臂要使劲把冰镐尖向下扎，使其紧紧固定在冰面上，再一步步向前移动行进。需要注意的是，在向下扎镐尖的时候要掌握好力度，力度太小容易不稳定，力度太大则可能造成冰镐乱晃。

在进行岩石峭壁攀登时，通常是充分利用自然界以及人为的支点来进行徒手攀登。徒手攀登需要掌握一个要领，即三点固定。攀登者的双手、双脚只有在抓牢三个支点时才允许进行第四点的移动。攀登者要设置专门的保护装置，准备的钢锥数量要充足，在前进的过程中依次打入形成支点。两个相邻支点保持在 0.5 米左右，要控制好数量，不能密度过大，也不能数量太多。插入人为支点能够最大程度地避免攀登者向下滑坡，同时还要充分使用保护装置使身体的支点增加，方便攀登者安全打锥。

四、登山、攀岩运动的注意事项

（一）登山的注意事项

1. 做好充分准备

通常情况下，登山运动选择的地点都是野外的自然环境，几乎没有人工开发的痕迹，居住的人也非常少，交通多有不便，这也导致一旦出现意外，不管是物资的运输还是救援队伍都无法在短时间内到达。所以，参与户外登山运动的人要提前做好功课，在登山前列出详细的计划，登山的时间、目标、行进的路线都要经过科学、合理的设定，在登山时如无意外严格按照计划进行。此外，在登山前要及时查阅资料，了解目的地的地貌、地形、地质特点，对地形的危险性有充分认知，根据其天气变化做好万全准备，并针对目的地潜在的安全隐患作出详细的应对措施。在登山之前把所需要携带的用品用具详细罗列出来，并按照列表把相应物品准备好，且分门别类安放，以便使用时能够快速寻找到。需要注意的是，食物以及非食物严禁混装，以免造成污染后不能进食，无法进行登山运动。

2. 运动途中须知

登山的目的不同，参与者在途中应当侧重的点也稍有区别。假如登山是为了欣赏风景，那么登山者就要在相对安全的范围内进行登山活动，对于登山计划中没有涉及的危险地段轻易不要踏入。假如登山是为了探险，那么参与者在途中要时刻保持警惕心，对周围的恶劣环境进行细致观察，避免分心造成意外事故。不管登山的目的是什么，参与者都要保持精力高度集中，经常观察途中的道路情况变化，及时发现稳定性较差的岩石和湿润泥土区域，避免陷落。在出发前要组织好登山团队，留下必要的联系方式，在登山途中保持密切联系，避免有队员远离队伍或者失踪。另外，在登山途中最好不要使用清洁剂，天然的清洁剂也尽量不使用，可以选用热水清洁。对于没有吃完的食物要收集整理后带走，同时准备比较大的容器用于盛水，方便盥洗。

（二）攀岩的注意事项

攀岩运动相比登山运动来说更加惊险、刺激，同时也有着不可预估的风险，为了充分保证人身安全，参与攀岩运动的每个人都要采取各种措施加强自身防护。通常来说，可以从以下五方面着手：第一，进行攀岩之前要选好攀岩用品，且保证质量满足运动要求，在出发前要认真对运动装置进行检查，看安全铁索、安全带、绳套、下降器等设施是否能保持正常工作，各种安全设施是否准备齐全，没有遗漏。第二，在准备攀岩之前，每个人都要检查自己的服饰以及攀岩鞋是不是满足攀岩的条件，如果条件不满足，管理者要保证参与者的人身安全，阻止参与者攀爬。第三，管理者要检查每个参与者准备的镁粉数量，看是否满足当下攀岩活动的需要。第四，假如进行攀岩比赛，准备赛事的工作人员要在下方地面铺好软垫，并向上攀爬后检验安全设施的准备工作是否完善，为比赛的顺利进行提供可靠、安全的运动场所。第五，攀岩比赛时要保持现场的安静，避免嘈杂环境影响攀岩者的发挥。假如是在户外进行攀岩，同队成员则要避免互相干扰。

第二节 定向穿越

一、定向穿越的概念

定向指的是利用地形图以及指北针，按照特定的顺序找到在地图上标识出来的检查点，尽可能用最少的时间完成整个赛程的活动。穿越则是徒步或者跑步完成整个里程的运动，在途中会经历各种各样的地貌，可能要穿过丛林、沙漠、雪原、峡谷等，因此对参与者的综合技能有着较高的要求，需要其掌握攀岩、漂流、峡谷、登山等多种运动的知识和技能。参与穿越的人员不仅体能要好，心理素质也要达到相应水平，对于要穿越的区域也要有较为详细的了解，对穿越运动期间的天气、地貌、风险程度、需要准备的食物、药品、运动装备等都要有一定的认知。

定向运动最早的发源地在瑞典。19 世纪 80 年代，在斯堪的纳维亚半岛上有着数不清的湖泊和一眼看不到边的森林，居民的村庄都相距甚远，人们为了保持联系，就穿越这些森林中若隐若现的小径到达对方的家。久而久之，区域的居民为了安全穿越森林和湖泊有了更加精确的辨别方向的技能，在不断的穿梭过程中，他们也形成了一套充满趣味的规则，也就是后来的定向运动。

山地户外运动中的定向穿越其实与定向运动之间有着非常紧密的联系，它们有着非常相似的运动特点，对于参与者的技术要求也大体相同，但两个活动的方式、方法有一定区别，且距离范围要求不一样，使用的地形图比例尺大小也明显不同。

在山地户外运动挑战赛中，定向穿越比赛的路线多数是开放型的，线路的起始处设在两个地区或者区域内部，两者的距离短的达到几十公里，长的达到上百公里，参与比赛的选手一定要路经所有路途中的标志点才能够到达目标地。

山地户外运动的多数运动都不能脱离看图、识图、确定方向等基础知识而存在，不管是徒步、登山还是戈壁、丛林以及山地的穿越活动，都需要用到这些知识。但在这些活动中，参与者的目标都是自己单独确定的。

定向穿越能够把参与者的体力、智力互相结合起来，也能把体能和智能互相结合起来，同时它有着和其他活动不一样的运动形式，对参与者的条件要求也有所不同，所以有着不一样的价值。参与者在穿越的过程中时要不断行走、攀爬，充分锻炼了身体，而为了找到特定的标志点，参与者又要随时进行思考，锻炼了自身的逻辑思维能力，逐渐养成独立思考的习惯。在遇到困难和挫折时能够沉着冷静的解决，在危难时刻，参与者会在体力、智力的双重压力下短时间内做出快速反应，并迅速作出决策，这也在很大程度上提升了他们的反应能力。

定向穿越有着较强的挑战性，希望参与人员有勇气尝试以往没有进行过的路线，并在参与的过程中积极应对，做好体力和脑力的充分准备，在和其他队员的合作下出色地完成比赛。

定向穿越比赛和其他山地户外运动一样，是和大自然亲密接触的运动，它能够使人真正地回归自然，充分释放生活和工作中的各种压力，增加和其他队员的交流和沟通，为枯燥的生活增添更多乐趣。此外，它拥有所有运动都具备的健康特性，同时又可以利用自身蕴藏的一定危险来告诫人们在大自然中控制自身的行为，在安全的界限内为人们带来一段又一段惊险的运动体验。

二、定向穿越各种地形的方法

（一）徒步行走的要领

最初开始行走时速度不要过快，让身体慢慢适应，行走约 5 到 10 分钟后再进一步加速。

徒步行走是全身机体都会参与的运动，在行走时要脚掌全部落地，从脚跟到脚尖位移，借助双臂的摆动使身体保持平衡，根据身体的整体状况来调整步幅的大小和前进的节奏，不宜采用胸式呼吸，宜用腹部呼吸，在行走时保持速度均匀，切忌忽快忽慢。

前进时小组的队员间不能过于拥挤，一般相邻两个人应保持 2 ～ 3 米的距离，以免被其他人的暂停前进影响到自己行走的节奏。

在行走的过程中，每个人都要有良好的运动习惯，注意力要高度集中，队员之间不可玩耍嬉闹，也不能大声唱歌，这样做除了消耗自身的体力之外，也很容易使其他参与者的注意力被分散，间接影响到他们的人身安全。

在上坡时，参与者要调整身体重心，把重心下移至脚掌的前半部分，同时微微向前倾斜身体。在下坡时也要调整重心到身体的后脚掌，身体应当略往下蹲。不管是上坡还是下坡过程中，只要坡的角度比较大，就不宜采用直上直下的方法，尽量采用“之”字形的安全走法。为了保持身体平衡和安全，双手也可以借助石块、树枝、藤条等物，但在借助前要先试一下这些物体是否能够承受足够的力量。定向穿越比赛中很多队员受伤就是由于借力的物体并不牢固，像一些已经枯萎腐烂的藤条、树枝自然是无法承受一个成年人的重量的，也就不可避免地出现了意外事故。

（二）徒步行走休息时段的注意事项

在行走时隔段时间就要适当休息，休息应当遵循积极、主动、按时、定量的原则，同时还要注意长短结合。途中较为短暂的休息时间一般在 5 分钟以内，主要形式是站立休息、尽力调整呼吸，因此不需要把行李卸掉。时间较长的休息一般控制在 45 ～ 60 分钟以内，如果气温较高，也可以适当调整时间，控制休息时间在 10 ~ 15 分钟内。这时可以把行囊全部取掉休息。但要注意的是，取掉背包后要先站立 2 ~ 3 分钟，把呼吸调整均匀后再坐下。这是因为如果一停下脚步就立刻坐下，很容易增加心脏的负担，对参与者的身体健康有害。参与者坐下后可自行按摩身体，也可以队员之间互相按摩。重点按摩腰部、腿部以及肩膀部位的肌肉，也可以躺下按摩，把腿部适当抬高，让一直受力的腿部血液能够回流，得到循环。休息时可以放松心情，和队员互相聊天、唱歌、说笑等，缓解行进过程中的紧张情绪。

在徒步行走时一定要准备好足够的饮用水，一个人一天饮水量要达到 3L 左右，并且根据气温来适当调整水量，但要注意宁愿携带过多，也不能带水不足。假如在行进途中看到水源，比如湖塘、溪流以及沟河等，务必先对其污染情况进行观察，看周边是不是有人畜活动的痕迹，有无存在动物的尸体，水源有没有被粪便和毛虫污染，水闻起来有无异味，水质是否发黑等。在观察后假如判定水可以饮用，再利用过滤、离析、沉淀等物理方法进行处理。在饮水前先取少量水湿润嘴唇，约过 3 ~ 5 分钟后没有特殊情况出现才可大量饮用，且如果具备相应条件，可以把水煮开之后放置 5 分钟再饮用。补充水分要遵循少量多次的原则，且应当及时补充，等到身体发出口渴信号时再喝水就意味着机体已经处于较为缺水的状态。徒步行走补充水分和日常饮水有所不同，每次饮水最好控制在二三口内，如依然觉得口渴，可以适当地缩短喝水间隔，把喝水的频率增加。这是因为身体的吸收能力有限，一次性喝水太多不仅造成了水源的浪费，还会加大心脏承担的负荷。通常情况下，行走时补充水分可以控制在 15 分钟内 250 毫升，排尿次数也要控制在每 4 小时一次为宜。参与者根据所排尿液的颜色可以判断出自己身体内部水分流失的状况。如果尿液为深黄色，且参与者略微感到口渴，但脉搏频率在正常范围内，即为轻度脱水；若参与者尿液为暗黄色，口腔内部黏膜十分干燥，口渴，脉搏速度较一般人快但却较为无力，即为中度脱水；假如参与者无尿液排出，脸色十分苍白，呼吸速度加快，脉搏非常快却很弱，感到十分口渴，昏昏欲睡，即为重度脱水。

三、定向穿越时的注意事项

穿越运动中会出现各种各样的问题，而野外迷路则是发生率最高的现象之一。很多参与者在迷路后又走了很长一段路后发现自己又回到原点，这也是有一定科学依据的。据研究发现，人在走路时双腿前进的步幅是不相等的，如果不及时调整就很可能陷入圆圈运动中。

现代社会网络信息技术发达，进行定向穿越时可以利用手机或者其他先进的卫生设备来寻求救援，这虽然是一种较为便捷的方法，但需要被救援者能够明确表达自身所处地点，并且时刻保持电子产品有信号并且电量充足。但在野外穿越时，信号大多不太好，且电子产品也无法做到时刻满电。对此，在定向穿越时较为有效的办法就是使用地图和现位置进行对比，对自身所处的环境和位置有足够了解。假如没有旅程地图，参与者也可以在前进过程中仔细观察周边的风景和特色标志物，记住周围的景致，一旦迷路可以利用这些来作为参照物。假如参与者真的迷路了也不要太过担心，要积极采取应对措施，寻找正确的道路。根据迷失地区的特点将迷路时应采取的方法归纳如下。

第一，穿越山地时迷路的应对方法。如果在山地迷路了要仔细观察环境，如有小路、电线、废弃物等可驻足在这些区域，有很大概率会遇见人。假如看到开垦的土地或者火烧过的痕迹，就表示附近有人居住。假如未发现任何标志，参与者可以登到高处向远方眺望，观察有无溪流、民居，确定自身位置。如若这些都未发现，则可以向地势低的方向行进，通过寻找水源来寻找居民点。有的山脉走向非常分明，其山脊也可以帮助参与者走出迷宫。

第二，穿越森林时迷路的应对方法。森林的树木众多且样式都没什么区别，高大的树木也遮挡了光线，因此在森林中是非常容易迷路的。参与者一旦迷路，务必要保持冷静，不可乱钻乱闯，给自己走出迷宫造成更大的阻碍。可以选择周围各个角度都能看到的树木做标记，按照自己的记忆折返。在折返路途中应当砍掉一些树枝或者在树上做一些明显的标记，方便自己返回。

第三，穿越沙漠时迷路的应对方法。沙漠、戈壁、草原以及雪原往往景色十分单一，视野十分空旷，也没有固定的道路或者建筑物作为参照物，因此参与者不容易按照直线前进。在这些区域迷路时可以充分利用日月星辰来确认方向，也可以观察风、云的变化来确定方向；假如依然无法确定自己是沿直线前进的，可以采用叠线标法，每行进一段距离后就放上石头、树枝作为标记物，前进途中经常观察标记有无处在一条直线上，借此来确定自己前进的方向是否有误。沙漠地区的道路不确定，叠线标法难以使用，参与者可以借助动物的粪便来找到道路。假如没有粪便，可以跟着骆驼脚印继续向前。由于骆驼在沙漠中能够非常敏锐地找到水源，因此这也是非常不错的方法之一。在沙丘以及草原地区，道路通常很少且很顺很直，按照总的前进方向一般不会出现错误，假如出现不好选择的道路，可选择正中小路，即使后期发现有失误也方便进行调整。

总的来说，不同的地形迷路时有着不同的应对方法，但不管何种地形的穿越，都要掌握野外迷路时的各种求救措施。求救方法主要有以下几种。一是燃烧烟火。

在夜晚，灯火是十分耀眼的，距离地面 8 000 米的飞机甚至可以看见地面上的一盏照明灯。所以，一旦参与者迷路，可以在夜晚燃起篝火，既能起到抵御寒气侵袭的作用，还能驱逐野兽，同时还会被人及时发现实施救援。二是声音传导。由于直接呼喊会浪费体力，因此可以准备哨子，并且约定好不同哨音代表的不同意义。如果在森林中迷路了，还可以借助斧头、棍棒来敲击树木，也可以用刀背敲击地上的石头，这些声音都能传出一定的距离。三是制作标记。一旦在穿越时迷路，可以根据地形选择制作求救标识，即 SOS 字样。比如在宽阔的草原上可以用刀割出这样的字样或者用手拨出形状；在有雪的地方则用双脚踩出相应字样；如果身处沙滩，可以用大石块、树枝摆放。但 SOS 的直径要控制到 5 ~ 10 米内。此外，发出求救信号后要把和四周环境颜色十分相似的衣服脱掉，尽量露出较为鲜艳的衣服在原地等待，便于救援队发现。

第三节 漂流

早期漂流是人们的一种涉水方式，以爱斯基摩人的皮船、我国的竹木筏为原型，在满足人类娱乐和运动的需求上进行了相应的改动。二战结束后，部分热爱水上户外运动的人突发奇想，把退役的充气橡皮艇当作水上运动的工具，在和水戏耍的同时感受自然的魅力，这项有着激情和挑战的运动受到了很多人的热烈欢迎，并随着不断发展逐渐形成了现阶段的水上漂流运动。漂流运动根据难度和地形的不同也呈现出不同的特点，有的速度舒缓、动作优美，有的则速度较快、刺激惊险，无论哪一种形式的运动都受到了很多人的追捧，在各个国家内都以飞快的速度发展着。同时，由于水上运动险象环生，具备很高的观赏价值，能够获得较高的收视率，因此也颇受媒体的青睐。奥运项目中的皮划艇激流回旋竞赛一直有着数量众多的观看人群，因此很多企业、公司也看到了这一商机，纷纷通过竞赛投放广告来提升自身的品牌形象和知名度。

皮划艇激流回旋对技巧的要求非常高，一般人很难做到，但户外运动爱好者又对这种运动非常欣赏，因此难度稍低的漂流运动成了人们的不二选择。非竞技性的漂流运动有各种形式，即使组织比赛，对最后的成绩也不过分看重，更加关注运动带来的娱乐体验，使参与者在漂流中得到足够刺激、愉悦的运动感受，有着和竞技比赛不一样的出发点和意义。

水上漂流运动在我国发展时间较短，许多地方的漂流活动都是在自然河段的基础上加以利用，较大的商业性河流资源几乎没有。现阶段我国规模较大的漂流点有上百个，基本上都在出名的旅游景点附近，其中青海的长江源漂流、清远的古龙峡漂流都非常值得体验一番。

一、漂流运动场地及器材

我国多数的漂流点是对天然河流充分利用并加以适当改造、建设后形成的。不同形式的漂流活动对于漂流点的要求也有很大区别：急流漂流要求河流的水速要快。在整个河段内不存在差别明显的河床高度，并且不能有漩涡区域，在河的两岸不能有危险物体的存在，比如非常尖锐的石头等，稍有不慎就会危害到参与者的人身安全。而缓流漂流的速度慢，相对来说要求河流流速平缓，河面较宽，不存在漩涡区域，水流基本上没有较大的变化。

漂流运动是水上运动，准备好相应的运动装备非常必要。一般情况下，参与漂流的人员要注意以下设施、器材的采购：第一，防水上衣。漂流运动受水的影响较大，在湿冷的情况下运动衣是起不到御寒效果的，此时需要漂流者准备一件质量上乘的防水上衣，这种上衣一般由异常坚固的胶乳帆布以及粗纤维制成，能够帮助漂流者充分抵抗河流中冷水的侵袭。第二，漂流手套。漂流者需要准备一双好的漂流手套，因为它不仅能起到保暖的作用，还能保护双手不起水泡，增加和船桨之间的摩擦力，使划桨更加有力。但夏季天气炎热，漂流者通常在这个季节不戴或者很少戴手套。第三，背包。选择背包时要考虑周全，要能满足有桨、无桨漂流的共同需求，背包的材料要好，能够保持包内物品不被水影响而变得潮湿，同时既能双肩背还可以手拎，使参与者在路途中不管怎么拿都非常方便。第四，头盔。漂流运动有着较大的危险，因此参与者要选择一顶质量好、品质高的头盔，充分保证自身的头部安全。第五，收口包。如果漂流者选择的漂流地点不远，可以选择这种收口包，它的容量很大但占据地方有限，同时有着非常显著的防水效果。第六，漂流靴。对于漂流者来说，一双好的靴子非常重要，因为漂流运动并不只是在夏季进行，而其他季节的河水冰凉刺骨，一双质量好的靴子能够充分保护参与者的双脚，即使站在冰冷的水中也能保证双脚温暖。鞋底应当足够耐磨，保证参与者在岩石地上行走时不受影响。第七，救生衣。救生衣的主要功能都是一样的，但不同质量的救生衣舒适性有着一定的差别，好的救生衣腰部、肩部以及身体两侧都要可以调节，在腋部的开口要相对宽松，但连接处更为紧密。除了以上这些物品外，参与者还要根据漂流场地和漂流形式酌情增减。

漂流运动的不同河段对应着不同的漂流船具选择。通常情况下参与者选择最多的是橡皮筏，这也是目前我国漂流运动最为常用的载体。而在一些河道相对比较直，礁石也比较少的河流阶段，参与者可以选择小木筏开展漂流运动。竹筏一般都使用在风平浪静的河流段。如果参与者通过漂流俱乐部参加运动，俱乐部都会在对应区域准备合适的漂流载体，漂流者只需要接受安排即可。

二、漂流运动的主要技术

非竞技性的漂流运动对于参与者的技术要求并没有很高的标准，因此也不存在特殊的技术技巧，最为重要的是漂流运动前穿戴运动装备的能力和掉水后的游水自救能力。

漂流运动的穿戴装备要合身、舒适，保证这些装备对自身的运动行为不造成阻碍，而不慎落水后的游水能力则要漂流者在运动前进行充分锻炼，熟练掌握身穿救生衣时在水中的换气、前进技术。在换气时口、鼻要在水面之上，免得被水呛到。在前进时则要四肢正确摆动，把水向自身前进的反方向推动，通过反作用力把自己安全送到船只或者河岸边。在漂流运动中会出现各种各样的情况，漂流者要正确应对。如果在运动中遇到险滩，应当在到达之前对顺流向下的方向做出大致预测，并指挥同伴及时收桨，把双脚收回向船内并拢，两手紧紧抓住船沿旁边的护绳，略向下俯身，把船身的重心稳住并持续保持，通常情况下均可度过险滩。假如在运动中被卷入了漩涡，参与者也要沉着应对，使船顺着洄流的方向旋转，在船身转到漩涡的外围时用力划桨向外冲出去。假如船被搁浅也不用惊慌，用力顶住石头，迫使船身离开搁浅地。如果这一方法无效，可以让船员下水，在船的一侧施加力量，采取拉、推的方法使船离开搁浅区域。

三、漂流运动的主要训练

漂流运动前需要进行一些训练来保证参与者的人身安全，通常情况下要进行三方面的训练。首先要重复进行运动装备的穿戴和脱卸练习，因为参与漂流运动的前提是配备齐全的装备，参与者要对装备足够熟练，才能在遇到意外状况时及时作出反应。所以每一个参与者都要充分进行这一方面的锻炼。其次则是进行一定的游泳训练。不同的漂流河段水速、水位都有着一定的变化，漂流者不慎跌落是很常见的事情，但落水之后的回游能力决定了其自救的效果。漂流者要在日常生活中多加锻炼，在游泳馆提高自身的游泳能力，提高自己在水中行为的灵活度，这对成功完成漂流运动来说非常必要。最后，提升自身的心理素质。漂流运动在各种河流上进行，因此有着一定的危险性，而急流漂流的水速湍急，更是要求参与者有很强的心理承受能力。假如心理素质不好，面对汹涌的河流就吓得双腿发抖，会在很大程度上增加安全隐患。在日常生活中进行心理素质的训练，可以使参与者在面对突发状况时也能保持镇定，用自己的知识和智慧及时处理问题，最终圆满完成漂流活动，获得良好的运动体验。

第四节 溯溪、溪降、探洞

一、溯溪运动概述

（一）溯溪运动的来源和方式

溯溪其实是一种登山方式，它是从溪流的下游向上游前进的过程，在过程中要不断克服地形障碍，最终攀登到山顶的运动。在整个过程中结合了攀岩、游泳、绳索、定位等多种技术的运用，有着较高的复杂性和综合性。溯溪过程中的地形变化多端，在各个区域需要借助不同的运动装备方可前进，因此有着无穷的魅力。同时由于阻碍较多，需要参与者互相配合，充分发挥团队精神，在彼此的协助下完成攀登过程，既考验了参与者，又使其在团队合作中体会到被信任的感觉，在攀登后又使其拥有一定的成就感，因此赢得了较多人的青睐。

溯溪有着各种各样的方式，主要可以分为以下几种。第一，以进行地域调查为目的的溯溪。一些专家学者为了对某一山区的溪流进行综合考察，并获取相应的棱脉、岩壁、步道、动植物资源信息，会进行溯溪活动。这种溯溪活动很难在短时间内完成，因为这些地区的溪谷基本上都是未经开发的区域，没有资料可以借鉴或者参考，需要组织一定数量的人们在假期进行探测，这一时间段基本上要维持几年时间。第二，没有明确目的的溯溪。这种溯溪多是由共同兴趣的人们组建成团体后进行，主要是为了娱乐和放松，得到一定愉悦体验后就结束运动返程。现阶段我国比较流行这种方式，很多户外运动俱乐部也经常组织这种形式的活动，对于初学者来说，选择随团进行溯溪运动可以帮助参与者节省摸索探讨的时间，使得活动的危险系数大大减小。第三，初级溯溪。这也是溯溪最早的形式。参与者沿着溪流一直向前，不必考虑时间的约束，也不确定路程有多远，只要沿着清澈河流和形状不一的碎石向上游不断行走，直至溪谷的源头。第四，完全溯溪。在溯溪的过程中要克服所有障碍，包括陡峭的岩壁、湍急的河流、深不可测的潭水，并在最终爬上山顶，沿着山径的路线一直向下。

（二）溯溪应做的准备

1. 溯溪装备

溯溪是一项综合性的户外运动，其装备总的来说和登山、攀岩应带的装备十分类似。装备要质量好且实用，防水、保温性能要达到较高水准。进行一次溯溪运动需要准备的物品种类较多，且溯溪的器材设施也较重，因此准备的装备要精简，带上必需的装备，在保证安全的前提下不对参与者行动的敏捷性造成障碍。准备的衣物要足够轻便，同时满足透气性和防水性；鞋子除了平常的登山鞋外也要额外准备摩擦力大的溯溪鞋，保证行走的安全性，手工编制的草鞋也有不错的防滑效果。备好护腿罩，以免在行走间被碰撞，同时也能起到很好的御寒效果，穿越丛林的时候也更加方便，还能避免被蚂蟥等虫类叮咬。

2. 溯溪图

结合峡谷、溪流的地形特点而专门绘制的为溯溪者提供帮助的路线图即为溯溪图，它是参加溯溪活动必不可少的准备物品。参与者应按照此图对行进路径中的地形地貌有较为清楚的了解，并及时准备相应物品，制定前进计划和应急方案。对于溯溪者来说，不仅要看懂溯溪图，更要会编制溯溪图，为参与溯溪的组织提供更加完善的地形资料。通常情况下，1 ∶ 5 万的地形图完全可以把重要地形显示出来，在此基础上过细或者过粗都不合适。过粗则无法使参与者对地形作出明确判断，过细则容易显得杂乱，看不出重点。

3. 制定溯溪计划

结合溪谷的地形、岩质特点、溪的长度、水量以及水质来制定溯溪计划。一般情况下，初级溯溪选取的地形都较为简单，全程变化也较少，目的也只是玩耍、欣赏风景。其他溯溪则根据参与者的需求来选择。在溯溪之前要充分收集资料，制定计划后及时安排成员的任务，采购活动需要的相关物品，早做打算可以把运动过程中可能出现的伤害降至最低，圆满完成溯溪活动。

（三）溯溪的基本技术和注意事项

1. 基本技术

溯溪是综合性的运动，参与者既要掌握登山技术，也要熟练掌握溯溪专用的技术。登山技术中尤其要掌握攀登技术的要领，在向上攀登时要把四肢的三个点进行固定，充分保证身体平衡后再移动另一点。而溯溪专用技术主要包含穿越乱石、横移、涉水和泳渡、攀登瀑布以及爬行高绕等五种。溯溪者穿越乱石时应当尽量踩在小碎石上，这样不易滑倒，而踩踏大块石时一定要看准，落地后要踏稳，并想好滑倒的应急措施，避免摔倒后受到伤害。横移则主要是指岩壁的瀑布下方有水位极深的潭水挡住前进道路时，参与者可以从两侧的岩根横向移动。在涉水或者泳渡时要密切观察水流的速度和溪水的深度，并充分利用绳索保护自己。攀登瀑布是溯溪中最难的技术，需要参与者及时观察路线，把支点记清楚，并想好前进和后退的方案。由于对参与者的经验以及技术有着非常高的要求，因此一般情况下不建议新手或者水平不足者进行这种尝试。如果在途中遇到瀑布的绝壁，参与者也可以从侧面比较平缓的山坡上绕过去，并且在绕路时要避免迷路或者远离路线，做好溪流标记。

2. 注意事项

溯溪的路程不固定，沿路会进行各种形式的户外运动，因此参与者要在日常生活中多加锻炼，对游泳、登山、攀岩等技术熟练掌握，对运动装备和器材也要能够熟练使用；参与溯溪运动不可独自行动，应结伴而行。活动前要做好充分的准备，把行进、返回的路线都告知团队队员，使他们掌握这些信息。一旦有意外发生，参与者也不要过分惊慌，而是根据事情的严重程度来作出合理的判断。溯溪运动不可在夜间持续赶路，以免人身安全受到损害；也不可在大雨、暴雨期间进行。溯溪运动中会出现不同的伤亡事故，其中以溺水最为常见。为此，溯溪者在涉水过河时要选择水位不超过膝盖、流速较平缓的地段，不应在流速湍急或者瀑布的上游处渡河。在日常生活中也要经常进行这方面的锻炼，并配备齐全的专用装备，充分保证参与者的安全。此外，在溯溪时除非实在没有办法必须湿水，其他阶段都不要湿水。溪谷地段一般气温较低，且非常潮湿，一旦湿水后衣服鞋子很难干燥，脚部一直在水中也非常容易起水泡，对溯溪活动非常不利。

二、溪降

（一）溪降的概念

溪降运动在 20 世纪 90 年代流入我国并逐渐兴起，它指的是参与者利用专业登山设备从悬崖处沿着瀑布不断下降的户外运动，它和溯溪的运动方向刚好相反，是从上向下的过程。溪降的娱乐性非常强，并且能够充分锻炼参与者的胆识和意志。溪降是由登山运动不断改进而来，其过程更加刺激，也更加充满挑战，对参与者的技能和心理素质要求都非常高。我国南部地区遍布各种溪涧与瀑布，吸引了大量溪降运动爱好者的到来。而随着户外运动人群的增加，北方地区也在寻求可供进行溪降运动的溪谷，不断地进行尝试。

溪降运动的下降过程中，人们多数是踩着岩壁不断向下，而岩壁本身长年受到瀑布水流的冲击，表面布满了青苔，非常光滑，溪水也会对参与者造成一定的影响，使其判断出现差错，因此溪降运动要比一般的岩壁下降活动更加复杂，更加惊险。

（二）溪降运动装备

溪降运动暗含风险，因此其运动装备要配备齐全，充分保证参与者的人身安全。一般情况下要准备专业的登山设备、攀岩设备以及水上使用设备。常用的运动装备清单如下：第一，溪降静力绳。长度宜在 50 ~ 150 米内，直径一般在 9 ~ 12 毫米，材料选择合成纤维，其防水防冻能力非常出色。第二，头盔。头盔可以选择比较轻便的攀岩头盔，一旦发生意外可以避免头部受伤。第三，上升器、下降器。攀登以及下降的过程中使用。第四，铁锁。把不同绳索、安全带以及器械连接起来。第五，安全带。在运动时穿戴在身上，借助铁锁和主绳连接起来，起到保护身体的作用。参与者可以选用专用安全带，也可以选择普通的安全带，但质量必须满足使用需求。第六，溯溪鞋。选用底部摩擦力较大的专用溯溪鞋或者草鞋、运动鞋，带有防滑功能的运动凉鞋也可以，只要保证参与者的脚趾不被岩石损伤即可。第七，穿戴着装。一般选择伸缩性较强的运动裤或者游泳衣裤，带好手套和护腿，保护自己腿部不被撞击。

（三）溪降的主要技术

1. 技术要求

学会正确并熟练使用各种保护装备，比如安全带、铁锁、上升器等。练习时按照一定顺序到下降处排队等候，经过教练的再三确认后再开始下降，掌握相应的技术动作后开始自主选择合适的落脚点，靠近瀑布底端时放开绳索跳入潭中，感受溪降的魅力和乐趣。

2. 主要技术

例如，缘绳下降。假如坡度十分接近 90 度，可以选择这一方法。这一方法十分简单，借助主绳即可。参与者把主绳固定在峭壁上方，把另一端扔到悬崖底下，参与者在绳子上做好抓结，和腰部安全带连接。抓结与连接处的距离要适中，一般是双臂伸直后能够碰到抓结较为合适。参与者应当面向固定点，双腿分开，拉紧主绳并且握好抓结后即可下降。

（四）溪降运动注意事项

参与溪降运动的人应当会游泳。在溪降开始前仔细研究下降路线，选择合适的路线，并将其中可能发生的意外情况罗列出来，想好应对措施。开始下降前把保护绳设置好，在保护绳的上方务必设置两个固定支点，并确保装置牢固。参与者要充分做好安全保护工作，对自己身上的各种固定支点及时检查，确保绳子、绳结、安全带都设置无误，检查绳子有无磨损，如果磨损较为严重，则要及时更换。练习前要仔细检查安全带是否穿戴正确，主要是看安全带的主带有无在髋骨的上方，安全带有无系紧，有无反扣，连接保护绳的铁锁丝扣是不是已经拧紧并且锁好。在溪降过程中要注意四肢的配合，尽量保持身体平衡。整个过程都要戴好安全帽，全程保持注意力高度集中，有意外情况发生时不要惊慌，保持镇定，及时妥善处理问题。在暴雨或者大雨天气不要参与溪降运动。下降时要尤其注意裂缝、水流以及岩石等物的冲击，尽可能避免受伤。

三、探洞

（一）探洞的内涵

探洞既有山地户外运动的特质，也有科学活动的内涵。探洞在西方发达国家有着较长的发展历史，且较为普遍，接受度高，相继出现了很多十分出色的洞穴探险家。而我国有着十分丰富的洞穴资源，对这些探险家们有着很大的吸引力，他们不远万里赶来探险，也把探洞活动带到了我国境内。现阶段，科学技术在不断发展，探洞活动也逐渐得到了改进和完善，变成了一项既能锻炼身体、体验冒险，又能增长知识、充分娱乐的综合性运动。在探洞的过程中要运用到攀岩、游泳、野外生存等多种户外运动的技术，同时要充分利用登山专业设备才能到达洞穴内部；洞穴内有着非常复杂的地形，很容易使人迷路；在各个区域要用到特定的装备，采用相应的方式前进；这些特性决定了探洞活动充满了趣味和挑战。它不仅能够锻炼参与者的身体、增加他们的知识储备，而且可以培养人们不怕挫折、一往直前的精神。在洞穴探险的过程中，人们和自然亲密接触，对自然有了更深刻的了解。此外，为了尽早完成目标，参与者们会和队员及时配合，互相帮助，能够提高队员的团队意识，培养他们的团队精神。

（二）探洞的必要装备

如果探洞活动要探的洞穴属于中、大型，基本上需要探险家们在洞内过夜，有时还会持续很多天。洞内的食物供给不像野外活动那样可以利用动植物适当补充，它只能依靠探险家们事先准备。为了防止遇上旱洞无法喝水，探险家通常还要背着水前进。由此可见，食物供给是探洞活动中非常关键的准备工作。为了保证物资充足，食物准备的量要比探洞时间多出 2 ~ 3 天。

除了食物准备外，技术装备也很重要，探洞活动在备齐登山、攀岩以及野外生存必备的用品外也要准备一下探洞活动特需的物品，包含反光路标、照明设备、护目镜、氧气罐、安全帽以及护膝等物。反光路标应当有各种颜色并排序准备好，在洞穴拐弯处以及交叉路口处作为标记。照明设备应当使用电石灯，它的火苗颜色还可以作为洞穴内部氧气含量的判断指标，起到相应的提示作用。氧气罐以备不时之需，护目镜则是在探险家们出洞时使用。安全帽和护膝等可以保护探险家们在洞穴内身体不被砸伤，在度过狭窄地段时不被擦伤。

（三）探洞的主要技术

1. 专业技术

洞穴内部的形态不一，且大多蜿蜒曲折，需要探险家不断做攀爬活动，对其攀岩技术、绳结技术有着较高的要求。假如洞穴非常狭窄且呈垂直状态，宽度仅供一人前进，探险家可以用两手攀附岩壁，双脚分开踩踏，也可以背部靠向一面墙壁，双手攀附另一面峭壁，不断向上攀登或者下降。假如洞穴很宽，双手无法同时触摸到岩壁，也没有落脚之处，可以借助辅助绳上下。假如洞穴内部非常陡峭，可以利用悬垂下降的技术，也可以借助装配式的梯子或者绳梯上下。探洞过程中的攀岩都是在自然环境中进行的，通常路线比较长，队员都要一一通过，因此对岩壁上锚点的设置方法有着很高的技术要求。一般来说，锚点设置可以采用膨胀钉建立人工锚点，也可以充分利用自然条件来建立锚点。锚点的连接也是需要探险家注意的地方，常用的连接方法有抓结连接法、套圈连接法和 Y 形连接法。假如洞穴内向上或者向下的距离太长，也要及时设置中间休息点，减轻锚点的承受力，保证队员的人身安全。

2. 辨别方向的技术

由于磁场的干扰，洞穴里可能无法使用指北针，因此探险家们要凭借经验进行判断。一般可以采取以下三种办法：第一，反光路标法。如果把洞穴比作房间，那入口处就是通道，往里走就是客厅。探险家从通道走进大厅后要及时把反光路标贴在入口处，便于以后寻找。第二，气流判断法。在洞穴内一般是为了寻找出口，点燃香烟后放置在地面以及接近洞顶处，观察烟雾的方向来对洞口位置进行判断。但要强调的是，采取这种办法要结合实际情况，将温度、地势等多种影响因素考虑在内，否则就会出现失误，影响整体的行程。第三，根据回声辨别。每件物体对于声波的吸收程度都是不一样的，对于有经验的探险家来说，他们可以依据回声得到很多信息，以此来确定水源和洞口的方向。在探洞过程中，参与者可让同伴呼喊来辨别方向。

3. 前行以及联络的方法

在洞穴内前进宜交叉前进，不可所有人一同进入，应分组进入。第一组先行进相应距离后休息调整，向第二组发出前进信号，第二组行进并超越第一组后休息调整，让第一组继续前进，这种方法能够在很大程度上减少风险发生的可能性。

探洞过程中一般通过声音联络，常用的是哨子，在探洞开始前要和团队成员约定好不同哨声代表的含义，并经过演练来使所有人牢记。通常情况下，一个长音表示联络，假如对方无反应可在间隔 5 秒后再次发出长音。对方如听到且状态正常就回应一个长音。两个急促的短音表示注意，对方应回复一个长音加两个急促短音。此外，三长三短三长是国际上通用的求救信号。

第五节 山地自行车

一、山地自行车运动的来源和发展

山地自行车在 20 世纪 70 年代的美国出现，当时加利福尼亚的几个年轻人先用卡车把自行车拉到山顶，再从山顶快速向下，只为了收获从山顶飞速向下的刺激体验。而这项运动也在之后得到了大规模的普及和推广，各种山地自行车比赛层出不穷，制造山地自行车的企业也越来越多，山地自行车产业得到了迅猛发展。相对来说，山地自行车的运动规则比较简单，对参与者的要求也比较宽松。但业余爱好者的水平和专业运动员之间有着非常明显的距离。我国生产以及使用自行车的人群非常多，几乎男女老少都会骑自行车。而各种丰富的自然资源也为举办山地自行车运动提供了有利条件。对于爱好山地户外运动的人来说，熟练掌握山地自行车的相关技术几乎是必须具备的技能。

二、山地自行车运动的基本技巧

（一）合理调整山地自行车

每个车手的身材不同，骑车的能力也有着很大的差别，想要完全控制自行车，就要选择好相应的尺寸。自行车的车架以及鞍座是非常重要的，在骑车前要先调好对应的车座高度，判定标准是骑手坐上去后用脚后跟把脚蹬蹬到最低位置，这时双腿刚好伸直，不必使劲伸脚，也不用弯曲膝盖。

骑手骑在自行车上时假如感觉车座和车把的距离有问题，可以根据需要调整立管的长度。自行车上的闸把、车把、把套以及变速杆等调节装置的构造应当便于车手操作，车手在调节时也要结合自身情况，保证山地自行车在自己的操作下发挥出最好的效果。

（二）掌握正确的骑行姿势

在骑车前要先适量做一些热身运动，使全身肌肉得到舒展，减少实际操作中的损伤。骑手应当先原地小跑，做一些高抬腿、扩胸运动，拉伸一下四肢肌肉，再慢速开始骑行，根据身体的承受能力逐渐加速。在骑行结束后也要有拉伸运动，使身体逐渐从高强度的运动中放松下来。

骑车时的姿势是非常重要的，骑手应当掌握正确的骑行姿势：上身稍低，头部略倾斜并向前伸，两臂轻轻弯曲，后腰部弓屈，使身体的重心逐渐降低，避免在颠簸路段全身都受到冲击，两手紧握车把并坐稳鞍座。假如骑手能够掌握好正确姿势，在平坦路段时应把 3/5 的重量放在后轮上，剩下的重量落在前轮上。这种姿势能够使车手在骑过坡度较陡的路段时有较高的灵活度，避免车向后翻，在下坡时也可以避免车向前翻。骑手在下坡路段要始终保持身体重心向车后部靠拢，假如路况允许，车手应当把胸部重心落于鞍座上。上坡的时候，骑手应当把重心调整到鞍座的后部，这样可以为双腿提供最大的杠杆作用。此外，车手的上身要压低，尽量趴在车把上，便于固定车位。

（三）注意骑车踏蹬时的动作技巧

自行车中的脚蹬起到了传递能量的重要作用，因此踏蹬动作是山地自行车运动中必须掌握的技术动作，骑手的踏蹬技术水平出色，就可以消耗较小的能量获得较大的功率，保持自行车的高速前进。

踏蹬动作需要骑手把脚掌平稳放在脚蹬上，用脚掌中部和脚趾覆盖脚蹬，保持脚掌纵向和脚蹬轴呈 90 度。鞋子可以超出脚蹬 3 ~ 6 厘米。踏蹬动作是一个不断重复的周期性动作，它把中轴作为中心，曲柄为半径，不断地持续下去。车手应当连贯地踩动脚蹬，而不能向下猛踩或者动作间断。在骑行过程中，骑手应当及时进行自我检查，一旦发现自己习惯上下猛踩脚蹬，就要立刻调整踏蹬方法。通常情况下，一分钟内脚蹬转动的次数越多，能够传递的能量相对也就越多，所以自转式的脚蹬非常受车手的青睐。自行车踏蹬的方法主要有以下三种。第一，自由式踏蹬法。这也是现阶段骑手最常用的方法。在脚旋转的过程中，部位改变的同时踝关节角度也随之改变，和力学原理相符合，使得膝关节、大腿的动作幅度变小，肌肉相对轻松，踏蹬的频率得到显著提升。但这种方法有一定的难度，骑手不太容易掌握。第二，脚尖向下踏蹬法。这一方法是指骑手在骑行过程中始终保持脚尖向下，因此踝关节的活动范围相对较小，便于增加骑行频率，骑手能够很快掌握，但缺点是腿部肌肉得不到有效放松，在始终紧张的状态下易感到疲惫，不太能顺利通过临界区。第三，脚跟朝下式踏蹬法。这一方法是指骑车的脚尖略向上抬起，脚跟则向下 8 ~ 15 度。它可以使腿部肌肉在较短时间内改变用力状态，得到片刻休息，一定程度上缓解肌肉疲劳。此种方法在骑行中用到的频率非常少。

（四）掌握基本的刹车技术

山地自行车的刹车有着很好的制动力，骑手仅用一两个手指便可以操作，快速锁住车轮，其余手指可以握紧车把，整体控制自行车。通常来说，后闸的刹车效果不如前闸。在使用车闸时应当结合地形特点以及车闸的具体刹车效果来作决定。比如在距离较短、坡度较陡的斜坡上向下骑行时或者在土质比较疏松的地段转弯时，都应当避免使用前闸，除非骑手的水平非常高超。

假如下坡的路程较长，骑手应当避免长按车闸，以免车圈、闸皮因为摩擦而温度升高，最终影响刹车效果。在到达斜坡末段时，车闸要结合实际情况或松或紧，最大程度地发挥出刹车效果，也便于骑手控制自行车。

骑手在捏前闸时，由于惯性作用身体会向前移动，因此要常练习，在准备刹车时提醒自己调整身体重心，重心越往后，刹车力量运用得越充分。

如果在下坡途中遇到急转弯要用到刹车，骑手宜使用后刹车，避免前刹车导致翻车。在平地的急转弯阶段应当在最后一刻刹车，把身体重心调低，用前面 30%、后面 70% 的力量来做刹车动作，不要过分向下压前闸。假如是在地势较为险峻的地段转弯，骑手应当使用前闸并调节好前后刹车，不能持续长时间地按紧刹车，可以时按时松，避免刹车锁死。

第二章 山地户外运动装备与产品技术革新

第一节 个人装备

当前市场上的山地户外运动装备有着非常多的种类，但是依照不同的使用范围可将户外运动装备分为三个大的类别：一是个人装备，二是集体装备，三是技术装备。其中个人装备是在开展山地户外运动的过程中参与者在实施户外活动、进行户外生活时所能够用到的所有个人用具。详细地说，山地户外运动个人装备具体包括以下几种：背包、帽子、睡袋、户外服装、防潮垫、火种、手套、登山鞋、水具、运动眼镜、灯具、刀具等。

一、背包

在进行山地户外运动时，必不可少的一个装备当属背包。无论开展何种类型的山地户外活动，参与者都会携带较多的物品，而这些物品自然需要背包来进行收纳。在进行攀岩、探险、登山、徒步、野外生存等活动的时候，通常来说参与者所带的背包容积不会小于 65 L。

（一）背包的装填方法

第一，装填完毕的背包重心应该处在高位，并且背包的左右两侧重量相近，背起来之后背包的重心应当在背部附近，主要让臀部去承担背包的重量。在摆放物品的时候，应当遵照如下规则：在背包底部放重量较轻的物品，比如备用的衣服、睡袋等；将比较沉的物品放置在背包的上层，比如食品、水等。这样能够让背包背起来更加平衡，即便行走也不容易累。

第二，要遵循便于取用的原则，最好将经常用到的东西放在头包或者是侧包位置，比如帽子、手套、地图、防雨罩、墨镜等。

第三，要做好分类后再将物品装进背包内部。

第四，做好物品防水工作，可以先用塑料袋把分好类的物品包装好，之后再放置在背包之中。这样一来，即便发生下雨、背包不小心落水等情况，也不用担心背包内部的物品会被弄湿。

第五，可将防潮垫、帐篷等物品置于背包外部，并月外挂对它们加以固定。

（二）使用背包的注意事项

第一，山地户外运动人员在经过陡峭区域或者是急流的时候，一定要记得将背包的腰带、胸带扣紧，让背包和人紧紧地结成一体，这样一来，一旦遇到突发问题，背包或许能够保证人员的安全。举例来说：在山地户外运动人员落水的时候，背包在短时间内能够当救生圈来用；若是人员在户外滑倒了，那么背包也能够发挥缓冲作用，避免户外运动人员受到伤害。

第二，若是山地户外运动人员要宿营，那么切记要扣好背包口，从而防止小虫、小动物等进入背包内部。

第三，在山地户外宿营的时候，背包能够当作枕头使用。若是打算把背包放在帐篷之外，那么要记住用防雨罩把背包盖住，避免露水把背包打湿。

二、腰袋

睡袋这种用具兼具“被子”“褥子”的功能。探险、登山、野外生存者在开展户外活动期间，睡袋能够将安全、良好、温暖的睡眠条件提供给他们，从而有利于这些山地户外运动人员在睡眠中较好地恢复自身的体力。

依照不同的材质，睡袋能够分为以下几类：一是人造棉睡袋，二是棉睡袋，三是羽绒睡袋。睡袋的重量并不相等，轻的仅有 100 g，重的则有 2 000 g，具体选择何种重量的睡袋，需要山地户外运动人员提前考察好自己活动区域的气温。目前，睡袋都将温标标识了出来，并标明该睡袋适宜在何种温度上使用等数据，从而方便户外运动参与者对睡袋进行选择。一般来说，温标舒适温度大概为 –5 ℃的睡袋比较适合在春、夏、秋这三个季节使用，这一类睡袋的材质往往是人造棉或者是棉。若是要攀登雪山，或者是冬季在户外露营，那么就应该选取温标在 –15 ℃至 –30 ℃这一范围内的睡袋，这一类睡袋的材质往往是羽绒的。

睡袋也有着多样的形态，并且依照不同的重量能够将其分为两类：单人睡袋和双人睡袋。依照不同的款式，睡袋又能够被分为收缩式睡袋和拉链式睡袋。在对睡袋的材质进行选择时，要先对运动区域的气候变化状况进行深入的了解和研究，并依据这些内容选择最适合该地气候地理条件的、保暖又方便携带的睡袋。

三、防潮垫

防潮垫能够隔热、防潮，为宿营者抵御地面寒气，让他们的睡眠质量得到一定的保障。一般来说，防潮垫有下列两种类型：一是泡沫防潮垫，二是自动充气防潮垫。目前市面上销售的防潮垫重量较轻、体积较小。所以，山地户外运动人员在开展户外运动的时候可以携带防潮垫，为自己在户外营造一个较为舒适和安全的睡眠环境。

四、户外服装

野外环境极为复杂，且经常发生变化，为了避免恶劣的环境给人体造成伤害，减少身体热量的散失，以及将运动过程中的汗水迅速排出体外，山地户外运动人员应当注意分层着装。也就是说，在开展山地户外运动的过程中，人员要穿材质不同的衣物，方便从容应对处于变化中的天气。

（一）内衣

内衣的作用在于能够让人体的皮肤处于干爽状态。若是人体的汗水蒸发，那么就会让身体热量散失，令人产生寒冷的感觉。因此，山地户外运动人员在选择内衣时，应注意选择合成纤维物质的内衣，不要选择纯毛、纯棉等材质的内衣。

（二）保暖衣

保暖衣能够在衣服内部形成空气层，从而具有不错的隔热效果。保暖衣所形成的空气层能够将身体和外在环境的冷空气分隔开来，从而确保户外登山人员的体温维持在正常的范围内。

保暖衣属于中间层，通常来说中间层用的材料是天然材料和人工材料。这一类衣物往往不防水，所以它更多地和外层衣物配合穿着。

（三）外衣

山地户外运动人员所穿的外衣通常来说是指“冲锋裤”“冲锋衣”和风雨衣等这些类型的衣物。这些外衣几乎都具有防风、防水、防撕的功能。随着科技的不断进步，目前世界上已经研发出了 GORE-TEX 等防水透气面料。该面料的原理如下：在薄膜状态下，表面的小孔直径小于水分子、大于蒸汽分子，使得蒸汽分子能够顺利通过，而将水分子阻隔在外，因此该面料兼具透气功能和防水功能，非常适合山地户外运动人员穿着。

山地户外运动人员的三层着装有利于因气候制宜。衣服穿着过热、过冷都会影响户外运动人员的身体健康，最佳温度即为 37 ℃，若是温度过高会使运动人员发生中暑问题，若是温度过低又会让运动人员失温。在穿三层着装的时候，如果山地户外运动人员觉得太热，那么能够将中间层的保暖衣脱掉，只用最外层来保温。在气温非常低的时候，山地户外运动人员可以多穿几件中间层，“制造”出更多的空气层，从而起到更好的保暖效果。

一些寻常衣物，比如棉衣、毛衣、牛仔裤等，在户外环境中有着较多的缺点，因此它们并不是山地户外运动人员的最佳选择。

五、户外登山鞋

目前市场上有着众多品牌的登山鞋，并且伴随着科学技术的进一步发展，对户外运动鞋有了更加细致的分类，这些户外运动鞋无疑是山地户外运动人员必不可少的装备之一。依照不同的用途和功能，可以把户外鞋分为三大类：一是高山靴，二是登山鞋，三是轻型登山鞋。此外部分户外运动还需要专门的鞋类，举例来说，在竞技攀岩的时候要穿攀岩鞋，在进行溯溪运动的时候则要穿溯溪鞋等。

在使用户外登山鞋时，注意如下事项。第一，新买的登山鞋有些硬，为了增加穿鞋的舒适度，运动人员可以先在家穿一段时间来磨合新鞋，之后再穿着鞋子参与山地户外运动。第二，由于户外登山鞋的鞋底比较坚硬，因此它有着较小的摩擦系数，并不十分防滑，山地户外运动人员在走石块或者是比较湿滑的道路的时候要格外注意，以免滑倒。第三，尽管户外登山鞋能够防水，但是它和雨鞋仍旧是有区别的，所以应尽量避免穿着该鞋在水中行走。第四，因为户外登山鞋使用了较硬的材质，所以运动人员在穿鞋时会遇到磨脚的问题，山地户外运动人员应当多穿袜子，或者是把易磨部位垫厚。第五，户外登山鞋所使用的鞋带往往是圆形的，系好的结有时会散开，所以山地户外运动人员在行走的时候要不时看一下自己的鞋带是否脱开，避免自己被绊倒。

六、火种

在开展山地户外运动的时候，一个定然会用到的物品就是火种。只有有了火种，山地户外运动人员才能够为自己做一顿热餐来恢复体能，才能够在下雨过后取暖或者是把被雨水打湿的衣服烘干。同时，山地户外运动人员在遇到野兽的时候，也能够用火来进行驱赶。所以说，在参与户外运动的时候一定要将火种带在身上。目前比较常用的取火工具有打火机、火柴。普通的打火机和火柴只能在一般的户外环境下使用。若是要参与探险或者是登雪山活动，那么就要使用专业火柴，这类火柴兼有防水功能和防风功能。若是运动所在的野外环境较为严酷，那么就要使用具有较好的防风设计且外壳坚硬的打火机。

七、手套

在参与户外登山活动的时候，另外一种必不可少的物品就是手套。人体活动最主要的部位就是手，因此山地户外运动人员应将自己的双手保护好。在气温较低的户外环境下双手会变得十分僵硬，从而无法灵活地完成各项操作，又因为复杂的野外环境和各种突发情况也会伤害到手，从而影响后续的工作，所以说，山地户外运动人员需要一副手套保护其双手。

八、运动眼镜

若户外运动是在雪山、沙漠等地开展的，或者活动场地具有较强的紫外线、阳光强烈，那么山地户外运动人员就要提前备好一副运动眼镜。现代运动眼镜有如下几种类型：一是偏光镜，二是彩色镜，三是变色镜。其中，偏光镜能够对强烈的自然反射光线加以过滤，避免它们对运动人员的眼睛造成伤害，一般来说偏光镜适合在开展水上运动、雪地运动的时候使用。变色镜能够依照光线的强弱程度而发生或深或浅的变化，从而避免过多的紫外线照射入眼。

依照不同的用途，可将户外运动眼镜分为下列几类：登山镜、雪镜、防风镜、自行车眼镜等。下面详细阐述各运动眼镜的用途：第一，登山镜，往往是在开展海拔较高的登山活动时使用，它能够起到过滤紫外线、防风沙等重要作用；第二，雪镜，顾名思义，主要在攀登雪山、穿越雪地等活动中佩戴，它应具有突出的防风功能；第三，防风镜，能够避免户外运动人员受到风沙的损伤；第四，自行车眼镜，也具有突出的防紫外线、防风功能，它更多地采用流线型设计，以方便减小风的阻力。

山地户外运动人员能够以活动的性质、内容、周遭气候环境等为依据对户外运动眼镜加以选择，以确保户外运动活动能够顺利开展。

九、帽子

山地户外运动人员往往会忽略为自己准备一顶合适的帽子，实际上帽子在山地户外运动活动中能够起到较大的作用。例如它在夏季能够起到防晒作用，在冬季能够起到保暖作用，并且能够避免从高处下落的树枝或者其他物体对运动人员的头部造成损伤，可以说帽子是山地户外运动人员的一件必备单品。帽子也有多个种类，比如毛绒帽、太阳帽、抓绒帽、棉帽等，有一些户外上衣本身也带有能够折叠的帽子。山地户外运动人员要依照具体的用途选择最为恰当的帽子。例如夏季通常会佩戴太阳帽，其帽檐能够遮挡剧烈的阳光，从而避免运动人员颈部被晒伤。在进行登山活动的时候可选择佩戴抓绒帽，它具有极佳的保暖功能。

十、水具

人体体重的 2/3 实际上是人体内水的重量，另外，水也是人体活动所必不可少的元素，它在维持机体运行方面发挥着极为关键的作用。在开展山地户外运动的过程中，人体中的水分往往会通过呼吸、排汗等方式排出体外，运动人员唯有及时饮水，补充水分，才能够维持人体正常的生理机能。然而在开展山地户外运动的过程中，人们若想饮水，往往无法立刻找到可饮用的水源，因此运动人员要备好水具和饮用水并随身携带。

十一、灯具

开展山地户外运动离不开灯具，因为夜间活动和操作都需要灯具来照明。目前常用的户外灯具主要有手灯、手电筒、营地灯等。

第二节 集体装备

在开展户外活动的时候，由群体共同使用的装备即为集体装备。一般来说，经常用到的集体装备有下列几种：帐篷、炉具、通信器材、定位设备、照相器材等。

一、帐篷

对于山地户外运动人员来说，帐篷在很大程度上提供了“家”所具有的功能，它能够防寒、防雨、防风，能够让运动人员免受野外环境中各种小动物和蚊虫等的干扰，让运动人员能够在较为舒适的环境中休息，让他们的体力得以恢复，从而确保后续的户外活动能够正常开展。

通常来说帐篷包含6个组成部分，即帐杆、防风绳、帐钉、帐篷套、外帐、内帐。帐杆之于帐篷，相当于骨架之于人体，它能够起到重要的支撑作用。防风绳对帐篷起到固定作用，它的存在能够让帐篷更加稳定，让帐篷具有更高的抗风强度。帐钉主要对防风绳和帐篷的连接起到固定作用。帐篷套主要用于包装，它能够盛放帐篷和其他的附件，以方便山地户外运动人员携带。

合格帐篷应满足的条件：第一，设计合理，方便搭建；第二，运用科学的制作材料，具有较强的防风、防雨功能，结实耐用；第三，具有较小的体积和重量，能够便于山地户外运动人员携带。

二、炉具

若是山地户外运动人员要在户外饮食，那么炉具是必不可少的工具。户外炉具有着诸多特点，例如较小较轻、使用和携带较为方便、安全性较高等，并且有利于环保。瓦斯炉、汽油炉都是较为常用的户外专用炉，通过它们的名字便能够知晓它们所使用的是何种燃料。使用炉具时注意以下几点。第一，外出之前户外运动人员要先对炉具进行检查，看其能否正常使用。第二，不同的炉具所使用的燃料也是不同的，要依照要求使用燃料，不可随意对炉中的燃料进行改换。第三，若是在使用炉具的过程中出现了意外情况，如爆燃等，山地户外运动人员要第一时间将控制阀关闭，并且用湿毛巾盖住炉具。第四，尽量避免将炉具带进帐篷内使用。在处于雪山环境之中时，若是要在帐篷内使用炉具，那么一定要做好通风工作。第五，在使用炉具的过程中应避免浪费燃料。例如要控制好火焰大小，让蓝色火苗将锅底覆盖住即可。第六，应当在较为平坦坚硬的地方放置炉具，其上所放的锅切忌过重，避免锅将炉具压坏。

三、通信器材

在开展山地户外运动的时候，人员应当都配备较为优质的通信器材，保证在户外彼此之间都能够保持联络，并且便于在发生紧急情况的时候进行救援。在野外的大部分时候，手机都无法正常使用其通讯功能，而哨声、人声又都有着较小的传播范围，不适宜在户外活动中联络彼此。因此在开展户外运动的时候，为了确保所有人员的安全，更好地达成预定的计划，各人员要配备和携带能够在户外正常使用的通信工具。

对讲机（或手台）是开展户外运动时使用较为广泛的一种通信器材，能够在户外正常使用的对讲机，其发射频率至少要在 2 ~ 5 W 这个范围内，工作频率则应是 144 MHz 和 430 MHz，并且要便于携带，具有一定的防震功能和防水功能。对讲机操作起来十分便捷，人工能够在特定的频道范围内自主选取恰当的频道进行单独或者是组内通信。因此若是团队共同参与山地户外运动，那么就应该选择对讲机作为其通信工具。

四、定位设备

开展山地户外运动的另外一个必备装备就是定位设备，它能够帮助户外运动人员更好地确定行进的方向和路线，并对行程加以判断。运用较为普遍的户外定位设备当属 GPS 和指北针。

指北针能够帮助人们确定方位，它所利用的是地球磁场的原理。GPS，英文全称为 Global Positioning System，翻译成中文即为卫星定位仪。它有着诸多功能，比如确定方向、对行动轨迹进行记录、预报天气、对海拔高度加以测定等，因此户外运动人员在选择定位设备时，它也是一项理想选择。

第三节 技术装备

山地户外运动技术装备具体指的是在开展户外运动的过程中能够对运动人员的人身安全起到保障作用的器具。下面对部分技术装备进行介绍。

一、登山绳索

（一）登山绳索的种类

在开展山地户外运动的时候，通常来说都会带上绳子。因为在进行攀岩、登山等运动的时候，绳子能够在很大程度上确保运动人员的安全，它有一个极为形象的别称：户外运动中的生命线。登山绳也具有不同的种类，即动力绳、静力绳。

动力绳通常是花色的，它包含多种颜色。它的伸缩性较强，若是攀登者发生了滑坠等情况，它能够对滑坠的动能加以吸收，避免攀登者受到不必要的伤害。动力绳的直径往往为 9 ~ 12 mm，其延伸性是 7% ~ 8%。它的瞬间拉力能够达到 3 000 kg。另外，动力绳还包括一种直径在 6 ~ 8 mm 的绳子，它往往被称作辅助绳，能够用作绳套、绳圈，主要运用在捆绑、保护等操作中。

相较于动力绳来说，静力绳有着更大的硬度，且不具备那么强的伸缩性，通常它的颜色也较为单一。在受到拉力的时候，静力绳的延伸性较小，因此它无法对拉力进行有效的吸收，所以在运动人员冲坠的时候，静力绳的冲力往往会让攀登者的身体受到一定的伤害，由此可以看出，这种绳子并不适合用来进行下方保护。它在登雪山、探洞、溯溪等活动之中应用得较多。

（二）注意事项

第一，在对登山绳进行使用的时候，要注意收好多余的绳段，并且避免对绳子进行踩踏，特别是登雪山时，若是运动人员穿冰爪对绳子加以踩踏，那么就有可能使绳子发生断裂。第二，在使用绳子的时候要注意不要让冰块、石头等坚硬、锐利的物体和绳子产生摩擦，在遇到这些坚硬物体时，运动人员可用麻布块垫好，或者是用绳套增加支点等，尽量避免让绳子产生摩擦。第三，可以用铁索来连接绳子和支点，而不要直接通过岩钎、挂件、扁带等。第四，山地户外运动人员应当时常查看绳子的磨损程度，若是发现绳子磨损过于严重，那么就要及时进行更换。第五，使用过程中尽量不要让两条绳子彼此之间产生摩擦。

二、安全带

安全带的功用在于将攀登者和主绳连接起来。大部分的安全带都是以尼龙制成的。质量达到国际标准的安全带，能够承受大概 3 000 kg 的瞬间拉力。安全带能够增加人员在运动过程中的安全性和舒适性。使用安全带时要注意以下事项：第一，在对安全带进行使用之前必定要做的工作就是检查它是否存在损坏等问题；第二，使用者应当较为熟练地掌握该工具的使用方法；第三，安全带上有一个带子是能够调节的，使用时一定要将其收紧，尤其是要把腰带穿到人体的髋骨以上，并将腰带收紧；第四，坐式安全带比较适宜在寒冷的环境中使用，并且应当将安全带的腰带靠近内衣穿上，切忌将其套在外套的外侧；第五，要注意反扣并且拉紧一切能够调节的带子；第六，安全带上有装备环，它无法对使用者起到任何保护作用，它无法受力。

三、铁锁

在开展户外运动的时候，经常会用到铁锁，它有着较为广泛的用途，人们主要用它来对登山绳和中间支点进行连接。在攀登过程中使用铁索，就能够不用给绳子打很多结。很多攀登设备的使用和组合都离不开铁索。举例来说，它可以用来连接登山绳和保护点，能够用来连接攀登者和主绳。在攀登和登山探险的时候使用铁锁，就能够给使用者增加一层安全保障。在开展户外运动的时候，铁锁有时也能够发挥绳子的作用，比较方便使用。当前很多铁锁是由合金材料所制成的，它能够承受 2 000 ~ 3 000 kg 的瞬间拉力。通常经过国际登山联合会认证的铁锁都刻着 UIAA 字样，因此山地户外运动人员在购买铁锁时尽量认准带有该字样的产品。

依照不同的形状，能够将铁锁分为 O 型、D 型和梨型锁。因为通常这三种类型的铁锁都带有丝扣，所以它们又被称作主锁。在使用的时候，扭紧丝扣就能够较为牢固地锁住，让攀登者的活动具有更好的安全性。

使用注意事项如下：第一，使用铁锁前必须要对其进行仔细的检查，看它是不是存在裂痕，它的开合是否比较平顺。第二，挂好铁锁之后，使用者要及时把铁锁的开口一面翻下来，使之朝向外侧。若是将铁锁的开口朝向岩面，那么在和岩石碰撞和摩擦的过程中可能会导致锁口被打开，从而让使用者陷入危险境地。第三，在做保护前或者是准备攀登下降之前，使用者必定要对铁锁进行检查，看其是不是已经锁上。第四，若是使用铁锁扣时将其锁紧，那么在较大的冲击下铁锁会锁死，因此在锁紧铁锁时要注意将它回拧大概半圈。第五，在使用铁锁的时候注意理顺绳子，确保绳子不发生纠缠或者扭曲等问题。

四、下降（保护）器

下降器指的是在保护和下降的具体过程中，借助绳子和器材之间所产生的摩擦力来抵消下坠的冲击力和重力，从而让使用者运用较小的力就能对自身坠落的速度和行止进行控制的一种器械。此种器械较轻便且便于携带，有着较为简单的结构，是登山攀岩时运动人员经常会用到的一种工具。

（一）种类

“8”字环、ATC 和 GRIGRI 等都是应用较为广泛的下降保护器。他们都能够巧妙地运用摩擦力来减小冲击力，能够让使用者对下降的速度等进行较为有效的控制。

“8”字环这种下降保护器运用得最为广泛，也是最为常见的一种，它的形状非常像数字“8”，它的结构也并不复杂。这种下降器有着较快的给绳速度，能够让绳子较为顺利地通过，其缺点在于使用它的过程中绳子往往会出现较为严重的扭曲。另外，在下降时使用“8”字环往往会因为具有过大的摩擦力而给操作带来不便之处。

ATC 这种保护器也是比较常用的一种，它的重量要比“8”字环小。在使用它的时候，需要将绳索在它的钢索和铁索内穿过，从而形成一个保护系统。该保护器设计有随圈孔，能够较为有效地将绳子上的冰雪除掉，因此它较为适宜运用在冰雪环境之中。

GRIGRI 这种下降保护器具有自锁装置，通过该装置便能够实现制动。在受到的冲力比较大的时候，GRIGRI 内部的齿轮会把主绳锁定，在下降的时候使用者仅仅需要将杠杆齿轮按住，绳子就会松开并滑动，以此来实现下降或者对使用者的保护。此种保护器有一个较为突出的特点在于，攀登者在下降的具体过程中不必全程都用双手抓住绳子，他们能够松开双手去做其他的事情。但是应当特别指出的是，在进行攀冰和登雪山等活动时，不可使用 GRIGRI，若是绳子沾了水，那么也无法再继续使用。

（二）注意事项

下降器的使用注意事项如下。第一，在对下降器进行使用前，首先要做的工作就是查看器材是不是存在裂隙或者是较为严重的磨损。在使用自锁保护器之前，可以在安装好以后先用力拉一下绳索，看它的锁定是否有效。第二，要学会如何安装和使用保护器，并且将其步骤和方法等牢记在心，通常错误的操作可能会让使用者发生各种危险。第三，确保穿绳子的方向是正确的，不要贪求过快的下降速度，要调整好手控制绳子的力度，始终保持正确的身体姿态。第四，使用完下降器之后切忌乱扔乱摔，要记得将其整理收纳好。

五、上升器

（一）种类

上升器包括多种类型，比如手持上升器、胸式上升器、脚式上升器和无手柄上升器等。在诸多上升器中，使用最为广泛的当属手持上升器，它能够运用在登山、探洞、攀岩、搭绳过涧、溯溪等户外运动中，并且单手就能够进行操作，使用起来极为方便，在任何环境中都比较适合使用。其他上升器实际上都是由手持上升器变种而来，在使用它们的时候可以和手持上升器搭配使用。

（二）使用注意事项

第一，在对上升器进行使用的时候，应确保朝绳索方向推进，并且在推进的过程中要让绳索始终处于拉直状态。第二，切忌将上升器当作保护支点的连接，因为在受到外在冲击的时候，上升器会较为轻易地和绳索相脱离。第三，安装好上升器之后，要记住将铁锁安装在上升器的上部小孔中，以避免绳索在受到外界各种方向的力时和上升器脱离开来。第四，若是所开展的户外运动是需要垂直上升的，那么手持上升器就能够和由扁带、绳子制作而成的脚踏结合使用，以免人员的体力被较快地消耗掉，并且有利于运动人员更好地保持自身的身体平衡。

六、扁带

（一）功能

在开展山地户外运动的时候，扁带能够发挥较多的功能，但它主要用来对快挂、铁锁和上升器起到连接作用。扁带可以直接和保护支点相接触，避免对绳子造成较大的磨损。另外，户外运动人员还能够对扁带进行相应的制作，使之对自己的攀爬起到一定的辅助作用。与此同时，扁带的耐磨性、抗拉性都十分突出，因此它的存在让保护系统能够提供更加强大的保护功能。

（二）种类

当前使用较为广泛的扁带主要有下列三种：散扁带、快挂扁带和成型扁带。其中散扁带是以圈为单位来进行售卖的，使用者可以依照自己的现实需要对其进行打结、裁剪等操作，将其制作成符合自己预期的工具。快挂扁带也主要起到连接作用，它能够将两个铁锁连接起来使之形成快挂，长度通常在 10 ~ 25 cm 之间。成型扁带是厂家已经制作成型的扁带，它的长度范围通常是 60 ~ 120 cm，该扁带出厂时已经做过相应的检测，因此相对而言具有更高的安全系数。

（三）使用注意事项

第一，将散扁带制作完成以后，记住要用胶布将留出的头绑好，避免它再次散开。在使用自制扁带的具体过程中为确保安全应当时常对其进行检查。第二，在使用扁带的时候应尽量不要让其出现扭曲。最好用两根扁带来连接固定支点，以增强运动人员的安全性。第三，在使用扁带连接各种装备的时候，要先看扁带的长度是不是适中，若是过长可用打结的方法来缩短其长度。第四，山地户外运动人员出行时可将扁带斜挂在自己的肩部，或者是将其置于方便取用之处，但要注意不要让它对行动产生干扰。

七、冰爪

（一）用途及种类

在攀登雪山时经常会用到冰爪这种工具，它具有突出的防滑功能。它通常被安装于登山靴的底部，能够让靴子具有更强的摩擦力和抓地力。依照不同的固定方式，冰爪能够分为下列几种：绑式冰爪、卡式冰爪和前绑后卡式冰爪。

其中，绑式冰爪主要借助绳带来连接登山靴，该冰爪有着较大的适用范围，它几乎能够用于所有登山靴。

卡式冰爪只能安装在那些带有专门卡槽的登山靴上。它更加适用于登雪山和攀冰等户外运动。

前绑后卡式冰爪也只适合安装在带特定卡槽的登山靴上。相较于绑式冰爪来说，此种冰爪穿脱起来会更加方便。

（二）使用注意事项

第一，切忌将冰爪运用在山路、岩石等条件下。第二，一定要正确掌握穿脱冰爪的方式，并且在穿好冰爪后先走一走再加以调整，记住要将冰爪卡牢、绑紧。第三，在行走和攀登的过程中要不时查看冰爪是不是有所松脱，若是出现问题要及时予以解决。第四，若外在环境气温较高，冰雪已经开始融化，那么此时冰爪的尖齿可能会被大块雪所填满，在这种情况下冰爪就无法顺利发挥出其作用，从而可能致使使用者发生意外情况，因此在发现此种情况的时候要第一时间对其进行处理。

八、冰镐

（一）用途及特征

在开展攀登雪山等活动时经常会用到冰镐这种装备，它有着较大的用途，能起到攀爬雪坡、挖雪坑、滑坠保护、维持自身平衡、整理营地等作用。

按照不同的尺寸，冰镐也分为大冰镐和小冰镐，前者通常是 55 ~ 75 cm，后者则通常是 45 ~ 55 cm。大冰镐往往在保护和攀登方面运用得较多；而小冰镐更多地用于在登山或者是攀冰过程中修路。

冰镐的组成部分如下：一是镐头，二是镐柄，三是腕带。其中镐头的作用在于敲入冰面，攀冰时往往使用那些较为锋利的镐头，也节省使用者的力气，而在爬坡、滑坠制动的时候则较多地使用圆钝的镐头。镐柄又具体分为直镐柄和曲镐柄这两种。直镐柄在制动和支撑行走方面发挥着较大的作用，曲镐柄则更加适合攀爬和在有冰壁的环境中使用。

腕带主要负责连接使用者的身体和冰镐。使用腕带能够确保无论发生何种突发情况，冰镐都始终不会和使用者的身体相脱离。通常来说，使用者可以直接将腕带系在手上，或者是用铁锁将它和安全带相连接。

（二）使用注意事项

第一，攀登雪山的时候尽量使用大冰镐，并且使用较钝的冰镐头。第二，要将冰镐和安全带或者是手腕连接起来，防止发生突发情况时使用者无法顺利地拿到冰镐。第三，注意不要让冰镐弄伤自己或者是其他同伴。

九、人工支点装备

人们在开展野外攀岩活动的时候，往往要依照自身的情况选取最为恰当的攀爬路线。在攀爬之前将有效的保护机制建立起来尤为必要，有利于更好地保护自身和他人的安全。下列装备能够用来在岩壁上设置保护点：岩石塞、岩锥、挂片、膨胀钉等。安装上述装备时一般会用到如下几种工具：电钻、扳手、起子等。

（一）岩锥

岩锥是最为基本的用来建立保护点的一种器材。它包括如下几个种类：一是片形岩锥，它是片状的，能够在比较小的岩缝之中使用；二是角岩锥，它整体看起来呈“V”字形，它借助三个点的支撑来实现自身的平衡，比较适用于大一些的岩缝；三是舰形岩锥，它更多应用在中等宽度的岩缝之中。

在使用岩锥的过程中，应注意如下事项：第一，在开展野外攀岩活动的时候，往往会使用和消耗大量的岩锥，因此要确保准备的量是足够的；第二，设点之后应当时常加以检查；第三，设点的时候，要细致地考量并最终决定岩锥之间的角度和位置；第四，使用完的岩锥最好对其进行回收。

（二）岩石塞

岩石塞也是用来建立保护点的一种重要器材。它具体包含三个组成部分，即塞头、钢索、肩带。

1. 岩石塞的种类

一是金属塞。它是由形状和大小都不同的金属块所制作而成的，不包含任何的机械部件；将金属塞塞到与之大小相对应的岩缝之中，它就成了一个保护点。

二是机械塞。它已经经过了一定的改进，其内部设置了弹簧，能够对凸轮动作加以控制，使用它的时候也仅需要将其塞到岩缝之中。机械塞能够进行自动调节，使自身更加适合岩缝的大小，从而更紧地卡进岩缝，使用过后要想将其取出也是比较方便的。

2. 注意事项

第一，使用前要清楚地知道岩石塞的具体用途及其直径。第二，能够将岩石塞、岩锥搭配起来进行使用。第三，切忌顺着受力方向移动岩石塞，这样一来，可能会致使岩石塞脱落掉，可以将两个岩石塞当作保护点。第四，放置完岩石塞后要进行仔细检查，可以用力拉动岩石塞，看其安装得是不是足够牢固。第五，切忌在软性石质环境中使用岩石塞，以免出现意外事故。可在坚硬岩石上使用岩石塞。

（三）挂片、膨胀钉

1. 用途

通常来说，挂片要透过膨胀钉在岩壁上固定，它的作用主要是和快挂连接起来，形成保护点，攀登者能够将自己的绳索安全带和挂片连接起来，从而对自己起到重要的保护作用。

2. 注意事项

第一，挂片一定要通过快挂和绳索连接起来。第二，要认真选取安装挂片的位置，以免它给攀爬者的活动造成妨碍。挂片之间要留出合适的距离，切忌太过密集。第三，若是挂片已经安装了较长的时间，那么在对其使用之前要先加以细致的检查，避免它在使用的过程中脱落而带来危险。

（四）电钻、扳手、岩石塞起子

它们是安装岩锥、挂片、岩石塞等时所能够用到的一些辅助工具，它们往往用于设立保护点、攀登修路等活动中。

第四节 产品技术创新与发展

一、山地户外运动产品对技术创新提出的要求

山地户外运动产品应当是能够应对全天候的环境，并能够让消费者的需求得到满足的一种功能性产品。因此，在进行技术创新的时候，首先要确定出清晰的

要求和目标，唯有如此，才能让创新研发活动取得一定的成绩，并能够最终被消费者所接受和认可。具体来说，在创新技术方面，要着重突出产品所具有的科技属性。

首先，产品要具有特定的价值，即产品要符合市场需要，要突出品牌定位，能够让消费者以合适的价钱享受优质技术；其次，产品要具有差异性，也就是要具有突出的个性化特征，能够与市场上其他产品区别开来，令自己更具竞争力；再次，产品要具有更强的吸引力，在科技方面所作的创新应当是能够让用户感受和体验到的，能够让用户清晰地知道产品的优势和特点；最后，产品要具有继承性，唯有如此，一个产品才能够实现可持续拓展，在保留原有优势的基础上实现创新发展，在深入人心的同时做到重点突破。

二、山地户外运动产品技术创新方向

（一）以用户需求为导向

产品若想成功，必定要深入了解和挖掘用户需求和市场需求，并将能够满足用户和市场需求的方案融入产品的创新设计之中，设计出受用户欢迎的理想产品。

具体来讲，可从下列渠道获悉当前的市场需求。第一，和山地户外行业的领袖展开交流合作，了解他们对产品的设想，并询问他们对相关山地户外产品的改进建议，这有利于为技术创新找准正确方向。第二，组织和参与山地户外团体活动，与用户展开密切的接触和交流，获得第一手资料，同时也能够利用各大互联网平台收集用户建议和反馈意见，如开通公众号让用户在评论区留言等。第三，广泛参与关于山地户外运动的会议和展会等，积极对线下各大门店展开调研，洞悉最新的市场动向。

做好上述工作，基本就能够得到较为全面、具体的市场需求信息。之后，研发设计部门就能够在开会时对所获得的信息进行全面整理，选取出较为有用的信息加以重点研究，并在此基础上产生具体的产品规划。

（二）明确科技创新方向

要想做出更有科技含量的山地户外运动产品，就要明确具体的创新方向：第一，在横向上构建起综合研发平台，和业界、大学、技术供货商等一同努力对新产品进行研发；第二，发展应用科研和户外产品科技，打造专有技术；第三，进一步构建内部科技支持平台让实验室体系、测试系统发展得更加完善，以为产品创新提供技术支援；第四，将产品的企业标准制定出来，以此来对国家标准、行业标准的制定起到重要的促进作用。

（三）发展核心科技

科技研发的核心应当将企业科技的发展方向体现出来，并将消费者具体的消费需求体现出来。山地户外运动是在自然环境中展开的且极具挑战的一种运动，因此各企业在进行技术创新和产品研发时可以将自然、环保作为自己的核心科技。

三、山地户外运动产品的创新发展趋势

不管山地户外运动相关企业如何创新和发展其技术和产品，不变的是它始终是以客户需求为导向展开综合性研发的。在确保产品安全、舒适、专业、时尚的基础上融入更多顶尖科技，为用户提供更高质量的户外装备，是山地户外运动产品创新研发始终不变的方向。当前，消费者的生活习惯和山地户外产品都发生了一定程度的变化，概括来说，山地户外运动产品主要有以下几个发展趋势。

第一，高端产品将被打造得更加专业。当前有着更加细致的运动分类，所以在开展不同场景下山地户外运动的时候，高端客户往往会选择更加专业化的产品。第二，功能产品将被打造得更加时尚。即山地户外运动产品兼具功能化、时尚化两个突出的特点，属于典型的跨界融合。第三，跑步产品将成为创新发展的热点。目前，越野跑等跑步活动受到越来越多人的喜爱，而与之配套的专业产品也定将是企业品牌布局所注重的方面。

第三章 我国山地户外运动发展概况

第一节 我国山地户外运动发展的积极因素与制约因素

一、山地户外运动在中国发展的积极因素

（一）经济飞速发展为山地户外运动奠定基础

1. 人口状况

山地户外运动要想得到发展，人口是最重要的条件之一。而庞大的人口数量一直是我国最重要的一个特点。尽管现阶段中国的生育率已经大幅降低，但出于增长惯性，人口增长速度依然十分惊人。同时，随着义务教育的不断普及和人们生活水平的提升，我国民众的文化素质、健康素质也在不断提升。市场经济的飞速发展也提高了城镇化的水平。据统计，我国城镇化率由 1990 年的 26.44% 上升到 2019 年的 60.60%，在以后的几年中仍然会持续增长。与城镇化水平同样不断提升的还有人口的老龄化程度。统计 2019 年的数据后发现，我国 65 周岁以上的老人占到人口总数的 12.6%，且仍在以较高的斜率逐渐上升。

人口数量、质量的提升以及城镇化居民的增加对于山地户外运动来说都是非常有利的，户外运动组织可以结合不同人群的年龄、身体特点来制定合适的服务，满足不同人群的需求。但需要注意的是，人口的老龄化是一个不能忽略的问题，在开展户外运动时，开发出适合老年人进行的户外运动，也是促进户外运动蓬勃发展的一个有效途径。

2. 中产阶级

我国山地户外运动的主要参与群体是中产职业或者收入中等的群体。这一群体的收入和文化都达到了一定水平，对于生活品质和精神层次的需求逐渐增加，而山地户外运动则能够满足他们的条件，因此深受他们的青睐。随着我国经济、互联网技术的飞速发展，现阶段人们取得利润的方式逐渐多元，越来越多的人利用自身的知识和技术获得了成功，更多的人迈进了中产阶级，使得中产阶层的人口数量逐渐扩张，参与山地户外运动的人也愈来愈多。

3. 社会经济发展为户外运动提供物质条件

自从 1978 年改革开放后，我国的经济实现了飞速增长，从之前寻求生活基本温饱开始逐渐向小康社会过渡，而在现阶段更是向着发展型的国家靠拢。在不断发展的经济浪潮中，我国居民的收入也得到了很大改善，在城镇居民收入中表现得尤为明显。据统计，1978 年，城镇居民的人均可支配收入仅有 343.4 元，在 2000 年增长到了 6280.0 元，而在 2019 年的最新调查中已经达到了 42359 元。收入的大幅增加也直接影响到了城镇居民的消费结构，在以往的生活中更加注重享受，而现在则愿意为个性化的服务和文化买单。调查数据也充分证明了这一点。2019 年，城镇居民用于教育文化娱乐的支出达到人均 3328 元，除去住房和交通外，是消费最多的项目。经济的增长和人们对于精神层次的不断追求为山地户外运动的进一步发展打下了坚实的物质基础。

（二）闲暇时间增加是山地户外运动发展的前提

1. 闲暇时间

山地户外运动是一项休闲运动，如果人们没有足够的闲暇时间，也就无法进行这样的休闲运动。而观察我国居民的工作状况可以发现，其能够自由支配的时间愈来愈多。据相关调查统计，我国城市居民的每日休闲时间在 2 ～ 4 小时内。不过，尽管可供休息的时间在增加，但休闲活动的质量却存在着以下问题。

第一，室内休闲活动占用时间较多。人们大部分的空闲时间都用在各种电视节目以及娱乐平台上。随着新媒体平台的广泛普及，诸如快手、抖音、小红书以及其他视频软件不断充斥人们的生活，且各个阶层都有渗透，人们每天花费在这些平台上的时间要占到所有休闲时间的 1/3 还多，是占用时间最长的休闲活动。

第二，活动空间有限。受经济条件限制，收入相对较低的家庭出现了户内、户外休闲活动比例失衡的现象。他们更多地选择娱乐平台打发时间、自娱活动或者休息等户内活动，而甚少参加体育锻炼，或者到娱乐场所放松身心等。即使是进行户外活动，有一半的时间也是用在去超市购买必需品，去夜市消费或者逛商场上，休闲活动的质量有待进一步提高。

第三，受社会氛围和教育环境的影响。青少年群体有着较大的学习压力，其自由发展的空间非常有限。即使有闲暇时间，也都进行一些单调的休闲活动，这大大抑制了他们的天性，导致他们缺乏足够的思想创造性。

第四，对于闲暇时间的价值认识不足。我国社会尚未形成足够清晰、准确的认知，也没有开展有关休闲的教育内容，这使得大众的闲暇时间没有足够的利用空间，且观念迟迟得不到更新，休闲活动单调而枯燥，缺乏趣味性，人们几乎没有相应的休闲技能。

种种状况都表明，尽管闲暇时间增加，但人们利用这些时间进行的休闲活动并不具备较高的质量，这一点在收入较低的人员以及无业人员中表现得尤为明显。针对这些情况，山地户外运动在发展的过程中，应当积极进行闲暇时间价值的正确引导，促使人们形成良好的休闲观念，对户外运动的益处和价值有足够的了解，使他们能够将休闲时间高效、高质量地运用起来。对于学习压力很大的青少年也要及时进行休闲教育，避免他们对休闲价值观形成错误、片面的认知。

2. 交通设施和通信

户外休闲运动，顾名思义是在户外举行的，因此会受到交通、通信等方面的影响。受户外运动本身的特性决定，其地点一般都选在城镇郊外，有的还会在异地进行。而我国经济的飞速发展也使得交通更加便利，地铁、道路的修建使得人们的出行更加节省时间，互联网信息技术的发展也为人们解决了诸多线路规划方面的问题，利用高德、腾讯等地图软件，人们可以快速到达目的地。同时，通信的发达也使得户外运动的传播变成了一件非常简单的事情。借助于各种网络平台，人们能够对户外运动的内容建立起更加直观的认识。在参加活动时，群体的组织和开展也变得相对简单、更加高效。此外，参加户外休闲活动必不可少地要用到一些运动装备，网络通信的发达则可以使人们有更多选择。

（三）资源和文化背景促进山地户外运动发展

1. 资源因素

户外运动想要得到切实发展，就要对环境资源加以充分利用，这其中最重要的是对自然资源的利用。我国的实际耕地面积和草地面积分别占世界的第三和第二位，森林面积位列世界第五，水力资源则是世界第一，这些优越的数据使得我国的资源十分丰富，且种类非常齐全，为户外活动的开展奠定了坚实的环境基础。山地户外运动可以充分选取合适的环境和位置来组织各种各样的运动。但需要注意的是，尽管整体数量看起来非常可观，但由于我国人口众多，因此人均资源占有量其实是很少的，生存空间非常有限。这是我国资源的劣势，且在目前的环境下无法作出相应的改变，人口资源的压力将进一步增加。所以，山地户外运动在不断追求发展的过程中，也要把对自然资源的影响纳入考量的范围之内。

2. 文化背景

休闲的概念在我国由来已久，在古代，以士大夫为主体的休闲文化在我国的传统文化中占据了非常重要的地位，它和人格哲学、审美情趣等方面互相联系，讲究人和自然的极致和谐，期待自我的心境能够和天地、自然进行交流并不断融合。而户外运动的本质就是实现人和自然的融合，在自然中进行各种锻炼，发现并欣赏自然的美。因此在这一层面上，它和我国的休闲哲学有着非常高的契合度，虽然实现的只是短时间内的融合，但也是真正意义上的融合。

此外，我国很久之前就有关于户外运动的记载，春秋战国时期，孔子就曾说过“登东山而小鲁，登泰山而小天下”这样的话语，显然那个时期已经有登山这一运动的身影。而我国有着众多风景壮观的山峰，引得无数国人为一睹壮丽风景而登高，使得登山成了传统的、经典的户外运动之一。同时，我国有很多蕴含特殊纪念意义的传统节日，在和现代文化结合后，赋予了这些节日不同的含义。比如把每年的九月九日定为老人节，提倡国人养老、爱老、助老，促进人们整体素质的提升。在这一节日来临时，相关部门会组织老人出游，或是欣赏风景，或是登山锻炼身体，到户外进行适当的运动，感受自然的魅力。

尽管在一些传统节日人们会组织不同的户外活动，但在日常的生活中，人们与自然呈现出日渐疏离的状态。在古老的原始社会，人们对自然是敬畏的，随着知识的不断增加，人们对于自然的规律有了进一步的认知，并尝试用这些规律来进一步优化自身的生活条件，且确实取得了不错的效果。但遗憾的是，在工业革命开始后，人们逐渐丧失了对自然的畏惧，误以为自己能征服自然，这种错误的认知使得他们对自然进行了无休止的索取和破坏，而自然也以各种意想不到的方式对人们的生活形成了一定的威胁。尽管从技术层面上来看，人类好像创造了第二自然，实现了自身生活的方便、快捷，但实际上这种自然在无形中成了牵绊人类前进的枷锁，也使得人和真正的自然之间有着愈来愈远的距离。

工业化使得人类改造自然得到了深层次的发展，为现代人类营造了一个森林，森林中充斥着各种高科技技术、电子产品、周到的服务，使人们的需求能够在短时间内就得到满足。但它也形成了一道看不见的屏障，使得人们难以触及外部的世界以及神奇的自然。久而久之，人们也丧失了对真正的自然的关心。事实上，在人造森林里，人们的生活并没有变得更加幸福，反而更加无助、焦虑。因此，越来越多的人呼吁要融入自然，而户外运动由于和自然的直接接触，势必会受到更多人的青睐，最终实现大范围的人类参与。

二、我国山地户外运动发展的制约因素

（一）户外运动俱乐部良莠不齐

我国山地户外运动起步较晚，未能形成规范的市场环境，这也导致户外运动俱乐部的质量有好有坏，发展并不均衡。据相关调查发现，我国从事户外运动组织和用品经营的企业有很多，但未取得机构审批许可就私自经营的占总数的一多半。为了获取足够的利益，这些企业大多借助旅游的名目，实际上开展一些登山、野外生存、探险等项目；而有的本身售卖的是户外运动用品，却将其粉饰成普通运动服装，企图通过这样的方式来躲避监管，给户外运动市场带来了非常负面的影响。另外，多数经营者并不具备相关的专业知识，俱乐部缺乏严格有效的管理。我国的户外指导员、领队等受过专业训练的人数量十分有限，俱乐部的经营者大多只是凭借自身对户外运动的爱好进行经营而并未接受正规的培训，专业素质水平没有达到一定的水准，这也导致他们很多都是无证上岗。在管理过程中，有的俱乐部相对规范，会制定相应的活动计划书，办理保险等，但多数俱乐部管理松散，存在着非常大的安全隐患，比如无保险、无定期培训，未设置较为严格的年龄范围等。

（二）行业管理不严、监管不力

我国的户外运动看似得到了蓬勃发展，但实际上却存在着众多问题，其中行业管理不够规范、严格，相应的监管机构未能起到真正的监督作用是最为严重的问题。山地户外运动俱乐部是盈利机构，理应到工商部门注册，对经营者的资质进行审核，统一由体育部门进行管理。但事实上，国内许多俱乐部并未进行这些登记，直接无证经营，这加大了监管部门管理的难度。除此之外，尽管户外运动已渐成火候，但相关的法律法规却并没有出台，地方政府对这些运动的规定也缺乏一定的完整性，多数地区缺乏健全的资质认证、培训的体系，管理无法统一，而监管部门并没有真正地做好协调工作，导致监管不力。需要指出的是，我国虽然有登山运动管理中心，但它的管理只体现在宏观层面上，并没有真正的管理权力，因此无法对各个省市进行正确的引导，再加上地区的体育职能部门对俱乐部并未采取有效的指导和监管，所以整个户外运动市场想要实现规范化的管理、形成一定的约束力，还有较长的路要走。

（三）自发组织的户外运动安全性不够

随着互联网的发展，人们的社交平台越来越多，许多人在网络上发出山地户外运动的邀请，一些志同道合的人则纷纷参加，组成山地户外运动的团体。这种形式由于时间相对自由，费用也较为低廉，还可以结识朋友，实现历练，因此在年轻人中深受欢迎。但这些团体的组织通常较为松散，没有一定的责任人，在整个运动过程中的安全保障也十分有限，加上在现实生活中交往不多，因此不确定性因素大大增加，其专业性有待商榷。加上这类团体的组织者通常缺乏足够的经验，导致山地户外运动中的事故频率远远大于正规的运动组织机构。

（四）专业知识不扎实、突发状况不能及时处理

山地户外运动有着非常强的专业性和技术性，且整个过程中暗藏了许多风险，许多参与者虽然有着足够的热情，但在基础知识上掌握得不够扎实，遇到突发状况时很难妥善处理，这使得他们极易陷入危险情况中而无法自救。

（五）对山地户外运动理解有偏差

山地户外运动在发展的过程中逐渐变得多元化，而早期的山地户外运动给人的固定印象是国外背包自助旅行的形式，这也使得现阶段许多人依然把山地户外运动片面地理解成自助旅行。但事实上，山地户外运动涵盖的范围、性质都要远超自助旅行，对于技术的要求也要更高。

（六）风险防范意识不够强烈

山地户外运动不像户内运动，对于危险可以提前预知并采取一定措施，其内容复杂、环境多变，参与者的风险系数也大大增加。但观察我国的户外运动参与者不难发现，他们热衷于参加运动，却对过程中的风险没有足够的警惕心，对于怎样防范风险和处理突发状况、保护自己不受伤害等方面缺乏相应的经验。另外，受传统文化和价值观的影响，多数人没有投保意识。这也使得他们宁愿选择自发组织的户外运动团体，也不愿意参加收取相应运动、保险费用的专业组织，导致意外发生后无法获得相应的经济保障。与此同时，尽管户外运动已然形成一定规模，但不管是政府还是民间团体，都尚未建立起完善的应急救援保障体系，也没有专业的救援队伍，在发生意外时很可能错过救人的最佳时机。

第二节 山地户外运动参与情况

一、山地户外运动参与行为分析

（一）山地户外运动参与者分析

山地户外运动的目的在于休闲，而人是这场休憩活动的主体，参与者既可以是作为个体的人，也可以是作为群体的人。

1. 个体参与者

山地户外运动的整个活动过程都是围绕作为个体的人而展开的，在实际的活动中，个体的人可能也要和其他人进行交流和沟通，和人、物产生一定的联系，但整个过程却始终是以个体参与者的意愿、各种行为、体验组成的。这些个体参与者往往有着比较明显的特征：其一，需求和动机的个体性。每个参与山地户外运动的参与者的活动方式、主题可能大同小异，但是参与活动的需求、动机究竟是什么，却是每个个体在独立思考的时候形成的，具有明显的个体性；其二，个体感受的不同。参加同一个山地户外运动，并不意味着个体的体验就会相同，由于参与者的年龄、性别、教育程度各有差异，其对运动的体验自然也千差万别；其三，参与者的个性化增强。网络信息技术的飞速发展使得人们获得信息的渠道增多，速度增快，而生活水平的提高则使人们更加追求精神上的满足，两相冲撞之下，人们对个性化的生活和服务的需求愈发强烈，在进行户外休闲运动时也同样呈现出个性化特征。目前我国进行旅游活动的人群中，90% 以上是散客，这也在一定程度上反映了旅游休闲活动的个性化趋势。山地户外运动作为一种休闲运动，势必也会向着个性化的趋势发展，这也是现代社会人类心理特征的客观发展规律。

2. 群体参与者

山地户外运动基本上都是群体参与的组织形式，这些群体的参与者一般活动动机都十分接近，且愿意互相接触和交流。明确群体参与者的特征，才能更好地为其提供服务。参与群体的动机和核心也会根据实际的情况而有所不同，比如以家庭为单位进行的山地户外运动，家长负责活动的组织，则家长占据核心主体地位，但如果是为孩子举办的山地户外运动，那主体自然就又变成了孩子。

虽然个体参与者已经逐渐成为山地户外运动的主流趋势，但不得不承认的是，群体参与的山地户外运动依然有着众多优势，不可能轻易被取代。群体方式的户外运动由于人数众多，更容易形成规模化经营，以此来获取价位上的优惠。此外，在安全上有着更多保障，也更能促进人和人之间的交流，使得山地户外运动成为一个新型的结识好友的渠道。根据参与对象的不同，山地户外运动的群体又可以划分为自然参与群体、共同爱好者参与群体、相似人口的参与群体三种类型，其中又以共同爱好者参与群体最为普遍和重要。

（二）影响山地户外运动参与者的要素

人们在选择山地户外运动时，常常会受到来自各个方面的影响，使他们的需求、倾向产生一定的变化，对参与机会的认知也有所改变。

1. 人口学因素

参与者的年龄、性别、家庭结构等都会对其参与山地户外运动产生一定的影响。如果从总体层面上看，参与运动群体的结构、不同的分布状态、范围等都是非常关键的人口学因素。假若从个体或者家庭层面来分析，年龄、生命不同阶段的各种因素、心理、生理状况都会对其参加山地户外活动造成或多或少的影响。

2. 社会经济学因素

山地户外运动是一项休闲运动，同时也是社会交往的一种形式，因此参与者的社会关系、教育水平、收入和职业都会影响其参加活动的欲望。

3. 环境因素

一般主要指的是住宅、时间、交通等方面。住宅在一定程度上是人们收入水平的体现，所选住宅的区域特点也会间接地影响户外运动形式的选择。比如沿海地带的居民选择水上运动的概率一定大于内陆地区。而不同的职业和工作则拥有不同的时间支配权，个体经营人员的支配权通常大于固定上班的职员。交通情况的好坏则和户外运动的地点、时间以及区域选择有直接联系。

4. 外部因素

除了上述直接因素影响外，还有一些外部因素也会对山地户外运动产生一定的影响。常见的有所在区域的资源等。

二、参与者的人口社会学特征

对参与山地户外运动的群体进行调查后可以总结出他们的社会学特征。

第一，男性参与者的比例要高于女性。

第二，参与者中一半以上都是 26 ~ 35 岁的群体，16 ~ 25 岁范围的群体也占有不小比例，但整体要少于前者，36 岁以上的参与者则占比最少。由此可见，青年群体仍然是山地户外运动的主流。

第三，在参与山地户外活动的人群中，有 70% 左右的人都是大专及本科文凭，研究生的比例约为 26%。较高文化背景的群体由于教育、技能、知识的掌握程度都高于一般人，且有足够的经济基础，因此参加山地户外运动的条件较好。

第四，参与山地户外运动的群体多是管理人员、技术人员或者商业人员，其中技术人员数量最多。这些基本上都是中产职业人群。

第五，山地户外运动的参与者中，未婚人士的比率要高于已婚人士，而已婚人士中参与山地户外运动的家庭多数都没有孩子。由于这些人没有家庭或者养育后代的压力，因此有更多的休闲时间可以支配。

第六，参与山地户外运动的群体中，有将近一半的人收入在 6 000 ~ 15 000 元的范围内，4 000 ~ 6 000 元收入的人群则占比很少，这也说明经济水平在很大程度上决定了山地户外运动的参与度。

三、参与山地户外运动群体的行为特征分析

（一）对山地户外运动的接触和了解

对参与山地户外运动的人群进行相关调查后发现，有一半左右的人都是经由他人介绍才知道山地户外运动的。多数人在日常生活中、周围的工作圈中参与过户外运动的人数非常有限。这也间接表明，尽管山地户外运动取得了一定的发展，但在我国依然是新兴运动，尚未被大众所熟知。现阶段，有八成户外运动的参与者是借助网络来了解山地户外运动的相关信息的，也有部分人是在报纸或者期刊上看到有关山地户外运动的内容，或是被身边朋友带领而有所了解。现代居民常用的新媒体平台中，山地户外运动的信息则非常有限，说明其宣传力度尚有进步空间。

山地户外运动已经拥有数量不小的群体，半数以上的人参加了 2 ~ 4 年的户外运动，5 年以上的人数比例则不到 10%。这也说明山地户外运动在我国尚未得到深入发展，还没有渗透到人们的日常生活中。

（二）山地户外运动的时间特点

通常来说，山地户外运动一次的耗时较长，为了均衡分配时间，八成以上的人会选择 1 ~ 2 天的山地户外运动。一半左右的人会在间隔 1 ~ 2 个月后进行下一次户外活动。有将近 1/4 的人间隔 3 ~ 5 个月才会再次进行山地户外活动。参

与频率非常低的原因有很多，其中主要的是时间安排不合理，装备不完善、自然资源限制等。而选择进行山地户外运动的人多数是上班族，因此一般利用周末或者黄金周的占绝对大多数。这是由于山地户外运动的难度系数比较高，人们在参与之前会做好生理、心理、物质方面的准备工作。此外，也有一部分人在日常空闲时间、避开节假日来参与活动，躲开拥挤的人群，使山地户外运动更加顺利地进行。

（三）山地户外运动的空间特点

出于时间上的限制和各方面因素的考虑，多数人会将郊区、邻近山地或丘陵作为户外运动的地点。而对山地户外运动的环境，更多人喜欢较为陌生且有一定危险性的环境，来满足自身的好奇心以及对自然环境的征服欲望。也有一定比例的人青睐于那些文化气息深厚、能够放松身心的环境，借此来释放在工作中的压力。同时，也有三成左右的参与者愿意选择已经十分熟悉的环境，或者是自然风景秀丽、娱乐性强的环境。不同的环境选择是参与者内在需要的体现，对环境的喜好也基本决定了他们的活动方式的范围。

（四）山地户外活动方式的选择

山地户外运动不能算是一项大众化的活动，因此多数参与运动的都是有着相同爱好的人群。但也有一定比例的人愿意和亲近的人一起参加户外运动，部分参与者也会选择独自进行，但这类人通常有着非常丰富的经验，更加注重户外运动的体验，寻求对自身的超越。

一般来说，山地户外运动的组织有三种形式，分别是自助形式、俱乐部组织和网络召集。多数人会加入户外俱乐部，以保障自身的安全。采用自助形式以及网络召集进行山地户外运动的群体，选择的活动形式更加休闲，娱乐性较强，同时也对组织者的能力有较高的要求，这类形式在活动进行中一定要密切注意成员的安全。

（五）山地户外活动装备以及设施的选择

由于山地户外活动本身有一定的危险性，因此准备关键的户外设施、装备是非常重要的。对参与户外运动的群体调查后发现，90% 以上的人会自己准备户外服装、基本户外用品，而其他专业性较强的设备则多是租赁或者借用。这是由于随着季节的变化，山地户外运动的内容也会随时产生变化，装备、服装、用品自然也不同，参与者很难一次性购买完所有装备。此外，由于很多人参加山地户外运动时抱着尝试心理，对自己以后是否会经常参加此类活动是不能确定的，这也导致他们选择暂时借用或者租赁设施和装备。

四、山地户外运动的整体参与情况

（一）参与队伍逐渐壮大

由于山地户外运动充满挑战，且相对刺激，同时又可以起到健身效果，能够帮助现代人释放身心压力，因此深受追求精神层次满足的青年群体的青睐，山地户外运动的队伍逐渐壮大，在北京、上海等一线城市得到了迅猛发展。而受地理位置和资源环境的影响，西藏、福建、贵州等地的参与群体也日渐增多。这些群体中，有一定文化背景且收入稳定的人占了大多数，大部分是技术人员、商业人员等。此外，山地户外运动也逐渐渗入到高校中，大学生群体的加入使得户外运动的参与者数量规模进一步扩大。与此同时，形式不一的户外运动比赛也使更多人了解到户外运动，且随着其规模的扩大而变得更具影响力。

（二）整体参与度有待提升

尽管山地户外运动已经有了一定的影响力，且参与的群体越来越多，但深入分析后可以发现，真正进行山地户外活动的人口规模仍是少数。大部分户外俱乐部组织的活动频率都在每月 1 ~ 2 次，有的甚至还达不到这一频率。学生群体虽然也对户外运动表现出了极大的兴趣，但事实上他们所进行的活动很多只是自助游的性质，其强度和专业程度都和户外运动有一定的区别。此外，学生群体中有很多人是出于跟风心理，并非真正对户外活动感兴趣，而且受经济水平限制，他们通常会选择网络召集以及自发组织的形式，消费上也会多加斟酌。

第三节 山地户外运动可利用资源情况

一、西部地区山地户外运动资源情况和开发分析

作为一项和自然有着紧密联系且有着一定挑战性的体育运动，山地户外运动深受青年群体的喜爱。随着我国市场经济取得飞速发展、人们生活水平逐渐增高，户外运动也得到了进一步的普及，诸如登山、漂流、滑雪等运动受到了体育以及

旅游爱好者的热烈欢迎。由得天独厚的地理环境决定，我国西部地区的户外运动资源占有明显的优势，各种规模宏大的户外运动比赛纷纷召开，吸引了大批户外运动爱好者的注意，也使得户外运动的影响力进一步扩大。怎样才能充分利用各种比赛来挖掘出西部地区更多的运动资源，使得山地户外运动被更多人知晓，从而推动地区经济的发展，是西部地区政府和体育部门需要解决的重要问题。

（一）重庆市的户外运动资源优势

20 世纪初，欧美国家的人们发现户外运动为他们带来了普通体育活动没有的愉悦体验，使他们在领略自然风景的过程中实现一定的运动挑战，自此，山地越野赛以及各种户外运动开始流行起来，并逐渐传入我国境内，受到了众多体育、旅游爱好者的一致好评，且逐渐成为一种时尚的生活运动方式。

山地越野赛包含的项目众多，有山地爬涉赛、自行车赛、攀岩、负重越野种种。比赛当中综合了很多奥运项目的元素，对户外运动的参与者的意志、耐力、团体合作精神都进行了相应考验，因此国际体育界也经常举办这一赛事，其中七星国际越野挑战赛的知名度最高。七星国际越野赛在我国共举办了五次，且五次都在我国西部地区，可见西部地区户外运动资源的优势。山地国际越野挑战赛的参与者多是现阶段内我国山地运动中的水平最高者，通常比赛地点会选取在人流量较大、设施装备完善且有着较高知名度的风景区内，由于其有着体育赛事的观赏性和独有的刺激性，又将山岳文化、地域文化和运动充分结合起来，因此对人民群众以及体育界、旅游界和媒体的吸引力是巨大的。此外，举办赛事在很大程度上会促进所在地区的文化、经济发展，间接带动区域的社会发展，因此也受到了赛区政府部门的大力支持。

中国武隆国际百公里山地越野赛由中国登山协会、重庆市体育局、武隆县人民政府主办，武隆县体育局、北京远征探索体育文化传播有限公司承办。2019 中国武隆国际百公里山地越野赛在武隆区仙女山镇起跑，国内外 1800 多名跑者齐聚武隆，在自然风光中尽享激情和速度（见图 3-3-1）。武隆地处重庆东南，山川丽秀，蕴含了雄、奇、险、秀等独特的喀斯特地貌，是世界自然遗产地。“今年是中国武隆国际百公里山地越野赛举办的第四个年头了。”主办方相关负责人介绍，这也是武隆国际户外运动迈向群众化、产业化，实现体育旅游融合发展的重要赛事。武隆越野赛时间为 4 月 20 日和 21 日，共计 2 天。赛事除了保留以往的 50 公里和 25 公里两个组别外，将原来的 100 公里组别增加到 110 公里，同时新增亲子组组别。比赛起点和终点均设在仙女山镇同一位置，赛道采用环形闭合路线，包括了仙女山各精品景区路线，不仅有神来之笔的喀斯特地貌岩壁、天生三桥，还有山林和草甸，让选手们在激情与速度中领略景区的自然风光，充分体验户外运动带来的福利。其中，110 公里组的赛道大多为山地、高山草甸、丛林等地貌等，累计爬升 5 000 米左右，共设置 9 个检查补给点；50 公里组的赛道累计爬升 2600 米左右，共设置 5 个检查补给点；亲子组全长 4.5 公里，海拔爬升 184 米，下降 282 米，赛道主要以林间小路为主。

现阶段，重庆武隆的国际山地越野赛是我国规模最大的赛事，规模宏大，水准较高，且由国家体育总局定期举办。之所以选择武隆，是因为其地理位置独特、地貌壮观、气候温和且四季分明，游客和群众可以在观赏赛事之余感受到其秀丽的风景，领略到自然的无穷魅力。而武隆具备的户外运动资源优势则有以下几点：首先，武隆的芙蓉洞群有着经验丰富的科考探险基地；其二，有资源充足的水上运动中心，其中以芙蓉江为代表，可以举办各种龙舟、帆船等活动；其三，是举办各种赛车骑马、滑草、负重越野等户外运动的绝佳场所，其中又以仙女山的高山草原最为出名；其四，有龙水峡地缝、天生三桥这样的探险基地，这两者都充满着强烈的神秘感，且景色苍劲、静幽，是爱好攀岩、索滑等户外运动者的极佳选择。此外，武隆还有白马山原始森林、黄柏渡景区，可以满足户外运动参与者森林探险和漂流的需求。

图 3-3-1 2019 年中国武隆国际百公里山地越野赛

（二）充分开发和整合户外运动资源

我国西部地区很多地方有着非常丰富且有特色的运动资源，但这些资源并未得到充分利用，资源优势未能有效地转化成户外运动市场和产业的优势。因此当地政府应当积极对资源进行开发和整合，给予交通、经济、设施方面的支持，使其户外运动资源逐渐形成一个优质的资源平台。比如重庆武隆地区的县委和县政府为了充分发挥武隆地区的独特运动资源，办好国际山地越野挑战赛，从各个方面狠抓工作，最终取得了大赛的圆满成功。其具体的实施工作有以下几点：第一，积极筹措资金，通过不同渠道和方式来筹集活动需要的资金，使赛事不因经济上的原因受影响。第二，促进交通建设和维修。为了保证参与比赛的运动员和群众不受到交通的影响，县委和县政府倾注了很多人力、物力和财力，对重要路段的交通设施进行相应的维修，对主干道路则加大建设力度。第三，对区域内的景区环境进行大力整顿，并对酒店的人员和接待赛事的工作人员进行全面、严格的培训，使他们的服务质量得到进一步提升，保证武隆在游客心中留下良好的印象。第四，对比赛的赛道、路段进行了科学、合理的布局，结合实际地形地貌进行设计，确保其安全性。西部其他地区也应当效仿武隆，积极整合当地户外运动资源，并利用这些资源来实现户外运动的推广，既增加户外运动的影响力，又促进地区经济的发展，实现互利共赢。

二、四川省的山地户外运动资源情况

（一）四川省山地户外运动的自然资源优势

四川地处我国西南角，有着非常优越的自然环境，其景区有着各种各样的类型，是举办户外运动的极佳场所。四川的西部和青藏高原紧密相连，这也使其峡谷繁多，形成了独特的山地、冰川等自然景观。此外，四川境内的河流非常多，对漂流爱好者来说是不可多得的好去处。四川省内不同的地区有着明显的气候差异，东部冬天暖和，春天到来极早，夏天十分炎热，秋季则雨天较多，一般情况下云雾多，太阳照射时间较短，生长季节时间较长，但在西部则表现出明显不同，冬季持续时间长且非常寒冷，几乎没有夏天，日照时间充足，一般降水时间比较集中，干雨季区分明显。总的来说，其气候垂直变化程度较大，但冷暖合适，湿度也满足人的生活需求。除此之外，四川的很多地区都有着各种各样的旅游自由，本土甘孜州、阿坝州等，聚集了山水、生态、宗教、动植物等一系列资源，吸引了大量户外运动者的到来。他们结合地形，组织各种登山、滑雪、越野等户外活动，既锻炼了身体，又放松了身心，同时还欣赏了四川本地的壮丽风光。但四川的户外运动资源虽然吸引了一定数量参与者的注意，但整体开发力度有限，尚有很大的开发空间。

（二）四川省山地户外运动的人文资源优势

1. 有独特的民族风情

四川省内居住着55个少数民族，其中世代居住在本地的少数民族有14个。此外，在它境内有着数量最多的彝族人民，藏族人民的数量则位列全国第二，而羌族人民则只在四川境内聚居，其他省份均无居住。这就使得四川境内的休闲方式种类繁多，体育竞赛的项目也多种多样。

2. 市场前景明朗

四川省的人口众多，且几乎都是少数民族，本身就对各种户外运动有着极大的兴趣，这也使他们很容易就接受山地户外运动，积极投入到各种户外运动俱乐部中。山地户外运动在四川的发展前景是非常光明的。

3. 技术力量雄厚

四川省山地户外运动协会以及山地救援队的成员都非常专业，此外，四川的很多高等院校还专门设置了体育休闲和户外运动专业，有相关的实践课程，为四川山地户外运动产业的发展提供充足的技术保障。

三、湖南省湘西德夯地区户外运动资源的情况

除了重庆和四川，湖南省湘西地带也有着非常丰富的户外运动资源，这里以德夯地区为例，对其可利用的资源进行大致介绍。

（一）德夯地区的户外运动资源优势

1. 户外运动资源独特

地处湖南西部吉首市的德夯风景区，一直都以其独特的少数民族风情以及瀑布闻名遐迩。德夯地区有着喀斯特地形的显著特点，其景区内丰富的瀑布、洞穴、峡谷资源为户外运动提供了绝佳的运动场所，众多户外运动参与者到此进行攀岩、瀑布降落等活动，也有人选择徒步穿越或者在峡谷内负重前行的运动。此外，德夯景区内有着非常知名的矮寨天险，可谓公路的一大奇观，在此地组织自行车赛或者休闲骑行都是非常不错的选择。

2. 户外运动基础扎实

德夯地区曾经多次举办过省内的户外运动赛事，比如2020年11月举行的邂逅大湘西户外运动，途经张家界、袁家界、芙蓉镇、德夯苗寨、凤凰古城等地。

2016年湘西举行首届户外嘉年华暨“德夯过苗年”活动 。2015年举办的“徒步穿越大湘西”等。这都为户外运动的发展奠定了有力基础，也积攒了一定的经验。

3. 自然生态环境得天独厚

德夯地区靠近云南、贵州的边缘，位于这两个省份与武陵山脉相交后的大峡谷中间地段，其亚热带气候非常明显，季节分明。受气候生态的影响，德夯风景区内的动植物资源非常丰富，不仅有野豹、穿山甲、竹鸡等多种动物，还有众多银桂林、金钱树等稀缺树种。这种原始森林般的生态环境和苗寨独特的民族风情一融合，使得户外运动者深感有趣，吸引了大批旅游、体育爱好者的到来。

4. 传统体育文化资源众多

由于地理位置的特殊性，生存在德夯地区的苗族和土家族居民的文化得到了较为完整的保存。少数民族的节庆文化众多，且形式不一，一些非常传统、典型的体育项目都被传承下来，比如摆手舞、陀螺、土家族武术等。这些体育活动本身既可以娱乐，又能够起到健身的作用，且和一定的神话传说以及民俗风情联系起来，因此有着非常高的观赏价值。而体育文化中包含的鲜明民族特色以及深厚文化内涵，都充满了原始气息和浓郁的历史氛围，通过各种形象生动的表演呈现出来，在国内外有着极高的知名度。

（二）德夯地区的户外运动资源劣势

1. 缺乏资金保障，户外运动设施较少

湘西地区的经济发展水平和其他地区还有一定的差距，这也使得相关部门无法提供足够的资金来支持户外运动产业的发展，户外运动设施缺乏足够的安全和运动设施，错失了很多举办大型户外运动赛事的机会。

2. 经济发展滞后，交通较为闭塞

湘西州的经济一直未能取得进一步发展，始终处于“老、少、边、穷”的状态里，因此也没有足够的财力去开发本地的旅游业和户外运动产业。此外，受湘西地带的地形所限，其交通非常落后，这也在很大程度上制约了湘西州的户外运动发展。

3. 户外运动专业的人才有限，救援设备不足

由于户外运动有较高的危险性，它的举办场地通常是在自然环境内，暗藏着很多不可预料的危险因素，因此要想发展户外运动，首先要保证户外运动人才的专业性，保证参与者的安全。但现阶段我国的户外运动专业的技术型人才数量有限，多数对户外运动的技术掌握都浮于表面，在出现突发状况时往往不能进行有效的救助，且对风险的判别能力普遍较差。在湘西地带，这一人才匮乏情况体现

得更加明显。同时由于资金限制，户外运动的救援设施也配备得并不齐全，使得户外运动看似蓬勃发展的背后有着非常致命的安全隐患。

第四节 山地户外运动安全保障情况

一、近几年山地户外运动安全事故概况

（一）事故整体情况

山地户外运动多在自然环境中进行，且依据运动形式的不同对环境的复杂程度要求也有所区别，但无论是哪一种运动，都因为自然环境中众多潜在因素而有着较高的危险性，一旦处理或者抢救不及时，很容易对参与人员造成伤害，严重的还会使其失去宝贵的生命。依据中国登山协会登山户外运动事故研讨小组的不完全统计，2019 年大陆共发生 272 起登山户外运动事故，导致 69 人死亡，105 人受伤，5 人失踪。从数据上来看，比往年有所下降，但由于其中有 3 起群体性的事故，导致死亡和失踪的总人数比之前任何一年都多，给众多家庭带来了难以磨灭的伤痛。

山地户外运动自 21 世纪后在我国得到了迅猛发展，参与人数成倍增加，但相应的安全保障体系却未能跟上发展的步伐，导致事故遇难人数不断攀升。由于户外运动本身形式多样，因此安全事故的类型也各有不同，其中高坠和滑坠导致的死亡和受伤事故比例最高，分别为 30.61% 和 26.53%。另外，受地理环境的影响，西藏、云南、四川、北京等地有着极其丰富的运动资源，吸引了众多爱好者的参与，但当地相关部门的管理措施不到位，导致其事故发生的比例也高于其他省市。

事故数量的不断增加，导致山地户外运动的安全事故类型也愈来越多，由原来滑坠、迷路、疾病等几种变成了现在的十多种类型，如图 3–4–1 所示。

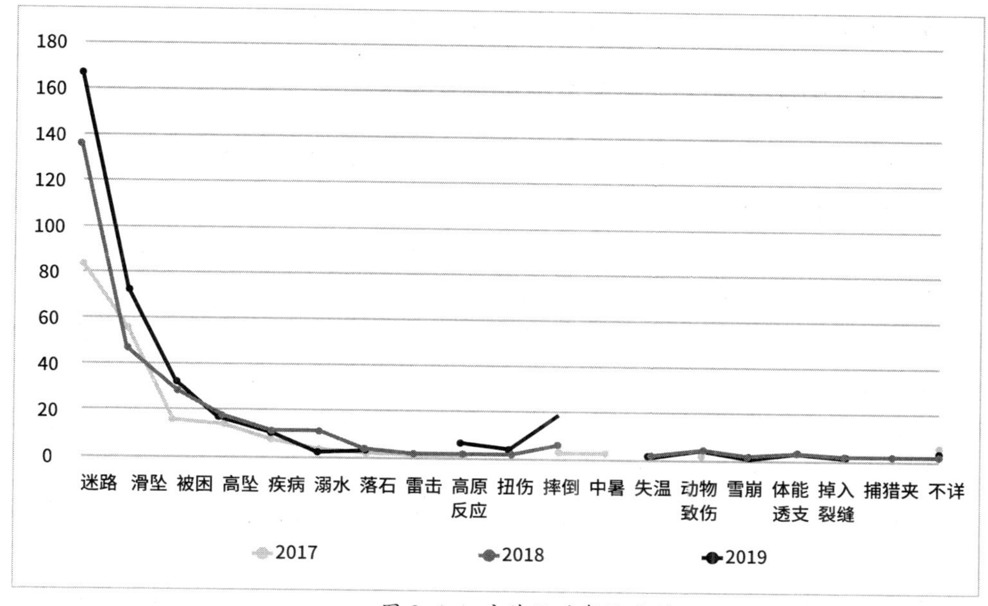

图 3-4-1 户外运动事故类型

事故类型不同，预防和处理的方式自然也有所区别，唯有对山地户外运动知识有系统、深入的了解，才能及时识别出事故风险的类型，采取有效的预防措施，防患于未然，在事故发生后的第一时间内妥善处理，减少人员伤亡。结合户外运动的特点，通常可以将其危险性划分成五个等级，而其中最危险的则是探洞，沙漠穿越、攀冰、漂流、自然场地攀岩则紧随其后。从这几种户外活动的排名可以看出，事故发生的频率与项目的危险性并没有直接的联系。多数人认为非常危险的项目其实并不经常发生事故，而类似登山、徒步这些看似危险系数较低的运动项目，由于未能引起人们的高度重视和警惕心，反而导致事故频频发生。比如在 2018 年 2 月 2 日，两男一女 3 名登山爱好者在并没有办理入沟、登山手续的情况下攀登四川阿坝州四姑娘山中的玄武峰。由于气候恶劣且体力不支，其中一名男士提前退出，但另外两名爱好者则对环境危险视而不见，执意攀爬，最终造成女性死亡。诸如此类事故，在近几年的户外运动中屡次发生，对自然环境的恶劣性认识不够以及对自身体质的过高估计，是造成事故频发的重要原因。

2019 年的事故统计仅仅是一定范围内的调查，不能代表我国整体的户外运动事故的情况，但这些数据已然使我们感受到户外运动安全问题的严重性。山间环境充满不确定性，且气候多变，暗藏着许多危险因素，在组织户外运动前务必要做足功课，在对活动地点有足够的了解、保障设施一应俱全后方可出发，且在行进过程中也不能掉以轻心，时刻保持高度的警惕心，敏锐地感知危险并做好防范措施，在运动顺利结束后也要做出全面的总结，罗列其中的危险之处并想出解决方案，不断积累自身的运动经验，从而保证自身的安全。

（二）山地户外运动安全事故的原因总结

山地户外运动是一个较为复杂的系统，其主要由户外运动装备、自然环境、管理以及人等四方面组成，各方面既彼此联系又互相制约。造成安全事故的原因多数是因为人、装备以及环境间的联系不够，同时这三者又要接受管理状态的制约，如果管理不善，也会导致事故的发生。因此在山地户外运动过程中，人、环境和装备之间既要充分发挥自身的作用，又要互相配合、彼此联系，才能保证参与者的安全。此外，除了人的行为这一主要影响因素外，事物和管理的状态也有着非常重要的影响。对户外运动安全事故的原因分析也应当从这三个方面入手。

1. 人的一切不安全行为因素

结合近几年来山地户外运动事故的案例和遇难情况分析后可以发现，在众多引发事故的原因中，人的不安全行为是最为关键的因素。这些原因可能来自于参与者本身，也可能来自于户外运动的组织者。前者通常是指参与者没有足够的安全意识，对户外运动的危险性没有清晰的认知，在运动过程中过分追求冒险，高估自身的体力，最终导致体力不支而引发各种事故；而后者则主要存在经验不足、制定的运动计划不够科学、技能水平未达到相应水准、缺乏足够的责任心等问题。此外，户外运动多是群体性活动，团队之间假如不能形成良好的合作氛围，很容易在遇到突发状况时彼此争吵，因为没有及时达成合作而造成伤亡。

2. 物的不安全状态因素

这是安全事故的物质基础，它是户外运动过程中的安全隐患和风险源头，在特殊条件下就会催化成安全事故。针对山地户外运动，物一般指的是户外运动的装备。一般来说，存在以下几种安全隐患：其一，户外装备设计有问题，材料强度未达到相应的标准；其二，使用时间过长导致零件有磨损或者出现老化，安全防护装置失去效果，在使用过程中引发安全事故。此外，自然环境也可以归属到物的范围内。诸如岩石、水文、地质、气象等众多因素，一旦发生变化引起自然灾害，带来的损伤往往是非常惨重的。

3. 管理上的纰漏

管理出现纰漏和失误是导致安全事故频发的间接原因，一般包含户外运动组织的不合理、对潜在的危险因素没有进行排除整改、救援系统和保障措施准备不到位、没有风险预警系统以及参与者缺乏专业的教育培训等。

与户外运动安全事故有着直接联系的因素就是人、装备和环境，管理则和其有着间接的联系。这四方面的因素中，除了自然环境无法人为控制外，其他都可以借助有效的管控措施来减少事故发生的频率，将人员的伤亡降至最低。比如可以对参与者进行专业知识培训，使他们对户外运动的复杂和危险程度有充分的了解，同时明白保障人身安全的重要性，提高自身的自我保护意识，提升自己户外运动的能力，进行足够的体能训练，并掌握有关安全技术的知识和规范，在整个户外运动过程中遵守规范，最大程度地保障自身安全。

二、山地户外运动安全风险的特点

避免安全事故的发生需要先了解山地户外运动中的安全风险，唯有对其风险特点有科学、正确的认知，才能更好地识别出风险，有针对性地进行风险管控，最大程度地降低损失，减少参与人员的伤亡。

（一）客观性

山地户外运动一旦开始，就不可避免地会产生风险，这是由于自然环境、装备等事物有着客观性，且和人的活动出现了交叉发展。尽管这一风险不能完全杜绝，但借助有效的管理手段依然可以把风险值降低到可接受的范围之内。

（二）潜在性

由于山地户外运动在自然环境中进行，因此其安全风险通常有着较强的隐蔽性，不会直接呈现在参与者面前，这也使得户外运动爱好者忽视这些风险的存在。缺乏足够的警惕心，最终造成程度不一的损失。但需要强调的是，这些潜在的风险并不会直接转化成事实，而需要特定的条件、环境催化成现实，才会造成真正的安全事故。

（三）相对性

山地户外运动在进行的过程中，由于参与人员选择的运动项目不同，且运动技能、经验、处事习惯都有着明显的不同，因此其面临的风险也是各不相同的。不同的参与者面对相同的风险事件会产生完全不同的后果，即使是同一个参与者，面对风险采取的处理方式不同，呈现的结果也会不同。此外，在参加户外运动时，不同的主体感知风险的能力、对待风险的态度也会有很大的区别。由此可见，山地户外运动的安全风险有一定的相对性。

（四）损益性

山地户外运动既存在着一定的风险，又伴随着相应的收益。假如参与者不能承受户外运动的安全风险，就会对其本身造成伤害，甚至于危及生命。相反，假如活动主体有足够的运动技能，对风险能科学控制并及时规避，则可以通过这一运动来强身健体，同时挑战自我，提升自信心，使户外运动成为快乐、愉悦的体验。

三、构建山地户外运动安全保障体系

山地户外运动事故的频频发生不仅阻碍了户外运动产业的发展，对行业造成了负面的影响，更重要的是严重的伤亡事故会给很多家庭带来痛苦。因此构建科学、合理的户外运动安全保障体系势在必行。唯有如此，才能真正有效地防范户外运动中的各种安全风险，使得户外运动安全、顺利地进行。通常来说，一个完善的山地户外运动系统包含五个部分，在下文中将进行具体的讲解。

（一）山地户外运动安全政策法规

山地户外运动安全政策法规凭借其权威性和强制性成为整个安全保障系统的基石，对户外运动参与者的行为进行规范和指导，使其安全意识得到不断提升。同时，这些政策法规的颁布在一定程度上能够引起人们对户外运动安全问题的重视，有利于户外运动风险管理的顺利进行。

山地户外运动安全政策法规在制定时要充分考虑到户外运动的复杂性，应当尽可能地涵盖运动安全可能涉及的每个阶段，且充分保证户外运动参与者以及从业人员的安全，避免其正当权益受到侵犯。目前我国颁布的相关运动政策法规有《国内登山管理办法》《外国人来华登山管理办法》《高山向导管理暂行规定》等。同时，为了强化户外运动俱乐部的管理，还制定了一系列有关俱乐部的政策性文件，比如《登山户外运动俱乐部及相关从业机构资质认证标准》等。此外，结合我国山地户外运动发展的实际情况，为实现对运动人才的科学管理，我国登山运动协会还专门制定了针对运动员注册、裁判员管理、教练员选拔、交流工作的管理性文件，如《户外运动员注册与交流管理办法（试行）》《全国攀岩运动员注册与交流管理办法（试行）》《攀岩攀冰运动管理办法》《攀岩竞赛裁判员管理办法（试行）》《国家攀岩队教练员、运动员选拔标准》等。

尽管如此，我国的户外运动安全政策法规依然存在着不足之处，需要不断地进行完善。大体上要从两方面考虑：其一，应当制定有关户外运动安全救援体系的政策法规，针对安全事故中的救援主体、承担的责任、义务以及救援保险等方面进行具体的规定。其二，完善山地户外运动的安全事故报告制度。事故发生后应当由有关人员即刻向所在地的相关部门和户外运动协会报告，如果安全事故伤亡严重，还应当同时向所在地区的人民政府和国家体育总局的相关部门报告。

（二）山地户外运动安全预警

户外运动预警系统主要是对以往的安全事故历史数据、相关信息进行分析，并结合预警的逻辑过程，使用科学的方法来找到山地户外运动的潜在风险并进行防范的系统。建立这一系统可以最大程度地预知运动过程中的潜在风险，利用考察警兆来找到警源，及时采取切实有效的方案来使得安全风险的威胁性降至最低甚至于消解。在整个山地户外运动的安全预警系统中，各个子系统之间是彼此配合、互相联系的，以保证预警系统真正发挥出作用。安全预警系统通常包含以下几个子系统。

1. 信息获取子系统

这一系统主要的任务是收取安全预警所需要的相关信息，并对这些信息进行监测、分析和统计，整合成信息完善的数据库，为后续的预警分析提供足够的信息资源。由于针对风险因素的主要分析都是建立在这些信息之上的，因此该系统的好坏对安全预警系统的效率、质量起到了决定性的作用。所以，在获取信息时一定要遵守三个原则：首先，适用性。信息收集是需要耗费成本的，收集得越多成本就越高。避免收集无效或者关联不大的信息，更加有针对性地收集预警需要的信息，对提高预警系统的质量非常有利。其次，准确性。即使信息收集的范围正确，但缺乏相应的准确性，也会导致信息预警的结果出现偏差，甚至会和现实严重不符。最后，时效性。安全预警系统要实现的是对风险因素的提前分析，因此信息的收集务必要及时，假如在事故发生时或者发生后才进行收集，预警系统也就成了摆设，无法对参与者进行切实有效的保护。

2. 信息分析子系统

在整个安全预警系统中，这一系统无疑占据着最关键的地位。信息分析子系统一般是按照户外运动安全预警分析的需求来设置相应的预警指标体系，通过信息获取子系统提供的信息数据来展开模型分析，并由专家作出具体的判断，确定户外运动的安全状态，对其中隐藏的风险和程度进行预报。预警指标体系当中的指标设立是有科学依据的，它以山地户外运动的客观规律和影响运动安全的因素为依据，对警兆指标进行深入分析，从而准确找到警源，做好户外运动安全风险的防范工作。

3. 信息反馈子系统

在安全预警系统中，信息反馈子系统承担着对外输出信息的重要功能。在获取到预警分析结果后，通过先进的网络信息技术对其进行准确的输出和表达，使得有关部门能够迅速、直观地了解户外运动中的风险和程度，为他们作出相应的调控工作提供依据。通常情况下，为了保证输出的结果有较高的准确率，信息反馈子系统会对警情和预警分析结果中的信息进行适当的转化，用和交通信号非常相似的标志对户外运动安全的实时状态进行描述，并对其接下来的发展趋势做出较为客观的呈现。此外，在实施了一定的调整政策或者措施后，信息反馈子系统也要对这些措施的结果进行反馈。一旦发现调控没有达到预期的效果，即刻检查获取的信息是否准确，对信息的分析是否出现了错误，并及时调整和优化，保证预警系统得以顺利运行。

4. 调控与应急子系统

山地户外运动一旦出现警情，就要及时进行处理，调控与应急子系统的作用就是依据警情的不同程度来罗列出不同的调控方案。通过及时有效的调控措施，将警患消除，对潜在的运动风险提前进行防范。但是调控与应急子系统的功能想要真正发挥出来，必须依靠实施这些调控方案的决策以及执行结构。这些决策和执行结构应当不断健全，从国家到各省市都应当设置，且在执行具体的应急措施时要落实到位，制定专门的单位和负责人，保证户外运动一旦发生警情就有专人处理，避免造成更多人员的伤亡。

（三）山地户外运动安全教育

在户外运动的安全事故案例中，很大一部分都是源于参与者对户外运动的了解不够，导致其面对风险时不能妥善处理。因此，对参与者和从业人员进行教育培训是非常必要的。对户外运动爱好者来说，教育培训可以提高他们的安全意识与运动技能，对从业者来说，能够提高他们的职业道德，使其更加注重安全管理的重要性，对其实现规范化管理有积极的促进作用。

（四）山地户外运动安全救援

山地户外运动安全救援系统涉及的机构颇多，且在实际展开的过程中会进行更加具体的分工，是一个较为复杂的系统体系。救援系统需要各级政府的体育管理部门起到确切的主导作用，充分行使其在公共管理、服务、安全方面的权力，在实施风险管理、组织抢救时成为救援活动的关键力量。此外，政府要积极倡导组织所在区域的救援队伍，聘请素质高、能力强的户外运动技术型人才加入，在实施救援活动时给予科学的指导。同时，各个地区应当制定《救援法》，针对救援的主体、责任等方面作出明确规定。

（五）山地户外运动保险

即使对风险做出合理防范，但由于自然环境的不确定性，户外运动的安全事故很难完全避免。而保险则可以在安全事故发生后最大程度地保障参与者的合法权益，给予其一定的损失补偿。随着山地户外运动的快速发展，保险在其中的重要性越发凸显。对于参与户外活动的个体而言，保险能够在事故发生后给予其相应的经济补偿；对于户外运动俱乐部而言，保险可以为其提供足够的经济支持，使其在安全事故发生后短时间内就恢复正常运转；对于管理者而言，保险则为整个户外运动产业的发展提供了强有力的保障。借助保险这一重要手段，可以实现户外运动的各方参与者权益风险的嫁接，把个人、企业以及行业的风险都转移到保险公司身上，使得户外运动俱乐部有足够的精力和时间来提高整体的服务质量，实现更加规范化的管理，最终实现山地户外运动整体服务水平的大幅提升。

第五节 山地户外运动俱乐部发展概况

现阶段我国人民的生活水平不断提高，国家也在倡导全民健身，户外运动以其刺激性和挑战性赢得了众多群体的青睐，逐渐成为许多人休闲放松的重要选择。户外运动本身和自然环境紧密结合，既能够充分锻炼参与者的野外生存能力，起到强身健体的效果，还能够使他们在运动过程中互相协助，增进彼此之间的友谊和感情。但不可否认的是，尽管有愈来愈多的人参与到户外运动中，但我国的户外运动依旧处于发展初期，不管是管理理念还是运作方式都缺乏丰富的经验。在这种情形下成立的众多户外运动俱乐部多数都出于跟风心理，对户外运动的具体发展情况未进行深入调查，准备工作也做得不够充分，多数以亏损或者倒闭告终。所以，要想实现户外运动俱乐部的蓬勃发展，就要先对现阶段户外运动的发展情况作出分析，对促进俱乐部发展的有利因素和限制其发展的不利因素有全面的了解，既看到发展过程中的机遇，也要能够直面行业中的威胁。唯有如此，我国的山地户外运动俱乐部才能日益发展壮大，且实现科学、规范的管理，促进山地户外运动行业的发展。

一、我国山地户外运动俱乐部的发展前景分析

（一）我国十大登山俱乐部发展概况

近些年国内户外产业逐步发展，许多人加入到了登山的行列中，其中 16 至 45 岁为主要群体，占比超 85%。登山的第一要素是安全，选择一个可靠的户外俱乐部尤为重要。本部分梳理了 2020 年我国十大户外登山俱乐部，有武汉穿山豹、天龙、湖南凌鹰、贵州起点、宁波大自然等，下面进行简要介绍。

1. 穿山豹俱乐部

中国登山协会连续九届“示范俱乐部”，以及七届“十佳俱乐部”的获奖组织。武汉穿山豹户外登山俱乐部是从 2001 年起在华中地区推广野外体验式学习团队建设、户外运动、野外生存、趣味运动会、定向越野、户外赛事、青少年素质培训和精英团队建设的专业拓展训练机构。目前已获得山地户外运动、中国登协拓展培训、攀岩三项技术的 AAA 级资格认证。

2. 凌鹰户外俱乐部

中国登山协会连续七届“示范俱乐部”，以及六届“十佳俱乐部”的获奖组织。湖南凌鹰登山户外俱乐部成立于于 2000 年，拥有国家体育总局中国登山协会颁发的技术等级 AAA 级资质证书。目前俱乐部主要围绕体育旅游综合体（涵盖乡村体育旅游综合体、户外体育旅游综合体、城市体育旅游综合体）展开，以投、融、建、管的模式参与到户外运动产业链中。

3. 起点户外俱乐部

中国登山协会“示范俱乐部”多届获奖组织，1999 年成立，拥有高空、野外、海湾等多个拓展基地，并打造了一支由管理学教授、MBA 导师、ITCA 体验式培训师、国家定向拓展培训师、人力资源师、国家级持证户外教练等专业人员组成的培训师资队伍，已成为贵州省内最专业、规模最大、接待能力最强的大型拓展培训机构，客户遍布华东、华南、华北、西南地区。

4. 大自然户外俱乐部

中国登山俱乐部最高荣誉“示范俱乐部”，以及中国定向运动协会“全国先进”俱乐部的多届获奖组织。宁波大自然 2004 年成为宁波历史上第一家正规注册的户外俱乐部，并且也是华东地区最早通过中国登山协会最高技术等级 AAA 评定的俱乐部。十多年来，宁波大自然不仅创造了宁波户外运动领域的多个第一，还策划并执行了多个中国登山协会主办的国家级赛事。

5. 天龙户外俱乐部

国内户外运动最高荣誉“示范俱乐部”的多届获奖组织。武汉天龙于2003年3月成立，专业从事登山运动以及登山派生运动和拓展训练组织、策划与实施，是首批获得中国登山协会“技术资质三A认证”的俱乐部之一。此外还拥有“攀岩技术资质A级”“素质拓展技术资质A级”等认证，是湖北地区户外运动技术实力最强、带团经验最丰富、资历最全的专业性拓展机构之一。

6. 悠山美地俱乐部

“全国示范俱乐部”多届获奖组织。悠山美地户外登山俱乐部是贵州省第一家正规注册的户外俱乐部，拥有全国首批AAA级户外运动资质，多次荣获全国十佳户外俱乐部、贵州省首届十佳体育企业、贵州省大健康示范企业等荣誉和称号。目前贵州悠山美地主办、协办各类户外赛事100余场以上，客户涉及政府、商学院，以及腾讯等知名企业，并得到一致好评。

7. 凯途高山俱乐部

中国登山协会2019年“全国示范俱乐部”，多届“十佳俱乐部”入围获奖者；中国户外俱乐部TOP500大会“中国户外十佳俱乐部”入围获奖者。凯途高山户外登山俱乐部于2017年成立，依托5 000米～6 000米级登山活动，启用一座山峰一个团队的先锋管理模式，着力打造专业登山服务。目前主营有玉珠峰登山基地、四姑娘大峰营地、二峰登山营地、哈巴雪山营地等。

8. 三夫户外俱乐部

“全国示范俱乐部”多届获奖组织，于1997年成立，目前已构建起线下线上零售+体验综合店，户外活动赛事组织，户外运动营地设计建设运营和青少年户外体验教育培训等户外产品和服务一体化的整合商业模式，全力打造户外产业生态圈，推动中国户外产业发展，促进全民运动健康。2015年12月9日，北京三夫登山户外俱乐部在深圳中小板成功上市。

9. 跋涉者户外俱乐部

中国登山俱乐部排名榜前十，“全国示范俱乐部”多届获奖组织。湖北知名的户外、旅游用品企业，获得中国登山协会相关资质认证，2005年与湖北省中国青年旅行社进行资产重组，成为湖北中青旅控股二级子公司；同时借助中青的品牌优势、市场资源采购的优势，在交通、食宿上具备了明显的优势。目前俱乐部聘有4名国家户外运动指导员和国家登山攀岩教练。

10. 海客俱乐部

中国登山协会评定的AAA级天津户外登山俱乐部，多次获得“全国示范俱乐部”奖项。目前俱乐部平均每年组织和参与30次以上的户外运动活动和体育赛事，其中多项为省级和国家级。另外还拥有国家职业资格攀岩运动指导员 1 人，中国登山协会委员会委员 1 人。俱乐部中有中级户外指导员证书的 3 人，有初级户外运动指导员证书的 6 人，有中登协山地户外运动裁判证书的 1 人，有中登协山地运动定线员证书的 1 人。

（二）内部有利因素分析

1. 户外运动资源非常丰富

户外运动本身需要依托各种各样的自然场地才能进行，因此对于自然环境资源的要求较高，而我国在这方面则有着得天独厚的资源，不仅地大物博，且可供选择的自然环境种类也非常多，诸如高山、瀑布、森林、悬崖等天然景观极其丰富，可以满足不同的户外运动的需求。目前，我国有不少旅游景区都看到了户外运动市场的巨大潜力，在景点内开发出有着鲜明特色的户外运动场地，吸引了众多山地户外运动爱好者的到来。比如东北地区的降雪较多，因此吉林省举办了瓦萨国际滑雪节，黑龙江省则举办了黑龙江国际滑雪节等主题的户外运动赛事，充分利用自然资源，既扩大了户外运动的影响力，创建了闻名世界的户外运动品牌，也促进了当地的经济发展，可谓一举两得。此外，杭州地区则开发了千岛湖水上运动基地，青岛则创建了帆船基地，重庆武隆举办了多次山地越野国际活动赛等。充足的自然资源为户外运动俱乐部的发展奠定了坚实的物质基础。

2. 服务和活动形式更加人性化

户外运动俱乐部和一般的旅行社以及自发组织的户外社团有着明显的区别，主要体现在以下几点：首先，户外运动俱乐部提供的旅行方式和其他旅游团队大不相同，其蕴含了一定的刺激性和挑战性，极大地吸引了众多群体的注意力。其次，参与者有更多的自主选择权。俱乐部会在保证顾客人身安全的前提下让顾客自己选择活动线路，大大提升了参与者的积极性。再次，现阶段有很多青年群体喜欢通过网络召集和自发组织的形式来进行户外运动，这种形式在安全保障和救援措施上都远远不如户外运动俱乐部。户外运动俱乐部通过其丰富的组织经验和完善的救援装备，能够切实保障运动者的人身安全。最后，由于户外运动的形式会受到气候等众多因素的影响，因此许多参与者并没有配套的运动装备，户外运动俱乐部可以租赁给对方，解除其这方面的困扰。

（三）内部不利因素分析

1. 专业技术人才数量明显不足

现阶段，影响我国户外运动俱乐部进一步发展的最大因素就是专业技术人才稀缺，俱乐部内的很多教练员多是兼职，对户外运动的知识和技能都掌握得不够熟练，而且有很大一部分是转行从事这一行业，没有受到过专业的培训，这导致我国户外俱乐部的教练整体水平不高，也直接影响到了户外运动的服务质量。对户外运动俱乐部的教练进行调查后可以发现，许多教练之所以选择这份工作，仅仅是因为经过几次户外运动后对行业有了一定的兴趣，对行业的前景比较看好，便在简单学习后就担任教练，大部分人都不具备高山向导的资格以及初级急救的资格。在户外运动的过程中一旦出现突发状况，他们便凭借自己的经验来解决问题，但户外运动的形式不同，环境有所区别，处理的方式可能也会有所不同，没有足够的专业知识作基础，很难取得好的处理结果，严重的还会造成人员的伤亡。由此可见，户外运动俱乐部的发展必须要冲破技术人才匮乏的桎梏，唯有组建一支素质高、技术强的教练队伍，才能实现俱乐部的蓬勃发展。

2. 俱乐部规模小、产品少、质量低

尽管户外运动得到了一定的发展，但我国的户外运动俱乐部大多各自为政，对于自身的客户群尤为看重，同行间的竞争异常激烈，普遍没有进一步开发市场的意识。这种情况导致我国的户外运动资源无法进行有效地整合，迄今为止也没有打造出有着较大影响力的户外运动俱乐部。此外，由于俱乐部的规模太小，通常资源和人力都非常有限，无法及时开发户外运动产品，或是对原有产品进行一定的创新，这也导致尽管参与的人数在不断增加，但户外运动的产品却始终有限，且质量普遍不高。这对于我国户外运动俱乐部的发展无疑是非常不利的。

3. 缺乏一定的风险意识

户外运动本身的风险性是高于一般运动的，一不留神就会发生各种安全事故，因此户外运动俱乐部在组织户外运动时，要有强烈的风险意识，并把这一意识贯穿整个活动。但我国的户外运动俱乐部的风险意识明显不足。据统计，我国参与户外运动的人数在逐年增加，迄今每年约有上亿的人进行户外运动，但其中仅有很少一部分人有保险，多数人都未购买商业保险。没有足够的风险意识，就会导致事故发生的频率增加，在发生后也无法得到相应的赔偿，对参与者以及俱乐部的经济影响都是巨大的，严重的甚至会造成俱乐部无法正常运转而面临倒闭。

（四）外部机遇分析

1. 物质生活水平日渐提高

户外运动对参与者的经济水平有一定的要求，属于较高层次的休闲活动方式，通常户外运动的装备为了保证参与者的安全，选用的材料都十分讲究，这也使得其价格也相对高昂。但随着市场经济的飞速发展，我国人民的生活水平得到了大幅提升，生活和消费的习惯发生了很多变化，更加追求精神层次上的满足。在这种大环境下，户外运动日渐成为很多人休闲的主要选择。

2. 社会需求不断增加

生活水平的提高带来了人们物质上的满足，但也带来了很多负面的影响。近年来，我国“富贵病”的类型越来越多，且许多重大疾病呈现出年轻化的趋势，这也给很多人敲响了警钟。人们开始重视身体健康，走出办公室，走出家庭，走进自然。户外运动有一定挑战性的特点以及和自然亲密接触的趣味性吸引到了众多群体的注意力，其中以 25 ~ 40 岁的青、中年群体最为积极。这类人群普遍教育文化程度较高，对新事物有着较强的接受力，且有一定的经济基础。但他们由于工作和生活有一定的压力，因此迫切希望借助运动来放松身心。但由于缺乏相应的知识和经验，且对户外运动的危险性存在一定疑虑，使得他们无法自行进行户外运动。而户外运动俱乐部恰恰能满足这一需求，这也为其发展提供了广阔的空间。

（五）外部不利因素分析

1. 运动装备质量堪忧

户外运动的危险性决定其对装备的要求非常高，而现阶段我国使用的户外运动装备基本是国外的品牌产品，这些产品都经过了专业机构的认证，其安全性有足够的保障，但价格也非常昂贵。国内有许多商人为了谋取利益而制作了很多仿制品，这些产品的价格降下来的同时，其安全系数也大幅下降，且多数未到相关机构进行专业认证。这些仿制的户外运动装备使得户外运动的安全性得不到充分的保障，对其发展造成很大阻碍，也限制了户外运动俱乐部的发展。所以，充分保证户外运动装备的质量，才能实现户外运动俱乐部的迅速发展。

2. 相关法规政策不够完善

行业的规范和健康发展离不开健全的法律法规体系，而户外运动俱乐部行业则缺乏这一重要保障体系。这也导致户外运动俱乐部之间的竞争异常激烈，个别俱乐部还会采取不正当的竞争手段，使得整个户外运动俱乐部行业的服务质量都得不到有效提升。整体经营都处于较低的水平，不利于行业的进一步发展。

二、山地户外运动俱乐部发展的具体策略

通过以上分析对我国山地户外运动俱乐部发展过程中存在的问题和有利因素都有所了解，在此基础上给出具体应对策略，以期实现山地户外运动俱乐部产业的健康发展。具体包括以下内容。

（一）不断完善管理结构和体系

山地户外运动俱乐部要想取得规模化的发展，就不能像一盘散沙，而是由专门的管理机构来进行管理。各级政府机关以及相关部门要充分发挥其管理职能，对所在区域的户外运动俱乐部进行有效的管理和监督。针对户外运动俱乐部注册、年审、服务标准、人员培训、资格证书审查等方面都进行管理，并制定相应的政策文件，对违规行为进行严厉的处罚，借此来使得行业的建设和发展更加规范，令户外运动俱乐部更加正规、科学。

（二）提高俱乐部管理、建设水平

山地户外运动俱乐部即使有充分的外部条件支持，但自身管理、建设水平如果得不到有效提升，也很难取得更好的发展。俱乐部应当对成员开展专业培训，明确表明其分工和责任，并要求部门之间进行有效监督；俱乐部在经营时应当把顾客的需求和利益放在首位，诚信经营；建立健全俱乐部的管理规章制度，建立奖罚分明的激励机制，并要求员工严格执行。

（三）选择满足市场需求的营销方案

山地户外运动俱乐部的发展如何取决于户外运动的市场如何，现阶段我国许多户外运动俱乐部的运动项目少之又少，对顾客的吸引力自然是不够的。因此应当积极拓展运动项目，同时依据顾客的需求来制定营销方案。在制定营销方案时要结合不同目标客户的身体状况、消费能力以及对体育项目的了解程度来作出合适的选择。只要从顾客的需求出发，一切为顾客着想，就能满足市场的需求，俱乐部就能得到进一步的发展。

（四）提高员工的整体素质

目前我国很多高等院校已经设立户外运动专业，这也在一定程度上说明山

地户外运动有着非常广阔的前景，可以实现一部分学生的就业问题。例如，2020年6月1日，西藏自治区体育局与西藏民族大学共建“西藏民族大学山地户外运动学院”合作协议签约暨揭牌仪式在西藏拉萨举行。共建“西藏民族大学山地户外运动学院”，对于完善西藏山地户外运动人才培养体系，建设特色优势体育学科，培养高水平山地户外运动人才具有重要现实意义。

此外，全国各省各地高校纷纷成立和开设了相关户外运动社团，为我国山地户外运动发展培养了大批山地户外运动爱好者和相关从业人员。例如中国地质大学顶点户外运动俱乐部、中国地质大学登山攀岩俱乐部、清华大学登山队、北京大学山鹰社、北京邮电大学登山滑翔鸿雁社等。

山地户外运动俱乐部也可以邀请一些俱乐部内有着扎实专业知识的人才到学校对学生展开培训，为户外运动俱乐部培养出更多人才储备力量。而对于俱乐部本身的员工，则要加强他们的安全意识和环保意识，通过专业的培训和模拟训练提升他们面对突发状况时处理问题的能力，同时培养并强化他们的团队意识。此外，这种培训应当是定期举行的，这样才能对行业发展的趋势有足够清晰的了解，同时养成员工不断学习的习惯，使得户外运动俱乐部行业朝着健康的方向发展。

第四章 国际山地户外运动产业的比较研究

第一节 国际山地户外运动产业的发展现状与比较研究

一、美国山地户外运动的整体发展分析

经济的飞速发展使得人们的生活水平不断提高，随之而来的是人们对于精神世界和健康身体的不断追求。户外运动作为一项能和自然亲密接触并带有一定刺激性的运动，深受不同群体的喜爱。早在 19 世纪初期，美国人民就特别热衷于进行户外游憩活动，有相关调查数据显示，在 2017 年时，美国参与户外运动的人数占比达到了总人数的 49%，其户外运动发展不可谓不发达。这一年，美国人参与户外运动的总次数达到了 110 亿次，最少进行过一次户外运动的人有 1.44 亿，其中有 21% 的人们会在一周之内进行两次户外活动，有 32% 的户外运动参与者半个月进行一次户外运动，不管从参与的人数分析还是从参与的频率来统计，其中最受欢迎的户外运动方式是跑步，而慢跑以及越野跑的参与度较高。此外，美国的自然条件也较为优越，很多人喜欢在休息的时候去钓鱼来放松身心，在 2017 年，有将近 16% 的人参与钓鱼。而排名第三的户外运动形式则是徒步。数据显示，有约 14% 的人在空闲之余参与徒步运动。不管是哪一种体育活动，美国人都喜欢将步行这一项活动贯穿其中，几乎所有参与户外运动的美国人都表示自己并不是单纯地进行某项运动，而是更喜欢交叉进行。下文将从不同角度对美国的户外运动产业进行深入分析。

（一）美国户外运动休闲的发展现状

在美国户外基金会提供的报告数据中，对参与户外运动的人群按照年龄进行了划分，一个是 6 ~ 24 岁的青少年和青年群体，另一个则是 25 岁以上的成年群体。对美国主要参与户外运动的群体进行调查后发现，男性和女性参与运动的比例基本平衡。而对青年群体不同年龄段的参与人数统计后可以发现，6 ~ 12 岁、13 ~ 17 岁、18 ~ 24 岁参与户外运动的占比分别是 38%、28%、33%，可见 6 ~ 12 岁的儿童对于户外运动的兴趣和参与度更高。美国 6 ~ 24 岁的青少年群体平均一年要进行 96.5 次的户外体育活动，高于成年人的 74.9 次的数据。

对美国青少年群体进行调查，统计最受他们欢迎的户外运动并进行整理后发现，跑步位列他们心中第一名，其中以慢跑、越野跑最为常见。其次则是骑行运动，无论是在山地还是公路，抑或是极限小轮车，都受到了青年群体的热烈欢迎。排名第三的则是不同形式的露营活动，更多年轻人选择这种便捷、新颖的集体活动。而钓鱼作为可以陶冶情操、平和心绪的户外活动，排在露营之后，也颇受年轻人青睐。排名第五的运动则是徒步旅行，这项活动的参与人数也在不断增加，一直呈上升趋势。

对成年人群体进行调查统计可以发现，和青年群体一样，跑步也是成年人最为喜爱的户外活动，慢跑、越野跑的参与人数一直是所有户外活动中占比最多的。而受年龄、经济、体力等各方面因素的影响，成年群体中排名第二的户外活动是钓鱼，其次则是徒步旅行。更多人愿意在休息日通过这种较为平和的运动来释放工作压力。而在成年群体中排名第四的户外运动则是骑行，各种不同地点的露营活动则位列成年人喜爱运动榜的第五名。

如果从户外运动参与的频率来看，青年群体最常进行的户外运动前三名分别是跑步、骑行和滑板。在 2017 年，青年群体每年进行这三项活动的次数为 97 次、76.5 次、62.4 次，而所有年轻人的参与次数为 19 亿次、13 亿次和 2.9 亿次。钓鱼以及露营的参与频率也较高，年平均达到 17.9 次和 12.2 次。

成年人日常生活中参与最多的户外运动以跑步、骑行以及徒步旅行最为常见，平均参与的次数也较多，2016 年统计的数据分别为 87.1 次、54.2 次以及 62.4 次。而和青年群体不同，成年群体排名第四和第五的运动分别是赏鸟和露营。这和不同群体的年龄、收入、空闲时间等因素都有一定的关系。

在美国，不仅参与户外运动的人非常多，对有关户外运动的教育也非常重视。有超过一百所以上的大学专门设置了“体育、健康、娱乐”学院，并细分了系别，专门学习户外运动市场以及相关经济知识的课程，同时对高等院校内部非本专业的学生开放，使更多人了解到户外运动的重要性。运动专业的学生不仅要学习相关的文化课知识，同时还要满足国家体育运动行业协会的全部要求，在扎实的理论基础上进行实习，并把学到的东西熟练应用到实践当中。针对体育运动的教学课程资源则主要由各个学校、体育运动行业协会共同制定，协会也会在日常的教学工作中进行督促，比如选派一些行业的专家到高校进行专题讲座，抽查或者定期检查体育运动学科的人才培养是否达到了相关目标，人才的质量是否达到了高标准等。

（二）美国户外运动产业的市场规模

美国一直是户外运动产业大国，户外运动产业的蓬勃发展带动了其经济的快速发展。据统计，自 2010 年到 2016 年，美国户外运动市场的整体规模由之前的 150 亿美元增长到了 592 亿美元，增长十分迅速。此外，美国拥有很多成熟的山地户外活动场地，包含了不同的主题、层次，其中可供露营的场地在 2 万块之上，而 2010 年我国有关这方面的数据是 40 左右。根据 2018 年的调查数据，在这一年间，美国户外运动产业占其经济收入的 2.2%，众多户外运动消费者在这一方面投入了大量的人力和财力，有关支出费用达到了 8870 亿美元，等于为 760 万个群众创造了工作岗位，为国家创造了 653 亿美元的税务收入。

山地户外运动在美国的盛行，除了满足众多群众对良好的生活方式、优秀的身体素质的渴望和需求外，还在很大程度上刺激了美国经济的发展速度，为其带来了无比可观的经济效益。我国的山地户外运动虽然已经得到了较快的发展，但和美国相比还有一定的距离，在这种情境下，寻找美国国民积极参与户外运动的原因并总结其经验，或许会对我国的发展有一定启发。和美国的户外运动产业相比，我国山地户外运动产业刚刚起步，我国相关政府和部门尚未对此项活动给予更多关注，居民尽管有参与，但并未形成大规模的运动浪潮，而美国有较为完善的户外运动相关法规，且有关部门及时提供资金上的援助，在教育上也重视运动类专业人才的培养。随着社会的不断发展、生活水平的持续提高以及人们对健康和精神世界的追求，户外运动一定可以凭借其新颖性被更多人接受，并在政府和教育部门的协助下得到蓬勃发展，揭开其发展的新篇章。

二、欧洲国家山地户外运动产业现状分析

由地理位置和气候等多方因素的影响，欧洲很多国家的户外运动产业非常发达，甚至被誉为“户外运动之乡”。尽管户外运动由来已久，但现代户外运动的

真正发源地是在欧洲地区，且不断带领着整个户外运动产业发展的趋势，是当之无愧的行业领头羊。在2003年，为了促进户外行业的发展、解决行业中遇到的各种问题，促使行业市场更加规范化，欧洲地区的19家户外公司联合组成了欧洲户外联合会，且随着社会的发展会员持续增加，现阶段协会已经有70多家户外公司的加入。据统计，在2019年，欧洲地区的户外运动用品销售额已经达到了43.29亿美元。欧洲地区的户外运动市场之所以能够得到快速发展，和以下两个原因密不可分。一方面，欧洲有着非常优越的气候，地理位置极具优势，很多国家都有着种类繁多的山地、水源等自然资源，为进行各种户外运动提供了得天独厚的条件；另一方面，随着社会逐渐迈入后工业化时代，经济发展的巨大压力使得人们厌倦了城市环境，他们更想和大自然有亲密的接触，以暂时躲避钢筋混凝土带给人的压抑和浮躁，寻求一时的心灵上的安宁。而户外运动恰恰能够满足他们的需求，使他们得以短暂地释放身心压力。欧洲地区的人们经历了户外运动超越百年的发展路程，已经将其当作生活的一部分，深受群众的喜爱和欢迎。欧洲地区这一非常成熟的户外运动市场也表现出了显著特点，主要表现在以下三个方面。

（一）自然资源种类繁多，为户外运动创造有利条件

欧洲地区的自然资源非常丰富，且种类繁多，既有阿尔卑斯山脉这样险峻的地形，为登山爱好者提供了绝好条件，也有地中海这样丰富的水资源，还有斯堪的纳维亚半岛这样的半岛，这些地区的地势不同，可供选择的户外运动种类也各不相同。但能够肯定的是，这些充满着大自然神秘气息的自然资源，诸如大海、森林、岩石等有着一定危险性的地区，恰恰能够最大化地激发户外运动爱好者的探险欲。在下文中，将详细介绍欧洲地区的特色自然资源。

1. 阿尔卑斯山提供的户外运动优势

（1）山脉的地质特点以及形成过程

阿尔卑斯造山运动期间形成了著名的阿尔卑斯山脉，而造山运动出现在大约7 000万年前。在距离我们2.5亿～6640万年前的中生代，许多遭受侵袭的物质被河水冲刷，不断汇聚在特提斯海，随着时间的推移逐渐形成了水平岩层。而到了4400万年前的第三纪中期，地球板块又发生变化，非洲的板块逐渐向北方移动，和欧亚的板块发生了碰撞，并因此使原本沉陷在特提斯海的岩层受到巨大的挤压，和基岩一起不断升高，最终达到了和喜马拉雅山相近的高度。这些板块之间的构造运动一直未曾间断，在900万年前才结束。进入第四纪之后，被挤压而成的山脉依然遭受着不断的侵袭，在日复一日的发展下出现了阿尔卑斯山脉轮廓的雏形。

而在阿尔卑斯的冰川作用以及冰舌的影响下，其山脉逐渐出现了不同的变化，且特点鲜明、各不相同。比如深深凹陷进去像室外剧场一样的地势，像被锋利的刀刃削过的山岭，又或者像马特洪峰一样的壮丽山峰，都出现在阿尔卑斯的山顶上。同时，山谷也逐渐变形，更加开阔，呈现U字型的结构，瀑布从悬谷中汹涌奔出，高度可达数百尺，甚为壮观。山脉出现了许多狭长的湖泊，其水位往往深不可测，一些冰川开始融化，使得许多砂砾被沉积。在冰舌从山谷离开时，会对不同的山谷进行再次切削，不管是横向或者Z字形的山谷，都无法逃脱。到现在，阿尔卑斯山脉中的全部河谷都形成了高山，且海拔基本上远远低于附近的其他高山。

（2）地质的组成

阿尔卑斯山脉包含的区域内，每个地方的高度以及形态有着鲜明的特色，几乎没有雷同。在主要山脉的附近，既有着之前的阿尔卑斯山逐渐形成的沉积物，也出现了阿尔卑斯结晶体的地块。假如将阿尔卑斯山脉进行划分，自地中海到维也纳可分三段，分别是西段、中段和东段，每个不同的地段都存在着各种小山脉。这些地区的环境也有所不同，比如谷地的气候要好于其他地区，人们可以采取各种方式来发展交通，打开和外界连接的通道，同时由于很多冰碛的堆积，其土壤质量较好，种植农作物收成也好。时至今日，冰川侵袭的现象并没有得到缓解，阿尔卑斯山脉依然有大范围的冰川，会影响周边的环境和地质。

（3）久负盛名的山峰

阿尔卑斯山脉全长达到1200千米，自南到北的宽度有120～200千米，东部较宽，西部狭窄，所有山脉的平均海拔达到3 000米，而超过海拔4 000米的山峰数量多达82座，有将近一半的山峰都聚集在瑞士的瓦莱州。除了高耸的山脉，阿尔卑斯的冰川数量也非常可观，总数逾1 000条，所占面积则有3600平方公里。

在阿尔卑斯山脉中，海拔最高的山峰当属4810米的勃朗峰。它地处法国与意大利的交界处，是整个西欧地区的最高山峰。

在阿尔卑斯山脉中，海拔4634米的杜富尔峰是第二高峰，向西方向和马特洪峰正好相对，位于瑞士、意大利边境内，且在罗莎山群中的海拔最高。罗莎山群按自东向西方向排列，又有海拔达到4606米的如诺登德峰、4563米的苏姆斯坦峰、4554米的齐格纳尔峰等等。这些山峰使得罗莎山群成了登山的好去处，而除此之外，这里还有距离长达200公里的滑雪通道，有着闻名全世界的高山滑雪场，对于热衷滑雪的户外运动者来说是一个必去的户外运动圣地。

多姆峰有着4545米的海拔，在阿尔卑斯山脉中排名第三，其地理位置在采尔马特的北部，与魏斯峰之间隔着一条河流遥遥相对，而在它的东侧，瓦莱州的一个著名的度假胜地就位于此地，即萨斯费。多姆峰位于瑞士境内，隶属于米莎贝尔山群，同时是这一山群乃至瑞士境内的最高山峰。

马特洪峰的海拔低于勃朗峰，为 4478 米，在众多山脉中非常有名，地处瑞士以及意大利的边境地带。1865 年，一队登山爱好者在向导的带领下向山顶出发，但在返回的过程中却只有三个人安全抵达目的地，这也是对马特洪峰的第一次攀登的尝试。

（4）旅游资源

阿尔卑斯山脉有着非常壮观的景色，在世界上都享有盛名，吸引了众多游客的到来，且由于其地貌多变，被众多游客称为是“大自然的宫殿”以及“真正的地貌陈列馆”。由于常年被雪覆盖，进行各种冰雪活动再合适不过，因此也是冰雪户外运动爱好者的打卡圣地之一。在一些地段，山地冰川会呈现出极具魅力的极地风光，不仅吸引到了登山以及滑雪者的注意力，而且也吸引了大批游客的到来。受冰川作用的影响，阿尔卑斯山脉有着数量众多的湖泊，其中面积最大的是莱芒湖，此外还有博登湖、科莫湖等风景美丽的湖泊。此外，完善的住宿条件也非常便于游客入住，有良好的旅游体验。阿尔卑斯山脉的西部以及中部有着非常美丽的风景，同时设施完备的现代化酒店一应俱全，此外还有滑雪坡以及登山吊椅等，在冬季会吸引到很多滑雪爱好者的到来。而在阿尔卑斯山脉中，也有很多村镇，它们位于山麓和谷地之间，山水秀丽，自成一派平和气息，因此有很多顾客远道而来，一睹为快。除此之外，阿尔卑斯山也是环法自行车赛必须经过的地方，很多游客为了观赏到山脉的壮观风景以及激动人心的自行车赛而不远千里赶来，在为自行车运动员鼓舞加油的同时释放自己的身心压力。

2. 斯堪的纳维亚半岛的户外运动资源

（1）地质介绍

斯堪的纳维亚半岛地处欧洲的西北角，它是这个欧洲占地面积最大的半岛，在世界半岛中排名第五。半岛南北方向大约长 1850 千米，东西方向的宽度则在 400 ~ 700 千米范围内，整体面积达到了 75 万平方千米。半岛主要包括了挪威、瑞典以及芬兰国家北端的狭小区域，且人口数量达到了 1200 万。半岛正中间则是斯堪的纳维亚山脉，西部地区山地居多，地势较为陡峭，一般岛屿和峡湾占多数。而东部和南部则相对平缓得多，气候也较为温和，适宜居住。北部地区的气候则非常寒冷。

（2）山脉介绍

斯堪的纳维亚山脉处于整个半岛的中西部分，并形成了半岛地形的主轴。在山脉的西边大多坡势较陡峭，并和挪威地区的沿岸相邻，变成了高耸入云的悬崖。而在山脉的东部则地势相对平整，大体呈现出阶梯形状，从丘陵台地慢慢发生变化，最终过渡到波罗的海的沿岸平原。山脉海拔不高，平均约有 1 000 米，其中以加尔赫峰海拔最高，达到了 2468 米。

（3）气候介绍

斯堪的纳维亚半岛整体气候是西坡为温带海洋性气候，而在东坡则是温带大陆性气候，整体可以归类为寒温带气候。半岛一年四季盛行西风、北风，且由于北大西洋的暖流影响，在冬季时温度要明显高于相同纬度的地区，在北部地区，1 月份的平均气温达到 –15℃左右，同时有着丰富的降水量，尤其是地处西部沿海地区的迎风坡，每年的平均降水量能够达到 3 000 毫米，而与之相对的背风地区则仅仅有 450 ～ 750 毫米。

（4）自然资源

在斯堪的纳维亚半岛内有着极为茂密的森林，其覆盖率能够达到 50%，云杉、松树等针叶树能够达到半岛的 5/6，在南部则主要以白桦、山毛榉阔叶树为主，两种类型的树木互相交错，成为一片混交林。大量的树木也使得挪威、瑞士两个国家非常重视森林业的发展，同时把其当作经济发展的主要产业。除此之外，半岛上有着非常密集的河流，且多数短小，流速较快，水量充足，有着非常惊人的水力资源，且其中大部分都得到了充分的开发利用。半岛有着非常多的金属矿藏，涵盖了铁、铜、黄铁矿等金属，其中又以铁矿最为著名。据统计，瑞典以及挪威作为铁矿砂的出口大国，其重要产地位于瑞典国内的基律纳，它有着整个世界上规模最大的铁矿开采基地，其储存量能够达到 20 亿吨，是非常宝贵的财富。而地处沿海地带的挪威则拥有着世界级别的渔场，其捕鱼量在众多国家中位列前茅。同时，瑞典以及挪威的加工业也较为发达，在造船方面非常有建树，造成的船舶基本上用来出口国外，取得丰厚的经济利润，而国家自身也有着非常庞大的商业船队，并且一直保持着蓬勃发展，在众多国家的海运业务中一直扮演着非常重要的领导角色。这些各种各样的产业发展使得斯堪的纳维亚半岛的经济得到快速发展的同时也有着非常鲜明的特色。

3. 户外市场较专业，知名品牌多

欧洲地区的户外运动产业发展得较为完善，因此相对来说市场更加专业、也更加规范，有关户外运动的用品种类齐全，并且在精益求精的路上出现了很多著名的品牌公司。随着户外运动在我国的兴起，欧洲地区的一众品牌看到了其中蕴藏的巨大生机，纷纷攻占我国户外运动产业市场。据统计，非本土的户外运动品牌中，欧洲地区的占比已经达到了 45%，几乎接近一半的比例，充分说明了其运动市场的发达程度。在这些知名品牌中，有很多都是耳熟能详的，比如始祖鸟、沃德等，不仅在我国占据了很大市场，在世界范围内都有着非常深远的影响，其扩散范围广，输出也较有深度。而德国在全球的户外用品市场中有着非常重要的地位，其创造的户外品牌非常多，同时有着非常高的市场占有率，在整个欧洲地区都占据着龙头地位，同时有着非常健康的增长速度。除了德国之外，法国、意大利、英国也有着不小的市场份额，法国的迪卡侬已经渗透到了世界各国，是户外运动用品的零售业龙头，在其国家内部的市场占有率已经达到了 65%。

4. 庞大的群众基础

在法国，每年有一半以上的人口参与到户外运动中，且进行的户外运动种类多样，其中排名靠前的分别是自行车、游泳、远足、跑步，滑雪等。而在德国，每年踊跃参与户外运动的人数则达到了总人数的 58%，其中 25 岁以下的青年团体逐渐成为户外运动产业最大的消费人群。

三、新西兰以及日韩国家山地户外运动现状

（一）新西兰户外山地运动发展现状

户外运动自从兴起后就以非常惊人的速度在全球范围内流行起来，大洋洲以及南美洲都有它们的身影，且同样得到了快速发展。新西兰等国家由于有着非常独特的地理条件，可以为户外运动提供更多便利，因此发展较其他国家更加迅速。新西兰的皇后镇，一个景观变幻无穷的地方，以其秀丽的风景和多变的地貌赢得了世界各地人民的喜爱，是全球闻名的度假胜地。皇后镇的人口较少，即使加上流动的人数也不过在 20000 人左右，而这些人中以欧美人士最多，占到了总人数的 80%。

新西兰之所以吸引了众多游客的到来，和它本身变化多样的地理景观有着莫大的关系，甚至还因此得到了“活地理教室”的美称。皇后镇则将新西兰地貌的多变特征表现到了极致，它堪称整个新西兰地势中最为险峻、最为刺激、同时又非常有魅力的地区，也正因如此，它被称为新西兰的“探险之都”，也被称为“户外运动天堂”。除了本身富有特色的自然地貌外，新西兰还配备了非常齐全、高档的运动设施以及旅游服务，尽数彰显其奢华。如果游客在夏天到达皇后镇，就会看到无数被阳光笼罩的湖泊，从而真正沐浴阳光，在美丽的小镇内自行选择垂钓或者远足，充分释放身心压力。而如果在落叶缤纷的秋天到达皇后镇，就可以趁着天气明媚打高尔夫球，或者徒步旅行，欣赏独特的风景。到了冬天，皇后镇就迎来了最为热闹的时节。下雪之后，所有山峰都白茫茫一片，众多滑雪和雪板的爱好者可以尽情游玩，因为地势原因，新西兰的滑雪运动周期较长，甚至可以

持续到来年春季。

可以说，皇后镇不存在旅游的淡季，每个季节都有多种刺激、有趣的体育活动等游客体验，诸如激流泛舟、跳伞等。和新西兰其他城市都具备的都市风光有所不同，皇后镇有着数量非常多、专业性非常强的旅游、运动咨询机构，可以为众多游客解决一系列游玩时遇到的难题。像滑雪、漂流、骑马、高空弹跳等一切有一定技术要求和刺激性的运动，都需要有专业人士进行指导和讲解，而在这里游客根本不需要有后顾之忧。对皇后镇而言，各种户外冒险运动是其旅游业的主要收入，由行业带动，其户外运动用品产业也异常发达，几乎涵盖了所有户外体育运动的范围，堪称应有尽有。总的来说，皇后镇最常见的户外活动有以下几种。

1. 滑雪

皇后镇所包含的各种户外运动以及旅游景点数量非常多，超过了 220 种，也因此获得了“探险之都”的称呼。它既有着非常传奇、刺激的蹦极运动，也有在水上体验惊险感觉的喷射快艇，而诸如漂流、山地自行车这种常见的户外活动，因为其鲜明特色，每年都有无数爱好者前来体验。在这所有运动中，滑雪受到了各种年龄段人群的喜爱。皇后镇的滑雪场地数不胜数，其大小能够满足不同人群的需求，同时又有其独特的滑雪文化加成，因此在每一年都吸引了大量游客参与，在这个小镇里通过参与各种滑雪运动而度过寒冷的冬季。

新西兰的科罗奈特峰有整个新西兰南部湖群历史最为悠久、最负盛名的滑雪场，且由环境和位置决定，选择在早晨和夜晚到此处滑雪别有一番风味，相对来说其可供滑雪的持续时间比起其他滑雪场更有优势。而和皇后镇相邻的卓越山滑雪场，则有着变化多端的地形，这种天然形成的地貌使得人们可以选择的滑雪形式范围更广，不管是自由式、雪板式，抑或是家庭滑雪运动，在这里都能得到满足。滑雪场通常在每年六月开放，开放时间一般能达到四个月，在十月结束。

2. 蹦极

1988 年，新西兰的两名运动员在瓦努阿图的葡萄藤蹦极运动的启发下，创建了独属于新西兰的蹦极运动，并把卡瓦劳大桥作为了首个商业化的蹦极场地，开创了现代蹦极运动的先河。自此，蹦极运动开始在全世界范围内蔓延，很快得到了运动爱好者们的追捧。在皇后镇内除了卡瓦劳大桥之外，还有两个非常出名的蹦极场地，其中有一个非常有特色的场地，专门配备了一条“跑道”，能够把参与蹦极的游客送上 400 米高度的空中，其刺激过程引来了一众大胆冒险的蹦极爱好者的尝试。

3. 喷射快艇

皇后镇不仅仅是蹦极运动的发源地，同时也是喷射快艇的起源地。前来旅游的人们不仅可以在闻名世界的休特弗河上欣赏周围的秀丽景色，也可以选择在码头坐快艇出行，在穿越休特弗河峡谷时，会有一种惊险的体验。

4. 漂流

在皇后镇，漂流是不受季节限制的，即使是在寒冷的冬日，游客也能乘坐直升机到达休特弗河，感受漂流带来的快乐，充分释放身心压力。根据运动爱好者的需求不同，可以选择对应的漂流方式，卡瓦罗河在新西兰的所有漂流河中有着最大的流量，如果是初学漂流，这将是不错的选择；如果已经有了一定的经验，那么休特弗河船长峡谷的惊险旅程能够带来不一样的惊险体验。

5. 山地自行车

皇后镇的车道有着各种各样的形式，不管是初学者或者是经验丰富的骑手，又或者想要锻炼自己水平的运动爱好者，都能够在这里找到合适的车道。寒冷的冬季过去后，原本适合滑雪的科罗奈特峰的众多滑雪道摇身一变，成了自行车观光的降滑道。久负盛名的船长峡谷中有一条背包车道，它能够让骑手在参与运动的过程中领略不一样的景色，感受历史遗留的气息，而鲍伯峰赋予给游客更多惊险和刺激，能够带来截然不同的降滑体验。

6. 高尔夫

在皇后镇，阳光、草地、湖泊似乎都要格外美丽和耀眼一些，而这些也组成了开展高尔夫球运动的美好环境，使游客能够从劳碌的生活中抽离出来，感受运动的快乐。

7. 各种节日活动

1974 年的皇后镇举办了第一场冬之祭的活动，主要目的是扩大自身的影响力，吸引更多滑雪者的到来，其主要活动内容都围绕着各种滑雪运动展开。但随着活动的不断举行，内容也逐渐增加，在 20 世纪 80 年代的中期，冬之祭的活动已经由原本小镇的内部活动扩展为整个南半球的活动，其多种多样的活动形式与丰富的内容吸引了全球各地游客的到来。皇后镇的冬之祭活动通常在六月底开始举办，在七月初结束，持续时间大概在 10 天左右。尽管皇后镇本身一年四季都不乏刺激、有趣的体育活动，但冬祭日期间无疑是其更有魅力的时期。活动期间的各种项目种类超过 70 种，除去极具新西兰特色的各种滑雪比赛、雪雕表演外，还增加了更多趣味、精彩的节目。活动开始，市中心的花车大游行开始出发，人们在街上跳舞，狂欢。等到太阳下山，暮色四垂，壮观绚烂的烟火表演就粉墨登场，美丽的烟花点燃了整片星空。祭日活动的每一天都安排了有特色的活动，白天有各种 BBQ 的餐会，也有各种滑雪和雪雕比赛，在夜晚则有很多音乐会、美食会供游客选择，游客也可以参加舞会，感受音乐和舞蹈带来的愉悦感。冬季嘉年华的活动有一种强烈的喜剧和娱乐色彩，人们在这里大胆释放天性——有穿着奇怪的游客高兴之余跳进冰冷刺骨的瓦卡蒂普湖中，也有俏皮可爱的狗和主人们一起在滑雪场地尽情玩耍。此外，冬之祭活动还有几十种不同主题的活动，其内容涵盖了音乐、美食、运动等多方面的内容，使参与活动的游客们真正尽兴而归。这场盛大的活动几乎没有场地的限制，皇后镇的每一个街巷，每一道湖滨水畔，每一个雪山场地，每一个山谷、葡萄园都是其活动的范围，真正做到了节日狂欢。

（二）日韩等国家山地户外运动的发展现状

结合户外运动的发展路程不难看出，欧洲地区的户外运动有着非常广阔的市场，美国也不遑多让，但亚洲户外运动的开始时间较晚，发展时间有限，相对来说有一定的差距。但近几年来，随着亚洲地区经济的不断发展，户外运动在亚洲也有了更多拥护者，人们开始追求户外运动这样健康的生活方式，更加注重身体健康和精神世界的满足。在这一背景下，亚洲地区的户外运动得到了迅猛发展，在中国、韩国、日本等地更是以未曾预料的速度增长着，甚至成了和欧美国家消费能力不相上下的国家，蕴含着非常广阔的市场前景。日本的户外运动之所以能得到飞速发展，和政府的高度重视息息相关。日本政府对青少年的户外运动锻炼一直非常关注，除了广泛普及定向运动以外，还在多地开展野外教师、少年自然之家等深受学生欢迎的户外活动，希望借助这种形式使得学生充分接触自然，在集体活动中锻炼自身的团队意识，实现学生身体和心理的健康发展。而韩国本身山脉居多，这也使韩国人对登山运动非常热衷，因此户外运动在韩国的普及和发展非常顺利。尽管就国土面积和人口数量而言，韩国远远不及日本，但其户外运动发展的速度却赶超日本。据统计，自 2000 年开始，韩国的户外运动用品销售额不断上升，在亚洲众多户外用品消费国中排名第一，成为最大的户外用品消费市场。

四、我国户外运动产业发展情况分析

伴随国民经济水平的不断提升，群众的体育消费需求也持续高涨，山地户外运动产业取得了快速增长：全国户外运动爱好者已达 1.3 亿，户外用品市场规模已达 180 亿元，我国山地户外运动产业总体实力、产业覆盖面、社会参与度、市场认可度均得到较大的提升。同时，制约山地户外运动产业的薄弱环节依然突出：产业规模较小、产业基础较为薄弱、产业体系不健全，中低端消费动力不足与高端消费外流并存，产业协作日趋紧密与多部门协同缺位并存、管理体制不完善与运行机制不顺畅等矛盾并存。当前，山地户外运动产业必将迎来新的战略发展机遇，伴随“健康中国”战略的逐步实施、供给侧结构性改革的不断深入、“互联网+”、智慧旅游、大数据等理念与工具的广泛应用，公众的个性化、层次化、体验化需求趋于旺盛，我国山地户外运动产品供给将从低水平、单一化向多层次、多元化扩展，参与群体将从年轻化向不同年龄、阶层、职业的消费人群拓展，产业范围将从封闭化向开放化、融合化扩展，对经济发展的贡献将进一步增强。

（一）户外运动产业链已初具雏形

户外运动的蓬勃发展会带动相关产业的发展。在户外运动刚刚兴起的初步阶段，我国户外运动产业基本上都是运动装备店，出售一些国外知名品牌的户外装备等。这个阶段的户外运动还未得到全面发展，因此这些店面多数是出于爱好举办，并未过多考虑商业的投资收益等因素，且面向的顾客群体也十分有限，经营的手段也十分固定。但之后随着户外运动的不断发展，我国很多生产企业也看到了户外运动蕴含的巨大商机，纷纷设计生产户外运动产品，世界知名户外用品品牌也看中了我国的潜在市场，逐渐抢占户外运动市场产业的份额。在这种形势的推动下，我国的户外用品连锁经营也渐成气候，比如户外用品连锁店“探路者”，在我国 90 多个中大城市都设有店面，销售业绩更是实现连年增长。户外运动的飞速发展势必会促进行业形成一定的规模，为各行各业带来无限的商机。在现阶段，户外运动产业链其实已经初具雏形。

从户外运动培训到俱乐部组织活动，从提供运动设备到传播媒体，都有较为完善的企业提供相应的服务。以户外运动品牌来说，美国和欧洲分别有 400 多个和 200 多个，而美国著名的面料提供商戈尔公司的合作企业多达 2000 多家，结合整个户外运动市场的发展情况可以对户外运动的利润窥探一二。在传播媒体方面，宣传户外运动的杂志、电视、综艺节目有 20 多家。此外，和户外运动有一定联系的边缘产业也有着十分丰厚的利润。举例来说，2013 年的时候，每块攀岩板的平均售价在 1300 元 / 平方米，但其成本却仅仅需要 300 元 / 平方米，其中蕴含的利润已经是成倍计算。因此，不管是从哪个角度来考量研究，户外运动市场都有着非常惊人的利润，对企业来说是一块诱人无比的大蛋糕。

1. 户外运动市场的发展模式

户外运动市场主要由户外运动用品销售市场和服务市场组成。由于我国的户外市场发展尚未完全成熟，因此服务市场往往是依附销售市场而存在的，基本上一个户外运动用品店就会配备一个运动俱乐部，借助俱乐部组织的各种户外活动来促进店面用品的销售。此外，我国很多户外运动品牌的代理与零售商的角色并没有明显的界限，诸如雪上飞这样的品牌，在我国既是总代理，同时又是雪具的经营者。这种模式在户外运动企业发展趋于成熟的今天已经不再适用，户外用品的销售和服务市场势必会分开后形成各自的规模和气候。这主要是由两方面的因素造成的：一是户外运动用品的店面销售需求在日渐扩大，仅靠俱乐部的成员已经不能招揽足够的客户，店铺必须借助其他方式来不断提高自身的客流量，从而使得销售量得到整体提升。二是户外活动在不断普及，形式也逐渐多元，俱乐部活动方式也有了各种不同的形式，通过尝试不同的服务产品来寻求新的发展机会，从而逐渐摸索出属于自己的发展方式和路径，脱离于户外运动用品店铺而独立存在。此外，我国的户外产品代理商以及零售商的身份也变得泾渭分明。由于产品总代理商和零售商在户外运动市场中承担的市场角色大不相同，因此其承担的责任、针对的用户群体也有着显著区别。前者要做的是面向经销商，努力拓展渠道并大力推广品牌，而后者面向最终消费者，产品的销售是其最终目的。所以，雪上飞对店面形象进行整合统一的同时，把代理商和零售商的身份具体划分开来，同时将其职责范围作出明确规定，使其发展模式更加规范。

2. 户外运动市场和旅游市场的结合

生活水平的提升使人们更加注重精神层次的需求，追求更加健康的生活方式。而户外运动则和自然亲密接触，且其运动形式相比普通运动来说有一定的刺激性，恰恰符合现代社会人们的要求。与此同时，人们对个性化生活方式的追求也使自助旅游成为旅游的主流方式，在整个旅游市场中有着非常显著的占比，而我国丰富的旅游资源则为户外运动发展提供了良好的自然条件。户外运动的深入发展正在逐渐改变人们的出游方式和目的，人们更多的是为了欣赏自然风光，为了享受漂流、攀登、钓鱼带来的愉悦感。和户外运动密切结合的体育旅游尽管尚处在起步阶段，但在未来势必会发展成旅游的主要模式，因此户外运动俱乐部一定要有超前的战略眼光，及时扩展服务范围，把潜在的市场转化为真正的市场，获得更多的利益，推动户外运动产业的进一步发展。

（二）我国户外运动产业中的问题

1. 市场供需关系失衡

我国户外运动市场起步较晚，发展速度却飞快，市场来不及形成完整的产业链，且在户外运动兴起之初，很多人对其理解狭隘，面向的消费群体较为小众，且有关产品的供应相对狭窄。这就导致市场的供需关系严重失衡，具体表现在以下三个方面。

首先，市场潜力挖掘有限。尽管户外运动产业在我国取得了不错的发展，但和整体的经济规模对比，依然存在着巨大的潜力。此外，户外运动俱乐部多数是私人经营，无法真正凝聚在一起，使得户外运动的发展步伐较为缓慢。同时，针对户外运动市场的培育机制以及约束、规范市场发展的保护机制尚未得到完善，在管理上难以做到有效监督。

其次，户外运动用品的种类有限且质量堪忧。由于户外运动市场尚未形成较大的规模，需要运动用品的人群相对有限，因此国内的户外用品大多只是其他品牌用品的复制粘贴，没有投入足够的时间和精力对产品进行深入的研究和分析，也就不能开发出创新型的产品。且在制作过程中用材不规范，导致用品质量多数不合格，存在着较大的安全隐患。户外运动活动中的一些项目在我国尚未得到大面积的推广，人们对诸如野营、漂流等活动蕴含的文化内涵以及技术方面的基础知识尚处于摸索阶段，这也在一定程度上阻碍了户外运动行业的蓬勃发展。

最后，市场供给不足。户外运动市场尚未达到一定规模，国内尽管有不少经营户外运动的公司，但不管是产品的质量还是提供的服务都有待改进，行业内并没有能够起到引导作用的龙头企业。西方国家的户外运动产业虽然较为发达，但在我国境内并没有大规模的营销去攻占市场，多数是进行小规模的试销。但我国参与户外运动的人数在逐年增加，对用品和服务的需求也越来越大，这就造成了供需关系的严重失衡。现阶段，户外运动市场中为客户供应产品以及提供组织服务的企业大多都规模较小，即使达成了一定的合作关系，也依然存在着资金周转不足、管理水平有限、服务质量低的问题。企业问题过多，客户很难达到满意值，但却不得不选择这些服务，使得参与者和行业经营者之间的矛盾越来越多。

2. 市场体系缺乏规范管理

经济的发展和生活水平的提高使得参与户外运动的人数逐年递增，运动市场的规模也在逐渐变大。但每一个行业的发展都要经历许多挫折和风波，在初兴起时会出现各种各样的问题，户外运动行业自然也不例外。现阶段，针对户外运动市场的管理不够规范也在很大程度上阻碍了运动市场的发展。

首先，户外产品的价格设置混乱。我国户外运动的经营者大多选择品牌后就不轻易改变，货物购买也是直接和厂家进行联系，在不同的店铺内几乎不会出现相同的产品。户外用品经营店提供给一般的消费者价格往往要高于俱乐部会员的价格，在每年户外用品的旺季，为了拉取到更多客户，不同的俱乐部往往会选择将户外用品的价格一压再压，以期引起运动爱好者的注意。用品店会和俱乐部达成协议，用一样的折扣来对外出售产品，但这些价格基本上都是经营者自己随意指定，并没有得到有关部门的批准和核实，消费者的权益也就无法得到真正保障。

其次，假冒产品数量过多。在户外运动用品的市场中，并不是所有产品都质量上乘，反而有将近一半的产品都是假货、仿冒产品。这些产品大多用料马虎，质量得不到有效保证，存在着很大安全隐患，但价格低廉，对于初接触户外运动行业的爱好者来说，往往会出于经济原因购买这些产品。而假货横行的后果就是真正的品牌和经销商处境艰难。一些经营者为了牟取暴利，还会售卖一些次货、库存货来给顾客，或者是给予经常参加户外运动的老手一些回扣，由他们诱导新手出行，购买质量不过关却有暴利的产品。

再次，盲目追求名牌的畸形发展。户外运动虽然在我国得到了较快发展，但其中有一部分人群却并非真正出于热爱或者兴趣而参加活动，而仅仅是好奇或者跟风。他们对户外运动缺乏足够的了解，对运动用品的品牌知之甚少，只是单纯追求名牌或者价格高的产品。部分商家利用这种错误的消费理念，将户外用品的价格提高，把国内一些真正质量好、价格适中的高端产品来当作低端商品，诱导顾客选择高价产品以获得利润。此外，也有一些顾客认为户外运动是高端人才的聚会，为了满足自身的虚荣心而购买一些假名牌产品，这些产品的质量都难以得到保证，也使得运动装备对人身的安全保障作用消失于无形。在这种错误思想的影响下，其他国家的户外运动用品在我国的销售情况不甚理想，遇到了事业上的瓶颈。

最后，市场服务不够规范。作为以盈利为目的的机构，户外运动俱乐部在开业之前需要到工商部门获取《工商营业执照》，随后接受体育部门的管理，对人员的资质进行审核、认证。申请注册需要满足两个条件，一是俱乐部一定要有一名以上的合格技术人员。这里的合格指的是在中国登山协会经过培训并获取合格证书。二是俱乐部的技术器材要达到相应要求，质量检验通过后方可经营。但现阶段出现在户外运动市场中最为重要的问题是那些自发组织的户外运动俱乐部难以进行统一管理。此外，经调查显示，即使满足了以上两个条件正式经营的户外运动俱乐部，也有着这样那样的问题。比如管理组织松散，俱乐部领队的水平参差不一，在组织户外活动前未能制定详细的计划，大多都是草草了事、缺乏应急预案，不同的俱乐部在组织相同的活动时价格悬殊等等。

总而言之，假如抱以乐观的态度，可以认为户外运动市场虽然存在着诸多问题，但已然具备了不断发展的基础。在以后的路程中，怎样把人们的思想由玩家逐渐转换为市场意识，正确引导民众意识得到提升，使得户外运动市场的规则逐渐规范，是户外运动市场发展亟待解决的问题。中国登山协会负责着全国的户外运动管理，处罚行事都非常谨慎，行业要想得到进一步发展，就要加大对自身的约束力度。有关行政部门也要逐渐加强管理，使得户外运动向着更加健康、规范的方向发展。

3. 户外运动俱乐部经营中面临的问题

我国目前的户外运动俱乐部大多有以下几种经营模式，其一是通过组织各种户外运动，通过运动来带动自身的装备销售，这也是现阶段采用最多的形式，他们会通过不同的促销宣传活动来吸收新的俱乐部成员，举办的活动本身盈利空间非常有限。其二是一些规模较大的运动俱乐部，本身有自己专营的户外用品店，会不定期按照会员的需求来举办一些户外运动，维持俱乐部的人气。其三则是主要为热爱户外运动但却没有聚会场所的群体提供合适的地点，通常以盈利为主要目的。在一线城市内，多数运动俱乐部喜欢采用组织活动带动产品销售的模式，希望以此获得更大的利润，但这些俱乐部的弊端在于他们的产品质量有待提升，几乎没有高质量的装备，即使有也是价格高昂，超出了消费者的承受能力。

很多商业经营者为了尽可能的提高经营利润，推出了免费 AA 的自助活动，并受到了多个行业的好评，户外运动俱乐部也在这种情况下遭受了一定的冲击，这也导致很多俱乐部本身的会员活动制度被束之高阁。俱乐部只能选择真正的纯 AA 制或者是在 AA 制的基础上再收取相应比例的费用的形式来维持人气，从而吸引到更多运动爱好者的加入，把运动装备售卖出去，实现利润的增长。我国的户外运动俱乐部有上千家，正处在较为困难的起步阶段，免费 AA 自助活动施加的冲击使得多数俱乐部举步维艰，有较大比例的俱乐部开始开展向员工进行拓展训练来增加利润空间，谋求一方生存之地。

4. 户外运动培训制度尚未完善

根据调查可以发现，现阶段很多户外运动参与者几乎未接受过相关培训，即使是那些已经有多年户外运动经验的老手，在培训方面的参与度也极其低。我国体育管理部门会不定期组织各种户外运动培训活动，且活动通常有较高的专业性，但价格较高，培训地点仅限于一些固定的城市，培训的主要群体也是专业的户外运动爱好者或者是运动员，有着一定的局限性。户外运动俱乐部也应当组织一些培训班，向会员以及客户进行相关知识的普及，但调查后发现，除了一些规模较大的俱乐部会在一年内举办 2 ~ 3 次的培训活动外，多数俱乐部几乎从未开展过这种活动。而这些大规模的俱乐部即使举办了培训活动，针对户外运动中应当掌握的急救知识和相关技能进行讲解，但参与的人却寥寥无几，这也大大降低了俱乐部组建培训班的积极性。此外，很多参与户外运动的人员都会对俱乐部比较依赖，认为俱乐部本身已经有非常有经验的指导者，出现任何问题都可以找他们解决，参加培训多此一举。而现阶段青年群体中最常进行的自发户外运动则更是对户外运动的危险性缺乏足够的认知，只想在网络平台上获取基础的知识去应对这些户外活动。在户外运动参与者中，也有一部分人想要不断提高自己的技能，但却找不到合适的培训场所。

严格来说，户外运动有一定的危险性，尤其是一些地势险峻的地方，这种危险性更是难以估量，但国内许多户外运动俱乐部在利益的驱使下将这些危险抹去，在对潜在客户讲解时把危险一笔带过，更有甚者会保证客户毫无危险，以此来鼓动意向客户的参与。因为对于户外经营者来说，参与就代表会有更多人去购买设备，会有更多的利润到账，至于顾客能够获得的体验和服务究竟会达到何种程度，已不在他们的关心之列。这种做法虽然在短期内会为经营者带来一定的利益，但无法经得起时间和市场的考验，更无法促使户外运动事业得到进一步的提升。针对我国参与户外的群体进行调查后发现，大部分人都不具备较高的技能水平，且参与的内容形式更加泛化，这种情况应当引起相关部门以及户外运动培训市场的高度重视，采取一定的调控政策，积极开展相关培训，使更多人对户外运动有清楚的认知，对其中隐含的危险有足够的警惕意识，这不仅对户外运动参与者来说是安全参与的保证，也对发展我国的户外运动事业大有裨益。

五、中外山地户外运动产业的比较研究

（一）从政策上进行比较

目前西方国家和我国政府都对户外运动产业给予了高度重视，并且在法律以及经济上都提供了大力支持，力求通过发展户外运动产业来加强民众的身体素质，并在一定程度上带动国家经济的发展。美国是运动产业大国，民众对户外运动多数持有较大的兴趣，而美国政府也制定了相关文件来支持这一行业的蓬勃发展，比如 2010 年发布的《21 世纪美国伟大户外运动战略》、2018 年颁布的《美国体力活动指南》等。在教育方面，美国把户外运动设为学生的必要课程，和社会以及环境教育占有同等的地位，并在户外运动的过程中进行相关环境知识的学习。在应急救援这一点上，美国还专门制定了《国家应急反应计划》，使公民参与户外运动的相关人身权益得到充分保障。这些法规和文件的颁布既充分证明国家对于户外运动的认真态度，也表明其规定和政策文件非常完善。我国有关部门在 2014 年颁布了《关于加快体育产业促进体育消费的若干意见》的文件，再如 2016 年国家体育总局等 8 部门联合印发的《山地户外运动产业发展规划》等。这是政府部门对户外运动引起重视的表现，但具体来看，我国相关的法律以及政策规范内容较少，无法形成一个成熟的政策体系，需要进一步加强。

（二）从社会条件方面进行比较

1. 户外运动的参与度

对比中西方国家的户外运动参与度，就能看到我国户外运动与其他国家的差异。根据调查，西方国家的旅游业收入中，户外有70%的占比，这些户外旅游的形式主要是参加各种户外运动，以此来放松身心，娱乐休闲。欧美国家的户外运动参与度是非常高的，2017年有1.44亿美国民众参与，约占美国总人口的一半；而法国民众的参与度已经超过了50%；德国更是有58%以上的户外运动参与者，其参与的运动形式也多种多样。这些数据都表明，在西方国家，户外运动显然是以一种大众化的形式而存在的，它已经成为这些国家人民的生活形态。但在我国，尽管户外运动发展势头迅猛，但其范围始终局限在高学历、高收入的人群中，普及度和参与度都远远落后于西方国家，以2020年为例，我国16至45岁的居民中参与过户外运动的人数占比超85%，但在美国，这一数据在1998年已经达到了89.96%，尽管随着户外运动的兴起，这一数据差距已经逐渐缩小，但依然有着较大的距离。

2.NGO组织的数量

NGO组织，是Non-Governmental Organizations的简称，即非政府组织，它是一种新兴的在公共管理领域作用日渐重要的组织形式。目前欧美国家的NGO组织数量非常多，且规模不一，一些较大的组织还可以由不同国家组成，来共同促进户外运动产业的规范化发展。美国著名的高山救援协会成立于1950年，它是国家级别的救援组织，有着非常齐全的配套设备，且在美国各州设有分会，并设立多个救援中心。这一协会的主要成员是登山专家和志愿者们，他们尽自己所能进行高山救援以及各种安全知识的教育和培训，只要风险、意外一出现就即可启动应急预案，并在最短时间内进行救援。户外运动产业极其发达的法国成立了国家登山滑雪学校，学校接受国家体育部的管辖，拥有着非常完善、成熟的教育体系，培养出了很多出色的向导以及登山家。法国很多户外登山活动有高山向导带领，向导还承担一定的法律责任，他们有着高超的技术和非常丰富的经验，能够最大程度地保护游客的安全，也因此在世界各国享有盛名。1948年，法国连同德国、奥地利、瑞士等国家成立了国家高山救援组织，形成了世界规模的合作组织，以此促进每个国家户外运动的合作和发展，及时为登山者们提供帮助或者救援。2003年，欧洲19个知名户外公司共同组成了欧洲户外联合会，随着户外运动的发展，参与的国家已经达到了70多个。

我国NGO组织中，只有中国登山协会是全国性的机构，其他的机构有中国科学探险协会和一众民间组织团体。中国登山协会对推动我国登山运动发展的规范化，起到了重要的促进作用。中国科学探险协会在1989年成立，其主要成员是对科学探险事业有强烈兴趣的科技工作者、对探险事业的发展足够关心和支持的有志之士，他们遍布五湖四海，共同创建了以学术研究为目的、不获取盈利的全国性组织，大力倡导青少年和自然亲密接触，向他们普及户外运动的健康观念，使他们通过参与这些形式多样的户外活动对大自然有更深刻的认识，在活动中享受自然带来的乐趣，并尊重自然。协会还会积极地推动民间俱乐部的发展，促进俱乐部发展规范化，为我国户外活动参与者获得更好的运动体验创造条件。

近年来，中国登山协会开始大力推进群众登山活动及与登山相关运动项目的发展。全国群众新年登高、群众登山大会、全国露营大会、全国徒步大会、青少年登山夏令营等已成为深入民心的品牌活动，使登山户外运动成为老百姓喜闻乐见的健身活动。攀岩攀冰、山地户外、拓展、滑雪登山等项目蓬勃发展，先后举办了多次国际及全国比赛，部分项目还在国际赛事中为国争光，取得诸多骄人成绩。同时，协会还十分注重登山户外人才的培训及与国际登山界的交流等方面的工作，与时俱进、开拓创新，持续致力于为中国登山户外事业的大发展贡献力量。

我国户外运动的民间组织团体中以蓝天救援队较为出名，它的组成依赖于众多对户外运动和公益事业极具热情的爱好者，主要目的是增强户外运动遇险的救援效果，并为了最大程度地实施救援，在全国各个城市都设有分站。蓝天救援队有着非常专业的培训体系，无数优秀的户外救援人才自协会走出去，走进户外运动人群中，为户外救险事业献出自己的力量，极大地促进了户外运动事业的健康发展。

（三）从市场发展和人才培养进行比较

1. 市场发展比较

欧美国家的户外运动历史已经有上百年，在不断的磨合中已经逐渐摸索到了市场的客观规律，取得了非常可观的发展，市场前景非常广阔，欧洲地区有着最大的户外运动市场容量，美国则位列第二。在亚洲地区，韩国、日本、中国的户外运动消费能力都非常强大，尽管其户外运动用品的销售额和欧美国家依然存在着不小的差距，但整体增势十分喜人。我国的户外运动产业发展也十分迅猛，在亚洲各国中已然位列前茅，不管是户外运动的参与度还是户外用品的市场规模都增长较为迅速，超过了原本发展较好的日本，位居韩国之后。虽然和欧美国家尚有一定的距离，不可能在较短时间内实现超越，但人口基数大、市场需求大的优势决定了我国的户外运动产业必然会迎来更加出色的发展，实现质的飞跃。

2. 人才培养比较

西方国家发达的户外运动产业证明了一个真理，即户外运动产业要想得到进一步发展，培养出专业的人才是先导条件。欧美地区国家的户外运动经过百年的发展，在人才培养方面已经形成了非常成熟的教育体系，且培养准则细致而严格，以期最大程度地保护参与户外运动者的人身安全。在户外运动产业极为发达的法国，选择滑雪、登山、漂流等户外运动专业的学生，除了要获取救护人员的文凭外，也要熟练掌握户外知识，参与户外运动的次数要达到 65 次以上。此外，户外运动需要学生的技术过关、具备过硬的心理素质和良好的身体素质。为了使学生能够真正地学到户外运动的知识，学校设置的课程以及最终的考核都十分严格，同时还针对年龄作出了详细的规定，17 ～ 25 岁区间的学生在完成基本的专业课程知识学习后要进行为期两年的实习，并经过严格的考查，合格之后才予以颁发有关证书和文凭。除了对高等院校的学生严格要求外，欧美国家也非常注重小学生、中学生的户外运动能力培养，在相应的课程中加入了有关户外运动的内容，使他们在学习文化知识的同时不忘记锻炼身体。此外，欧美地区针对户外运动的培训机构数量众多，专门对从事户外运动的人开展培训，培训完成考察合格后方可上岗。但观察我国的人才培养体系可以发现，针对户外运动并没有形成科学、系统的教育体系，整个培养机制都不完善，社会中的培训机构更是寥寥无几，户外运动的专业人才始终处于匮乏状态，多数户外运动的参与者都缺乏足够的运动技能和危险意识，针对学生开展的户外活动内容更是少之又少。

综上所述，我国针对户外运动的人才培养和欧美国家比还有非常大的差距，需要不断努力才能实现进一步的发展。

第二节 发达国家山地户外运动产业发展对我国的启示

一、注重社会引导和普及

户外运动有着非常广阔的发展前景，我国政府和相关部门应当注重社会引导，大力普及正确的户外运动观念，使民众树立起积极参与户外运动的意识。户外运动在我国初兴起时，我国民众对其认知局限于以下两个方面：一种认为户外运动具有极强的探险性质，它是在向自然和生命挑战的极限运动，带有较大的危险性，这种认知在今天依然存在。第二种则认为户外运动是奢侈的，其价格高昂，是那些有一定经济实力的贵族或者精英人群才能参加的运动。这一认知在多数人脑海中根深蒂固，即使户外运动现在已经得到了较大的发展，但结合现阶段参与户外运动的人群比例，不得不承认户外运动依然是一项小众运动，主流群体的特征主要是学历高、收入高。受这两种片面的认知影响，我国户外运动的推广和普及始终未能达到预期的效果，户外运动用品的市场也未能得到有效挖掘。

如今，户外运动的快速发展使得参与群体的队伍日渐壮大，其影响力也在悄然变大，民众对于户外运动的认识逐渐发生了转变，一些“大户外”“科学户外”的概念陆续涌现出来，“户外”被更多人形容成和城市生活对立的一种生活状态，赋予了除挑战与刺激外的更多内涵，鼓励人们从钢筋混凝土包围的城市中抽离出来，走进大自然，在各种户外活动中释放工作和生活的压力。

“大户外”这一概念的不断推广使得民众愿意迈出第一步，去尝试进行户外运动。而我国政府部门则应当在这中间起到保驾护航的作用，担负起应有的责任，并积极采取各种措施来引导民众积极参与，使其树立起正确的户外运动意识，养成良好的运动习惯。和西方国家相比，我国的户外运动起步较晚，发展时间短，许多人对户外运动缺乏足够的了解，需要借助媒体以及网络的宣传来促进其进一步发展。最近几年来，我国提倡全民健身，体育以及相关部门组织了很多户外运动比赛，媒体的积极参与和报道也使得户外运动被愈来愈多的人知晓。但由于户外运动本身涵盖的内容十分广泛，多数人对其认知都停留在徒步、攀岩、登山等项目上，诸如穿越、山地速降、溯溪等活动则只有少部分人知晓，对此政府应当鼓励媒体加大宣传的力度，使这些运动项目得到更广泛的普及，在这一过程中，政府也可以提供相应的经济支持和政策扶持。言而总之，户外运动的发展离不开正确的引导，政府、媒体都应当积极发挥引导作用，培养更多人具有健康的户外运动理念。

二、健全制度和法规体系

（一）建立严格的市场准入制度

我国的户外运动发展时间有限，相关体制建设都不健全，因此建立严格的市场准入制度十分有必要，可以在很大程度上使户外运动产业经营趋于规范化。市场准入制度具体指的是国家对进入市场的主体是否具备相应资格的确立、审核以及确认的制度，包含市场主体资格的实体和主体两个条件，它以相关法律为依据，对进入相应市场的主体资格条件、程序作出严格的规定，通过层层审批和登记之后方可准许其进入市场。针对户外运动市场的准入制度主要目的是保证户外运动的安全和规范，只有符合了一定条件的生产者才可以从事户外运动的生产活动，符合了一定条件的运动企业才可以经营户外运动用品的销售。在我国，户外运动的市场准入制度主要是监管各种运动俱乐部的经营情况。

现阶段国内的户外运动俱乐部数量已达上千家，但有关行业准入缺乏规范化管理，户外运动俱乐部存在着各种问题，诸如管理混乱、无证经营、资质有待确认等现象层出不穷，在很大程度上影响了户外运动产业的发展，建立严格的户外行业准入制度，加大对各个运动俱乐部的管理、监督力度刻不容缓。政府要每年对俱乐部进行检查，查看从业者是否具备资格证书，俱乐部的经营业务内容是否违反法律规定、资产状况是否合法等。如有俱乐部未能满足相应法律法规的要求，责令其限期内改正，达到相应标准后方可再次经营。假如拒不整改或始终不合格，则给予其吊销经营许可证的处罚，收回其《企业法人营业执照》。唯有在市场准入制度下对户外运动俱乐部进行严格约束，使其逐渐规范化，才能保证户外运动行业的发展有序进行。

（二）完善相关法律法规

俗话说，无规矩不成方圆，任何行业的发展离不开法律法规的约束和管理，但户外行业由于发展时间短，有关法律法规并不完善，起到的管理作用就相对有限。我国政府以及相关管理部门应当对这一问题给予更多关注，加快制定有关法律法规的进度，以满足不断发展的户外运动的需求。针对已经存在的法律条文要加以研究，删除其中不适用的部分，细化原本较为笼统的内容，使得法律条款得到进一步完善。行政部门则要注意执行与监督各项法律条文的力度，对那些严重违反法律规定的企业要及时取缔，并给予相应的惩罚。户外运动的快速发展意味着更多人参与到户外用品的销售中来，经营户外用品的商家数量递增，而不论他们是出售相关用品还是组织户外运动，都和消费者的利益息息相关。因此有关部门要出台法律条文来切实保障消费者的合法权益，保证户外运动用品市场的健康发展。同时，针对户外运动中可能产生的纠纷及时建立起快捷有效的解决机制。由于户外运动本身充满了不确定性，在活动过程中不可避免会产生各种纠纷，但国内在处理这些纠纷时却没有对应的法律依据，无法对相关责任人进行具体的处罚，也就使得户外运动无法可依。所以，完善纠纷处理的法律规定，使每个有责任的人员都得到相应的处罚，每个受损失的参与者都得到相应的补偿，是户外运动市场亟待解决的问题之一。对于现阶段的户外运动市场来说，唯有不断健全法律规定，相关部门以及参与户外运动的每个人都严格遵守这些规范，才能使户外运动向着更加科学、健康、规范的道路上发展。

三、完善安全保障体系

（一）户外保险体系

户外运动本身有着较大的风险，即使做好万全准备也很难避免意外发生，所以保险对于每一个参与户外运动的人来说都至关重要。现阶段我国保险行业取得了重大发展，但有关户外运动的商业保险种类有限，且许多人对保险的认知出现了偏差，导致我国户外运动群体中购买保险的人占比有限。对此，政府应当鼓励保险公司完善保险制度，为运动者提供更高的安全筹码，主要可以从以下三方面进行：

首先，添加人身意外险。针对户外运动的保险种类应当适度增加，各个保险公司可以选取不同种类的户外运动进行开发，为民众提供更多险种，也可以增加保费，把保险的范围适当扩大，提供更全面的保障。针对户外运动的危险等级作出分类，使运动者投保更加便捷。

其次，俱乐部应当和保险公司达成深度合作，维持长久的合作关系。保险公司可以和户外运动俱乐部以及其他正规的户外运动企业达成合作协议，进行联合营销，针对不同的户外运动项目专门制定保险方案，或者结合户外运动的路线加以整合、包装，提供“一站式”服务。

最后，国内的保险公司可以积极寻求和国际保险公司的合作机会。在合作过程中不断学习他们的优秀经验，将户外保险企业中有关个人专项的保险险种、救援医疗险种引入我国境内，并结合实际情况作出修改，不断完善我国的户外保险系统。

（二）创建完善的户外救援体系

西方国家的户外运动由于发展时间较长，救援体系也相对成熟，既有专业性较强的政府组织，也有自发的民间组织。1948 年美国成立的高山救援协会主要成员就是努力进行高山救援的专家志愿者们，他们凭借高超的技术和丰富的经验，已经参加了多次救援活动，而政府和民众也给予了足够的经济支持。但我国的户外救援尚未形成完整的体系，救援队伍专业知识有限，救援设备无法满足要求，各个部门之间的权利和责任规定不明显，在意外发生时互相推脱从而失去救援的最佳时机，这些问题都需要及时得到解决。目前，我国有关部门已经意识到了问题的严重性，着手筹备建立完善的户外救援体系。在创建时，应当积极吸取国外的优秀经验，制定相应的联动救援计划，创建一个政府部门负责主要管理，社会各界踊跃参与，户外运动企业能够完善安全保障措施的联动救援机制。此外，和国外的救援组织达成合作，积极组织各种救援演习也是不错的方法，可以在互相合作的过程中交流经验，使国内户外救援体系不断得到调整和优化，为户外运动产业安全发展保驾护航。

四、注重户外运动专业人才的培养工作

户外运动和一般的体育运动不同，它和自然会有更加亲密的接触，多数在河流、野外等地进行，危险多数是隐蔽的。因此其风险更大，需要具备足够专业的理论知识和丰富的运动经验的人带队，才能最大程度地保障参与者的安全。从这个层面来说，专业、优秀的户外人才数量在很大程度上决定了行业会发展到何种程度。正因专业人才举足轻重的作用，对其资格的考核以及资质的审查才应当更加严格。目前我国市场上优秀户外人才的数量严重不足，加强人才培养工作已经成了刻不容缓的问题。具体可以从以下两点着手进行：首先，加强高等院校、高职、中职类院校的人才培养工作，加设户外运动专业，从而培养出不同层次的专业户外人才，以满足各个阶层的不同需要。例如，西藏民族大学山地户外运动学院与西藏自治区体育局采用“订单式”人才培养模式，确保山地户外运动人才培养的质量和规格。在此过程中，相关政府要积极提供教育资金，鼓励他们积极参与各种户外运动，并把这项运动当成自己的事业。其次，加强户外运动培训工作的力度。各个户外运动俱乐部中的教练以及领队都要接受严格的培训，在掌握了户外运动的知识和技能并取得相应的资格证书后才能上岗。比如户外运动的领队要去中国登山协会进行培训，培训结束并获得协会颁发的“户外领队从业资格证书”后才能组织、带领其他户外运动参与者进行活动。

五、促进户外运动经营用品的品牌发展

（一）完善管理，保持价格优势

户外运动产品应该注重供应商、经销商间的深度合作，不断完善价值链平滑

管理。在不降低产品质量的基础上研发新的技术，使生产成本、流通成本、管理成本在一定范围内降至最低，从而在产品的价格上取得较大的优势。

（二）注重研发和设计工作

为了保证户外运动参与者的安全以及对户外运动的探索，有许多西方国家的户外品牌者积极创新，把先进的科学技术融合到户外用品中。这些有着强大功能的设计必然也会赋予户外运动产品更多的功能，从而最大程度地吸引顾客消费。目前我国很多户外运动依然是使用价格优势来吸引消费者，这种方式或许在短期会促进产品的发展，但参与户外运动的人群必然会随着经济的增长而不断增加，消费者对于户外运动用品的质量要求必然也会越来越高。唯有对相关用品进行深入的分析并作出创新，开发出更多高科技、高质量的户外运动用品，才能满足行业以及社会发展的需求。

（三）创建有特色的户外运动品牌

品牌对于民众的影响是巨大的，它是一种宝贵的资产，有着极强的凝聚力，好的品牌可以促进企业的发展，同时也加大企业、产品间的竞争力度。不同的品牌有着不同的文化内涵，其代表的理念不同，营销的方式和策略也要相应地进行调整，顾客一旦接受了品牌的文化内涵，也就意味着接受了品牌鼓励的生活方式。西方国家的户外运动品牌之所以能够得到快速发展，很大原因在于他们对市场做了深入调查，结合实际情况塑造有特色的品牌文化，民众也愿意接受这种户外理念，并逐渐形成对品牌的依赖，成为其忠实用户。我国户外市场尚没有较大影响力的户外运动企业，在发展的过程中要积极学习西方国家的优秀经验，结合我国博大精深的文化内涵，构建有中国特色的运动品牌。

（四）做好户外运动产品质量把控

户外运动行业要想得到长远发展，过硬的产品质量是必不可少的，户外运动所特有的风险性以及专业性决定了参与者在选择户外运动装备时应当慎之又慎，产品质量的好坏和其人身安全息息相关，针对户外用品的质量认证必然会在未来成为不可或缺的程序，那些假冒伪劣的运动产品不仅会被市场所淘汰，同时也会受到相关部门的严厉惩罚。现阶段我国也有不少户外运动用品的企业，但质量参差不齐，发展得并不规范。西方国家的户外运动产品相对来说质量上乘，深受户外运动群体的欢迎，为了在激烈的竞争中获得一定的利润，国内的一些中低端品牌为达成降低成本的目的，所选用的材料并不合格，导致产品质量较差，最终在户外运动市场中失去了容身之地。因此，要想在规模逐渐扩张的户外运动市场中分一杯羹，只注重价格优势是不可取的，更应该做好产品的质量把控工作，不偷工减料，严格按照生产工艺制作。

（五）充分利用网络平台，加大营销力度

全球已经进入了信息时代，互联网的飞速发展以及信息技术的广泛使用使得网络在人们的生活中有着更加重要的地位。在网络时代，信息的传递不再受到时间和空间限制，网络营销也成了众多行业首选的营销方式，它的成本较低，传播范围广，只要能够进行合理利用，就会取得事半功倍的效果。许多新媒体平台的飞速发展也可以作为营销的重要方式，比如各种普及度非常高的抖音、快手、小红书等 APP，只要选取的内容合适，就能够在很大程度上推动户外运动品牌的普及。此外，我国户外运动发展的中坚力量是俱乐部，它同时也是各个户外运动品牌宣传推广、互动营销的主要载体。结合现阶段实际情况，注重调整俱乐部宣传品牌的方式和策略，能够大幅提升户外品牌的知名度。比如俱乐部可以结合时下的天气和时事组织对应的户外活动，引起青年群体的注意，使更多人有兴趣参与其中，达到为品牌做宣传的目的，从而把户外运动产品在活动的过程中售卖出去。

（六）促进资源整合，达成深度合作

目前我国很多户外运动俱乐部有着狭隘的认知，把其他俱乐部当作竞争对手，这种错误的思想使得他们各自孤军奋战，得到的户外运动市场信息以及资源有限，自然也限制了其发展的步伐。唯有把拥有的资源全部整合起来，创建合作平台，构成合作联盟，互相帮助，共同进步，才能实现商业一体化，获得更大、更好的发展。此外，俱乐部可以梳理所组织的运动项目并与之达成合作关系，便于安排户外运动的行程。俱乐部和旅行社要建立起合作关系，把一般的户外旅游活动和户外运动巧妙结合起来，使顾客得到不一样的户外体验。另外，受地理环境和经济发展的限制，我国户外运动市场存在着各地资源不均衡的情况，比如东部地区的经济较为发达，市场潜力很大，但却缺乏足够的资源，中西部地区有着极其丰厚的自然资源，但却苦于经济发展落后得不到开发利用。针对这种情况，积极采取有效措施，把两个区域的不同优势加以整合，弥补各自的不足，对两个地区来说是互惠共赢的结果，同时也会使户外运动进一步发展。

第五章 山地户外运动产业体系的科学构建

第一节 山地户外运动产业文化体系的构建

山地户外运动既是一种体育文化，又是一种休闲文化，它可以说是二者的有机结合。本部分重点阐述了如何构建山地户外运动产业文化体系，首先具体阐述休闲体育文化的内涵。

一、休闲文化和体育文化

人来自大自然，但是人在从事各种社会活动的过程中逐渐成了社会人，更多地注重外部世界的变化发展，反倒忘记了自身的本根。而“休”就能够帮助人类重返自身、发现自身。人是大自然的一部分，大自然在参与人类生命活动的过程中也变成了人的一部分，人和自然逐渐地融为一体。“闲”在古代的意义是指私人空间，也就是个体将自身的生活方式表达出来的场所，具有法度规矩的意味，其后它又引申出了伦理道德方面的意思，从这个角度来说，“闲”是具有一定感情色彩的。

休闲文化的产物在古代就已经出现了，比如古代提出的射、御都包含了体育成分，从中能够看出体育在整个人类活动中占据着不可小觑的地位。它是人类文化活动不可或缺的一部分。

休闲和体育二者的有机融合便造就了休闲体育文化。许多专家学者从不同的角度对休闲体育文化下了定义，部分学者指出，休闲体育文化即人在闲暇时间为了娱乐和休闲而依照爱好选择展开某种活动，并在此过程中所形成的所有态度、观念和情感价值等的总称。也有学者指出，休闲体育文化就是指人们在可自由支配的时间内，在休闲体育活动的体验过程中产生的一种文化创造、文化欣赏以及文化构建的行为方式，其中既包括人的情感意志，也包括人的世界观、人生观和价值观。由此可知，尽管学者们对这一概念的看法具有差异，但是从本质上来说它们是相同的。所以，我们这样概括休闲体育文化的定义：有机结合了休闲体育物质文化、精神文化以及制度文化的统一体。山地户外运动文化作为休闲体育文化的重要组成部分，也具有休闲体育文化的特点。

（一）休闲体育文化结构的层面

1. 物质层面

从物质层面来说，休闲体育文化包含着十分广泛的内容，实际上凡是和休闲体育活动有关的内容都能够被涵盖其中，比如运动器械、运动场所、运动装备等。从休闲体育场所方面来说，无论该场所是天然存在的还是人工造成的，它都被涵盖在其文化物质层面的内容之中。

2. 价值观念层面

休闲体育文化的价值观念，具体指的是人所持有的体育观念和休闲观念，还有对于相关方面的看法和见地等。人们往往会依照自己的现实需要选择开展某种休闲体育活动，而通过这种行为无疑可以看出他对休闲体育活动所持的观念和态度等。在参与休闲体育活动的过程中，还可以看出人们对休闲价值观念的认识。通过参与休闲体育活动，人们既能够达到强身健体的目的，深化自身对休闲体育项目的认识，又能够对休闲体育价值体系进行深入的挖掘和创新，促使休闲体育将其应有的作用充分地发挥出来。

3. 制度层面

休闲体育也能够将社会的社会制度体系特征反映出来。首先，通过它能够知道当前社会是如何对闲暇时间进行安排的，并且能够大体反映出目前社会环境下人们的生活质量如何。其次，从制度方面来说，为了确保公民体育活动的正常进行，国家出台了许多相关领域的法律法规，为公民参与休闲体育活动的权利提供了法律保障。最后，无论何种休闲体育活动，它的比赛规则、运动方式等都是有别于其他活动的，唯有如此，该活动才能够更顺利地开展下去。

4. 休闲层面

体育运动在日常生活中已经成了人们的一种重要的休闲生活方式。从个体的角度来说，体育运动实质上就是行动的一种。然而，相较于别的休闲活动而言，休闲体育运动既能够表现人的自然属性，又能够体现人的社会属性。首先，休闲体育活动有其开展的必要前提，即它应当是人的行为方式，并且它能够让人类的本能运动需求得到较大的满足。其次，从内容的角度来说，体育活动这种运动方式具有突出的社会化特征，能够让人的社会性需求得到较好的满足。除此之外，一个人究竟会参与和开展何种休闲体育活动，在很大程度上反映着他对体育运动的认识，以及他的生活态度和价值取向等。

（二）休闲体育文化的价值

1. 让个体自我完善能力得到强化

若是个体在较长的一个时间段内从事某种活动，那么他就极易出现身心疲惫的情况，这十分不利于个体挖掘自身的潜力。相关研究表明，适度地开展体育休闲活动能够令上述情况得到极大的改善。毫无疑问，个体往往会选择参加自己喜爱的休闲体育活动，因此通过开展这些活动，个体能够极大地放松自己的身心，在获得更优体验的同时实现自身的进步和完善。除此之外，休闲体育不同于竞技体育，它不具有较为突出的功利性和竞争性，所以人们往往不会过多地受到物质因素的限制，能够更加充分地依照内心意愿选取自己喜爱的运动方式，并且从中得到较多的满足感和愉悦感，在发现和挖掘自身价值的同时令自己变得更加完善。

2. 达到解放个体精神的效果

社会中不存在绝对意义上的自由，因此，人们需要借助必要的方式实现自身观念里的自由，其中一种关键方法就是解放自我精神，让自己不再过多地受到外在的束缚。实际上，经常参加各种休闲体育活动的人往往更能够达到这种状态和效果。首先，参加休闲体育活动的个人往往拥有较为充分的自由，他们能够依照自己的爱好和现实情况选取最为适合自己的体育活动项目。其次，个体能够自主地选择加入运动团队，决定自己的运动强度等，能够和自己较为喜欢的人共同展开休闲活动，这有利于他们更好地放松身心，暂时放下自身肩负的重担和压力，在较为愉悦和轻松的环境中充分享受精神上的放松和自由。

相较于传统体育运动而言，休闲体育运动的规则较为宽松，且并不强调个体追求更好的比赛成绩。因此，人们在参加休闲体育活动的时候，无须开展高强度运动，也不必挑战自我，而是在活动中享受自由，放松自我，解放自己的精神。

体验是个体参加休闲体育的一个重要目的，他们在活动过程中能够体会到多种感情和心境，并且能够实现对自己的适当挑战，在参与过程中充分体验到运动所带来的巨大乐趣。

3. 推动社会现代化文明的进步发展

社会经济的进步发展带动了物质文明的提升，这无疑让休闲体育运动有了更加坚实的物质保障，对休闲体育的进步发展起到了极大的推动作用。相反地，休闲体育运动的发展也对社会的整体发展起到了一定的促进作用。

目前，知识成为推动社会生产力发展的重要因素，人类社会需要更多的脑力劳动来促进生产力的提升。相关研究表明，脑力工作者若是能够开展一些适当的休闲体育活动，对他们工作将会起到较为明显的积极作用；除此之外，脑力劳动者也对休闲体育活动起到丰富和促进作用。

休闲体育能够增进人与人之间的沟通交流，能够给人提供更多的合作机会，这实际上能够推动社会现代化文明的进一步发展。目前，人们的生活已经离不开休闲体育这一活动，它成为人们解放精神、强身健体、调节情绪的有效方式。

二、休闲体育和人的社会化

人的社会化这一概念隶属于社会学范畴。社会学之中的社会化和平时提到的生产社会化、保障社会化中的“社会化”是存在差异的，它们的含义具有较大的差别。平时生活中所提及的社会化具体指的是社会生活所呈现出来的一种趋势，属于一种标准化、集中化的活动。而社会学中所说的社会化则具体指的是人成长和发展为一个社会人的具体过程。

社会化具体包含以下两个层面的意思：第一，个体融入社会的同时吸收和接受社会的知识文化，逐渐形成自己的个性和行为模式；第二，个体能够反作用于社会，能够对社会进行变革、发展和改造等。也就是说，社会化的过程是个体和社会环境彼此影响、彼此作用的过程，它既包括个体接受既有的社会关系和文化，并发展成一个社会个体，同时也包括个体积极能动地改造社会文化和当前的社会关系等。

所以可以说，一个人的社会化就是指作为独立个体的生物人，在社会交互作用的前提下进行社会文化学习，并且适应社会生活、再现社会经验、影响社会、创新社会生活和社会文化的过程。一个人的社会化具体包含下列几层含义：第一，人类个体通过长期的社会教化和自我内化过程，习得了一些社会上的价值观念和知识技能，并且逐渐塑造起一定的心理品质和个性，让自己在适应当前社会生活的同时能够对社会文化进行有效的传承；第二，个体能够将自己的本质力量、社会属性等积极地对外释放，从而对社会发展带来一定的推动作用。因此，人的社会化过程从本质上来说就是人类个体经过学习、参与、适应成长为社会人并对社会施加一定影响的具体过程。唯有人类个体顺利地实现社会化，社会才能真正得到进步和发展。在社会化的过程之中，个体能够逐渐形成在社会中正常生活所需的人生信念、个性品质、行为方式和价值观念等。

体育社会化，即在体育领域所进行的社会化进程。体育本身就是一种社会现象，但同时它也是随着社会的不断发展而产生的，它能够反作用于社会发展，为社会发展提供一定的推动力。从古代开始，体育活动就已经出现在人们的生活之中，并且“经久不衰”，这是因为它和社会及人类自身的发展有着极为紧密的关联。从体育产生之初，它就和人的社会化密不可分，并且后来慢慢发展成对人的社会化起到重要推动作用的一种有效方式。

因此，体育社会化从本质上来说就是充分发挥体育作用以及人的相互作用，更好地实现人的社会化的过程。在这一过程中，个体发展和社会化发展有着极为密切的关系。除此之外，在体育发展的具体过程中，它已经成了人类生活的重要组成部分，对人类生活的诸多方面都产生着影响，并且和政治、思想、社会经济等领域的变革紧密联系起来，成为人人知晓并主动参与其中的重要活动。人民生活和社会发展都无法和体育相脱离，由此可以知道，体育是目前整个社会都十分关注和注重的伟大事业之一。目前，体育的发展不再仅仅依靠国家的支持，它已经得到了整个社会的关注和支持。也就是说，体育在其发展的历史进程中也定然要历经社会化过程，这就是体育社会化。

相较于人的社会化，体育社会化在内容、领域、作用方式等方面都有其独特的特点。和体育社会化相关的诸多问题都关系着体育事业将来的进步和发展，而人的社会化则更多地和生存繁衍等方面相关联。前者更注重探究人们参与体育的方式；后者则更注重分析和社会运行、发展等有关的事务。换句话说，前者以体育的可持续发展作为其主要方向和道路；后者则更注重人的可持续发展，并继而延伸到整个社会的可持续发展。

作为人类的一项重要活动,体育在人的社会化进程中发挥着十分重要的作用。若是青少年在成长时没有开展足够的体育活动，那么他们的社会化进程就存在着一定的缺陷。对于成人来说，若是没有参与相应的体育活动，那么他们的社会化进程同样是不完善的。目前，伴随着社会经济的进步和发展，人们有了更多的业余时间，也比以往更加关注体育活动。这一点主要通过以下几点表现出来：一是政府对开展体育活动给予了大力支持；二是新闻媒体的舆论引导人们更多地开展体育运动；三是个人比以往更加积极地参与到体育活动之中。以上种种都较大地推动了体育的社会化进程，人们参与体育运动的广度和深度也较以往有了较为显著的提升，人们能够通过更加广阔的界面接触到体育运动，这在很大程度上推动了体育对人的社会化发展。

（一）体育社会化与人的社会化之间的社会互动

社会互动具体是指社会上不同群体之间、不同个人之间，或者是个人和群体之间借助传播信息的形式所形成的具有一定依赖性的社会交往活动。体育社会化和人的社会化二者之间的互动，具体是指二者都能够推动彼此不断向前发展。

1. 文化互动

要想实现人的社会化，必然需要文化作为一定的依托和基础，它不仅是人类生存繁衍不可缺少的重要条件，还是人类进化可以预见的一种趋势。文化互动，可以说是体育社会化的一种基础性条件，同时它也是人的社会化不可缺少的关键条件。如今，世界全球化趋势愈加明显，信息科技也实现了跨越性发展，人的社会化和文化之间有了更加紧密的联系和更加频繁的互动，有时甚至突破了时间和空间的制约。比如在开展山地户外运动的时候，可以借助媒体平台和不同地域、国家的人们展开互动。从个体角度来说，需要将体育运动、山地户外运动、健康方面的知识普及给个体，并且将健康的生活方式传递给更多的人，促使他们保持健康的心理状态，增强他们对当今社会的适应能力。

2. 价值观念互动

人的社会化过程，从本质上来说就是传递社会文化并对其加以内化的过程。在该过程中，比较重要的内容就是价值体系和社会规范。其中，价值体系指的是某个国家的社会、人民或者民族所共同认可和接受的信仰、理想或者是信念。以此种价值观为基础，人的社会化和体育社会化才可以帮助人们更好的掌握健康方面的知识和正确的体育价值观念。

3. 社会规范互动

社会规范受到诸多方面的制约，比如法律方面、道德内涵方面等，同时也受到一定程度的自我约束。实际上，体育社会化在一定程度上建构起了一个类似于社会规范的环境，其中存在着一些必要的社会规范。一般来说，人们都会较为自觉地遵守体育场所的相关规定和规则，并约束自身的行为，让自己能够更加顺利地适应当前的社会生活，使自身更符合自己的社会角色。因此，在体育运动领域不可缺少的环节就在于创建良好规则。除此之外，在社会化过程之中也要依照时代的发展程度适当地调整规则，以确保整个社会生活能够正常有序地开展。所以说，从遵守规范的角度来说，二者存在一致性。

4. 个性发展互动

通常来说，个性包括个性心理特征、个性倾向性这两大部分。体育运动能够潜在地使人的性格、气质、能力等个性心理特征发生一定的改变，并且能够促使人将良好的个性倾向性建立起来，比如树立良好的信念、理想，形成良好的兴趣等。在体育社会化的具体过程中，人能够释放自己的运动天性，使自己的健美理想得到一定程度的满足，所以说它和人的社会化具有类似的特点。另外，在体育社会化过程中，人会形成愈加明显的竞争意识、参与意识、协同意识、群体意识等，这些对人的社会化发展也能够起到极大的促进作用。目前，有愈来愈多的人加入到体育社会化的进程之中，这在很大程度上使人的意志品质、个性等方面得到了较好的发展。

此外，运动人员经过较长一段时间的训练，往往能够形成比较优秀的意志品质和个性，我国的广大民众也会向他们学习，并将他们视作榜样。由此可知，体育在具体的社会化过程之中也能构建更多的精神食粮提供给社会，从而对人的社会化起到重要的推动作用。

5. 情感互动

体育运动实际上具有较为饱满的感情色彩。在体育社会化的过程之中，人们更加向往人际交往中的亲和感，以及一种力争上游的自豪感和荣誉感。在体育运动中，人们能够获得复杂多样的情感体验，人的多种情感需求都能够得到一定程度的满足。

6. 生活技能互动

体育社会化过程中的一个重要目标就在于对人们参与体育的意识进行培养，让更多的人参与到体育活动中来。体育技能在达成这一目标的过程中发挥着重要的桥梁作用，能够让人们的基本生活技能、运动技能等得到一定程度的提升。

除此之外，体育技能还在人的社会化过程中对人与人之间的沟通起到促进作用，人们所学会的相关技能越多，就更乐于参加各种体育运动并且和他人展开互动。总的来说，人的社会化过程对人的运动技能水平起到一定的促进和提升作用；体育的社会化进程则有效地提升了人们的生活技能。

（二）人的社会化与体育功能的交叉性

人的社会化过程具体指的是人由最初的“生物人”转变发展为“社会人”的过程，更多是指人自婴儿时期成长到青年这一阶段所发生的社会化，其内容在于：学习基本的生存和生活的手段；掌握社会正确的行为规范；确定恰当生活目标，树立科学、健康、正确的价值观念；培养社会角色。

从个体方面来说，人的社会化指的是人类个体继承和学习人类各种文化知识和经验的具体过程，是对人们适应社会所提出的一项基本要求。从社会的角度来说，要想实现国家和民族的繁荣和进步，要做的一项必要工作就是提升群众的民族素质，而民族素质毫无疑问，就是人们要具有更深厚的知识、更强的技术和能力、更好的创新创造能力。

一直以来，体育被当作“文化现象”的一种，体育在人类发展进程中发挥着不可替代的作用，它能够强化人们的民族意识。另外，通过体育的发展水平，也能够看出当前人类文明和社会进步的程度。而从教育的角度来说，体育又具有不可忽视的教育功能，它有利于人们形成更好的生存能力、优良品质、生活技能和传承能力，因此它在很大程度上促进了人类挑战自身的极限，促进了社会环境的和平和稳定。所以，目前很多人认为体育兼有“文化现象”和“教育过程”这两个“身份”。无论人们持有怎样的观点，二者都存在一个很明显的共同点，即具有同样的行为主体——人。社会性是人的本质属性，具体就是个体接受群体和社会的文化并且将社会成员的共同特征表现出来，是遵照社会规范、参与群体和社会生活的特性。体育也具有社会学的一些特征，并且在社会学领域生成了一个独立的学科——“体育社会学”。因此，人的社会化与体育的功能存在较大范围的交叉性。

（三）人的社会化与体育功能

1. 体育与人的生活技能、生存手段习得的同行为性

体育所具有的行为特征和人在习得生存手段、生活技能时所表现出来的行为特征是一致的。在原始社会，人类的体育活动主要是学习各种运动技能，比如跑、跳、攀、爬、投掷等，学习这些内容的目的在于取得维持生存的食物，躲避外界的危险，即保证自己生存下去。我国古代时“六艺”之中包含了“射”“御”，习得这些技能的目的也是生存，它能够帮助人们更好地延续生命和生活下去。即便目前人们学习现代体育，目的也主要在于强身健体，谋求自身的全面发展。所以体育的产生在很大程度上和原始人类习得各项生存技能有着一致性。这种比较初级的行为方式也正是人的社会化过程的初级形式。这里所说的初级形式是相对意义上的，人类社会文化发展的高级阶段，最重要的两个表现就是先进文化和人类文明。因为人类是从“生物人”状态逐渐地转变为“社会人”的，即是从初级阶段逐渐地发展为高级阶段的。因此上述所说的一致性必然存在。这是在人的社会化过程中，体育对促进人类掌握生存和生活技能所起到的重要作用。

2. 体育对人们社会行为的规范化

学习和遵守体育规则与养成和规范群体行为方面有着较为突出的一致性。体育运动具有突出的群体性特征，这能够在体育开展过程中体现出来，并且参与体育运动的人们更多地会运用肢体语言进行交流。参与体育运动的群体极为庞大，

它既可以是一个社区、一所学校，也可以是一个国家、一个民族，所以说，要想让体育运动顺利有序地开展，就要制定出相应的法则约束参与人员的行为，也就是制定一定的行为规范。这些规则的制定不是一蹴而就的，而是在长期的实践过程中不断建立和完善的，所有参与人员都不可违背其中的具体行为规范。

通过上述内容可知，体育更应当被定义为一种文化现象。个体普遍会参加体育活动，并且他们的目的无外乎强健身体、掌握运动技能，这种体育运动较为简单，只要参与者不违背相应的运动要求和规范即可。而若是群体开展体育活动、游戏或者是比赛，那么就要让人们自觉、严格地遵守相应的规则，以确保运动能够正常顺利地开展，因为团队共同参与体育运动的时候非常讲求“团队合作”精神，而这无疑属于体育文化的范畴。

3. 体育在人的社会价值观形成上的同质性

长期以来，体育运动就是人们为达成某种价值目标或者是生活目标而展开的一种身体活动。从起初为了维持生命，到近现代广泛热烈地开展体育运动，它们的本质实际上都是促进身心健康发展。当然，体育在其历史发展进程中也逐渐形成了比较全面的价值观，人们对体育的巨大需求也表明人们开始追求更高的生活质量和精神情感方面的满足。而人的社会化过程，实际上也是形成和塑造此种个体人生观和价值观的过程。在一个功能完善的群体组织中，所有成员都持有大致相同的价值观，并且他们会为了达成共同的目标而付出努力，群体价值观的达成实际上已经等同于个体人生目标的达成。其原因在于人具有社会性，处于群体中的人无法单独脱离群体，因此各成员要尽量适应所在群体所具有的共同特质，并在其中得到最为基本的社会地位和生活权利，从而实现自身的发展和社会化。所以，体育与人的社会化在生活目标、人生价值观形成上具有同质性。

4. 体育对人的社会角色的期待、认识、实践和定位功能

依照社会学的观点，社会角色具体指的是在某种社会结构之中，社会对那些有着相同社会地位的人所提出的权利和义务方面的规范性期望体系。人是社会角色的主体，人处于社会和群体之中，具有其特定的权利和义务，并要依照这些权利和义务遵守社会行为规范。而人的社会化实际上就是对人员加以培养使之逐渐变成能够顺利适应多种社会角色的过程。每个人都有不同的社会角色，有着不同的角色化程度，这就需要群体组织或者是群体结构在培养成员的社会角色方面贡献出一定的力量。下面具体阐述如何将体育和人的社会化角色培养这两方面合理地联系起来。

首先，要对体育在各过程中的所属关系加以区别。在社会角色中，关键目的在于对人的社会化进行培养，培养机构也应当依照所属群体、年龄等因素进行适

当的划分。处于不一样的年龄段的人，他们往往属于不同的群体，具有不一样的社会角色类型，相应地，他们所具有的权利和义务也存在较大的差异。体育在教育过程方面也分为不同的时间段，一个人在其成长过程中始终在变换着自己的社会角色，因此他们在特定阶段需要接受相应的角色培养。若是将体育看成是某种文化现象，那么培养角色这一过程实际上就是提升素质和教化群体成员的过程，同时它也是形成体育精神和文化的具体过程。因此，社会角色的培养是人的社会化的内容，体育是特定社会角色培养的种类之一，两者存在较大的功能范围上的差异。

其次，在特定场景中开展的一些体育游戏主要是模仿了成人和社会的某些行为，参与者能够将自身对于社会的具体感受当作基础情感体验参与到体育活动之中，这样不仅能够让参与者形成更加健全和优质的个性，而且有利于提高参与者的社会适应能力。从这一角度来说，体育在塑造个体社会角色方面发挥着较为重要的作用，是人的社会化过程所不可缺少的活动。因此可以说，在人的社会化过程之中，体育提供了较多优质的途径和机会。

5. 社会化人格的形成和完善与体育功能的可整合性

人的社会化过程有着较为突出的目标性和过程性，其最终的目标在于形成社会化人格并对其加以完善。一般来说，人格包含三个层次：一是人的性格、气质、能力等的总和；二是道德品质；三是人作为权利、义务的主体的资格。依照社会学的观点，人格在上述几个层次的形成和发展过程和体育的社会功能具有一定的可整合性，表现在以下两个方面：

首先，在人格所包含的首个层次之中所提及的性格，指的是人在面对现实的时候所呈现出来的行为和态度，作为心理特征的一种，性格是相对稳定的，也是人类个体个性的核心环节所在。性格在人的气质和能力的培养等方面产生着重要影响。所以，在个体加入群体的体育活动的时候，每个个体都会将其心理倾向呈现出来，并构建一个形成和发展自我意识的优良环境。而自我认识、自我意识、自我发现和自我改造的过程从本质上来说就等同于个体社会化的过程。素质教育的一个关键目标在于让人得到全面的能力提升，而体育是教育不可或缺的一部分，它在强健身心，提高人的适应能力，培养人的意志品质和生活态度方面发挥着不可替代的作用。所以，从人格的第一个层面上分析，社会化人格的形成和完善与体育具有功能上的可整合性。

其次，在人格所包含的第二个层次之中，人的社会化人格无疑和体育有着极为突出的一致性。体育具有外显性特征，它需要每个参与体育活动的个体都自觉遵守规则，做好自己分内之事，并且要确保开展体育活动的环境公平、公正、公开。从这一角度来说，无论是哪个参与者，都要积极地发挥自身的优势，找准定位，发现自身的不足，并发挥团队合作精神，在不违背相关社会规范的基础上承担自己的社会义务。这些优良品质既是体育的关键内核，同时也是人们形成社会化人格必须具备的要素。所以说，在人格所包含的第二个层次上，二者从功能方面来说具有明显的可整合性。

第二节 山地户外运动产业市场体系的构建

伴随着经济全球化进程的加快，众多外国资本开始涌入我国，很多国外实力品牌入驻我国市场，其中就包括体育用品行业、旅游业等。山地户外运动产业的开发商以各种形式进驻中国，虽然给中国企业带来了更多的发展机会，但同时也让国内企业迫不得已地对自身的经营模式进行调整，不断完善自身的运行机制，提高自身的服务质量和效率，谋求更加适宜的休闲经济走向，让自己在市场上拥有更强的竞争力。

与此同时，我国政府也应明确职能定位，让山地户外运动产业的组织结构不断得到优化，让其在市场上拥有更强的竞争力，获得更加客观的经济效益。

一、政府部门的职能

（一）保护竞争与抑制垄断

目前，我国山地户外运动产业组织具体来说有如下几个特点：第一，同时存在竞争不足和过度竞争现象；第二，没有发展成大规模的经济，但是却存在较为严重的垄断问题。因为市场不具备过高的准入门槛，在资金方面也不存在过高的要求，所以很多企业即使没有达到国家要求也纷纷进入市场，导致出现了诸多问题，比如过度分散经营、出现恶性竞争、无法维持较为稳定的市场秩序等，从而无法令该产业实现规模经济的发展。所以，从目前来说，山地户外运动产业应当尽快制定出产业组织政策，并对该产业的市场结构进行一定的优化调整。唯有如此，才能够让户外运动市场始终保有活力，并对山地户外运动产业的发展进程起到极大的促进作用。

（二）推动企业实现规模化经营

我国山地户外运动产业仍旧处于初步发展阶段，它在企业运营方式、企业管理水平、企业形态、产业贡献等诸多方面仍旧有许多不足，具体表现为不具有较高的产业集中度、不具有较强的创新能力、产业规模得不到发展、生产成本较高等，从而让该产业的整体竞争能力始终处于较弱的水平。要想让我国山地户外运动产业的市场竞争力得到切实的提升，一个有效措施是在产业组织政策的基础上重组产业，打造一批管理科学、技术先进的人才队伍，且获得雄厚资本的支持，助力该产业达成规模化的经营。

二、山地户外运动俱乐部的职能

（一）突出个性化服务，实现多样化经营

我国山地户外运动经营到特定水平之后，需要为用户提供更多个性化服务，让更多个体的需求得到充分的满足。具有突出的大众化特征的产品、服务和活动，实际上正在慢慢消失，并且那些延续下来的、始终存在着的看起来像“大众化”的活动，实际上大部分也是由一些个性化的小市场组成。因此山地户外运动俱乐部要给用户提供更加多样化的选择，并同时为用户提供更加个性化的服务。

（二）人性化服务创造价值

目前，时间价值得到了较大提升，人们更加期待用较短的时间得到更多的户外运动娱乐。山地户外运动应当始终秉持着科技化、专业化、人性化等观念来展开经营活动。在经营时既要追求经济效益，又要注意创造社会效益。山地户外运动经营也主要分为两类，一是营利类，二是非营利类。特别是第二种，更应当在经营方面突显其现代化特征，从而更好地实现营销目标。对纯粹的利益追求和财富积累进行升华，使之上升为社会责任感和社会成就感，从更高尚的动机出发来实施自身的经济行为。

尽管说市场竞争中的利益机制是一个较为基本且重要的推动力，但不可仅仅看到这一点，若是将此种机制绝对化，片面地注重物质财富的积累，那么就无法始终保持理性来开展市场经济活动，并最终导致为富不仁等问题。因此，要将对金钱的追求加以升华，让人具有更加高尚的精神追求，让人们将市场经济活动作为发展事业的一条有效途径，由此来推动国家现代化的发展和民族经济的进步。

若是行业更加注重了解和探究户外运动的真正内涵，而不单纯地是计算其中的利润，那就能切实扩大户外运动产业的经济规模。

西方在山地户外运动的经营方面有着较为深入的研究，且产生了一定的理论成果，比如战略管理经营、市场营销等，它主要介绍了战略目标形成和完成的不同方法、领导和人事管理、市场营销与信息交流、体育赞助等。很多体育赛事都会拉取赞助，其中涵盖了为实现组织目标而做出的对稀有资源的分配。从提供赞助的公司方面来说，应当将山地户外运动视作某种资源，让它单独或者是和别的资源结合起来，从而成为一种十分独特的竞争方式，让企业在市场上能够获得较长时期的竞争力。赞助也是资源的一种，是提升企业竞争力的有效手段，企业应当明确地认识到不同的体育赞助究竟具有多大的价值，哪一些能够带来可观的回报。事实上，将体育赞助和其他市场营销领域共同构成一个整体，塑造统一的、鲜明的企业形象，可以让企业在较长一段时间内都处于优势地位。企业应当尽量保持和赞助对象的同一性和整体性，争取让两者都实现不错的发展。企业不要仅仅纯粹地做广告，而是要借助各种方式组织赞助，让它发挥出更大的价值。在提供体育经费方面，企业和商业团体是不可或缺的角色，若是没有它们的支持，很多户外运动、户外竞赛活动都无从开展。

（三）提高山地户外运动消费行为

1. 强化居民的山地户外运动消费意识

要想强化居民的山地户外运动消费意识，可采取下列几种措施：第一，借助传统媒体、新媒体等传播渠道来宣传山地户外运动的相关知识，让居民更加深入地了解此项运动，并引导居民增强对该项运动的消费意识；第二，积极推进山地户外运动的发展，充分发挥该项运动强身健体、愉悦性情的作用，使其向商业化和社会化发展；第三，进一步完善和提升山地户外运动俱乐部的水平，让人们更加接受和积极参与俱乐部的活动，更加乐于在俱乐部内消费。

2. 提高经营者和员工的业务水平

山地户外运动俱乐部的经营者要不断提升自己的业务水平，因为俱乐部的管理水平是由经验者、管理层的素质和水平决定的，他们负责俱乐部整体的统筹规划任务，对俱乐部的发展起着关键作用。因此，投资者要积极借助多种方法来提升山地户外运动俱乐部经营者和管理者的业务水平。首先，鼓励山地户外运动俱乐部的经营管理人员继续接受教育，让自身的知识结构变得更加完善；提高招聘门槛，所招聘的应当是此前有过经营管理经验的优质人才。其次，给教练提供更多的培训机会，将世界最新技术动态和知识传达给他们，并打造一支素质过硬、能力较强的教练队伍，投资者还要给予教练充足的自由和空间，为他们创建一个和谐、积极、愉悦的工作环境，让他们将自身的能力充分发挥出来。

3. 做好山地户外运动的营销服务

进行市场细分和目标市场定位，体育健身市场进行市场细分的变量大概可以概括为：人口统计市场，包括性别、年龄、收入情况、家庭状况、受教育程度、职业、国籍、信仰等方面；消费者心理市场，包括性格特征、价值观、喜好、声望、喜爱的颜色、好奇、动机等方面；消费者的生活方式市场，包括文化程度、家庭状况、受教育程度、生活舒适的重要性等方面；地理位置市场，可以按照纯地理因素来进行市场细分，最简单的划分就是按照方位划分为东部消费市场、西部消费市场、南部消费市场、北部消费市场；消费者购买行为市场，包括影响消费者产品选择的各项因素，如消费者的收入水平，根据收入情况可以将市场划分为高档消费市场、中档消费市场、低档消费市场。

每个山地户外运动俱乐部所制定的经营目标是有差异的，因此他们之间的商业性也存在较大的不同。所以在对各个山地户外运动俱乐部进行细分的时候，可以将其他的变量作为参考，从而让山地户外运动俱乐部所制定出来的市场定位、营销策略等更加合理和科学。

4. 强化市场营销组合

山地户外运动俱乐部应该投入更多的精力在服务产品管理方面。山地户外运动俱乐部可以依照自身的既有条件开发部分新型山地运动项目，或者将其他国家新兴起的山地运动项目引进过来等。

山地户外运动俱乐部要确定出较为合理的定价策略。俱乐部所提供的价格能够为消费者提供重要的参考信息，俱乐部要制定合理的价格，既让消费者感到物有所值，又让俱乐部拥有一定的盈利空间。产品价格实际上和会员忠诚度、潜在会员的招募情况有着非常紧密的联系。一般来说，山地户外运动俱乐部会通过下列策略来确定产品的最终价格：差别定价、通行定价、渗透定价。俱乐部可以依照目前现实情况决定具体选用何种策略来制定价格。举例来说，若是山地户外运动俱乐部想用较短的时间争取一定的市场份额，那么它就应该选用渗透定价策略，压低自身的产品价格，以更快的速度抢占市场。而通行定价则往往指的是将竞争对手制定的价格作为具体依据来对自身的产品价格进行适当的调整，但采取此种定价策略的前提是俱乐部之间要彼此协调。那么在何种情况下适宜采用差别定价这种策略呢？若是会员之间有着较大的差异，山地户外运动俱乐部选用差别定价策略就能够让不同消费者的需求得到更好的满足。简单来说，差别定价指的是在同样的时间段内，俱乐部提供给不同消费者的价格也是不同的。

山地户外运动俱乐部应当依照自身现实情况将恰当的营销渠道策略制定出来。俱乐部唯有让消费者切实感受和享受到自己的产品和服务，才能更好地实现俱乐部的营销。同时，唯有俱乐部制定出较为恰当的营销渠道，才能让俱乐部产品被更多的消费者所接受和使用，从而确保俱乐部的资金顺利运转，获得更多的盈利。山地户外运动俱乐部的产品营销具体来说能够分为两类，即有形产品分销和无形产品分销，并且针对不同的类别分别制定最佳的营销决策。营销决策的选用受到诸多因素的影响，比如产品特点、竞争对手所采用的策略、消费者需求、周围环境等。因此，山地户外运动俱乐部要在深入、细致地分析诸多因素的基础上选取最为恰当的营销策略，力求获得最好的营销效果。

山地户外运动俱乐部应当从自身产品的特点和性质出发，将最为恰当和有效的促销策略制定出来。山地户外运动俱乐部促销具体指的是俱乐部明确告知消费者自身所能提供的服务和产品，并对这些事项加以推广和宣传，以达到吸引消费者对其进行购买的目的，让俱乐部的产品销售能力得到一定的提升。商业性山地户外运动俱乐部在顺利地进入市场以后，要想吸引更多的消费者来到俱乐部，就要运用宣传手段来提升自身的知名度和影响力，比如借助电视、广播、期刊等公众媒体进行宣传，让人们在潜移默化中了解更多关于山地户外运动的相关知识，更深刻地意识到山地户外运动所具有的各种运动效能，并慢慢地把该项运动当作一种较为潮流的生活方式。

第三节 山地户外运动产业人才体系的构建

一、我国休闲体育专业及人才培养构建

（一）我国休闲体育专业人才培养

我国健身休闲体育专业人才的培养起步较晚，在国内主要经历了创建时期（2006 ~ 2007 年）、平稳发展时期（2007 ~ 2011 年）和快速发展期（2012 年至今）。在 2006 年《国家教育事业发展的十一五规划纲要》中明确指出，要以专业调整为主线，专业的设置要适应市场的需求，此时健身休闲体育专业应运而生，它是适应社会发展和产业结构调整的重大需求，为培养应用型健身休闲体育人才而设立的新专业。通过查询教育部高教司网站发现，2006 年教育部首次审批同意在武汉体育学院和广州体育学院设立休闲体育专业，但只将其作为目录外试点专业，

于 2007 年正式招收休闲体育专业学生。到 2012 年教育部再次审批备案时，才将休闲体育专业作为特设专业开设。

目前，休闲体育专业人才培养的速度始终呈现上升趋势，这表明社会需求更多优质的相关专业人才。但存在较大人才需求量的同时，该专业的人才培养模式仍旧存在着诸多问题。

（二）休闲体育专业人才培养面临的问题

目前我国多所高校都开设了休闲体育专业，并对课程结构、培养方式等方面做出了一定优化，呈现出较为良好的发展态势。然而，作为一个独立不久的学科，休闲体育专业要应对各种阻碍和困难，具体阐述如下：

第一，依照该专业人才培养目标所培养出来的人才无法很好地满足社会的实际需求。部分高校是在体育教育、运动训练等专业的基础上开设休闲体育专业的，并没有对该专业的实际情况展开实际调研，没有形成关于该专业的先进认识。

第二，高校的休闲体育专业招生数量不多，且该专业在各个地区的分布并不均匀。虽然近些年该专业始终在不断发展，但是仍旧无法令社会需求得到满足，其原因在于学校所培养的人才数量相较于社会对人才的需求量来说仍旧具有较大差距。另外，开设该专业的院校更多地集中于经济发达地区，在偏远地区则较少有高校开设此类专业，这无疑也对休闲体育专业的发展进步起到了阻碍作用。

第三，缺乏师资力量，教学实践没有得到及时更新。目前，一些高校的休闲体育专业任课教师有很多是在其他体育相关专业调动过来的，他们并不具备深厚的休闲体育知识，致使教学质量不高。而师资力量的匮乏定然对专业发展具有较大的阻碍作用。教师自身能力的不足导致所开展的实践教学更加集中在运动训练、体育教学等方面，这些都对学生的专业提升和能力发展极为不利。

（三）休闲体育专业人才在高校中的培养

国外许多国家在很久以前就开设了休闲体育专业，到目前为止已具备了较为完善的发展体系，而我国开设该专业的时间较短，仍旧处于初步发展阶段，因此目前比较重要的问题是怎样让该专业实现迅速且优质的发展。高等教育实质上是专业教育，高校能够对学生的社会化起到重要的促进作用。所以，要评判一所高校在人才培养上是不是取得了较为突出的成绩，最主要的就是看它的人才转化工作做得是否成功。下面具体阐述高校在培养休闲体育专业人才的过程中应当落实的发展措施。

第一，制定符合当前社会需求的人才培养目标。开设休闲体育专业的高校要深入细致地调查和研究目前人才市场的情况，并以调查结果为依据制定出更加合理的人才培养目标，并以社会需求、能力发展、就业导向等作为重要依据来确定该专业未来的正确发展方向。

第二，进一步增加招生人数。国家要制定相关的政策鼓励更多学生报考高校的休闲体育专业，降低偏远地区和不发达地区学生的报考门槛，进一步扩大高校的招生规模，增加高校的招生人数。同时，国家要鼓励各高校根据自身的优势和特色开展休闲体育专业，以吸引更多的学生报考。

第三，高校要对课程体系、课程结构、教学方法等方面加以优化和创新。高校要突显各个专业的特性，要让休闲体育专业和体育教育、社会体育等专业明显地区分开来，培养出优质的休闲体育专业人才。

第四，注重开展实践教学，发展学生综合素质。开展实践教学，对学生实践能力、创新能力的提升具有十分重要的作用。所以，学校应当给予学生更多的参加实习和实训的机会，可以带领相应班级的学生到校外实践基地进行参观和实习。另外，学校还可以与校外企业建立合作关系，以企业需求为导向实行定向人才培养。

第五，宣扬休闲体育重要价值，提升社会接受度。目前，我国很多民众并没有对休闲体育形成正确的认识，也没有真正地认可和接受休闲体育。国家应进一步宣传休闲体育，使其具有更高的接受度，并通过政策、法规等推动休闲体育的发展，这样既能够从总体上提升我国的国民健康水平，极大地减少我国的医疗支出，也有利于我国弘扬民族精神，继承和发扬中国文化。另外，体育休闲还具有诸多个体价值，比如沟通情感、娱乐放松等。唯有从国家层面、社会层面到个体层面全部接受并认可休闲体育所具有的重要价值，它才能够逐渐构建起良性发展机制，进一步加快自身的发展速度。

第六，加强教师培训，打造高质量师资队伍。高校的教学水平、学生的培养质量在很大程度上是由师资力量所决定的。很多高校缺乏优质的休闲体育专业教师，并且学校也没有将相应的培训机会提供给教师。高校应当积极倡导教师外出学习，或者是以在校内开设讲座等形式来提升任课教师的专业能力和教学水平、文化素养等。唯有真正为休闲体育专业建立起应用型人才培养模式，才能更好地满足社会发展需求，促进休闲体育的发展。

立志将来在休闲体育专业发展的学生，不要仅仅满足于学习休闲知识和娱乐技能等，还要积极了解和把握心理学、生理学、经济学等知识，扩展自己的知识领域，不断提升自己的多方面技能，多接触商业、信息科技、人力资源等领域的新鲜资讯，让自己得到全面发展。唯有如此，在毕业之后才能更好地胜任工作岗位，并实现自身的长久发展。

另外，想谋得休闲体育专业的职位，还要攻读有关休闲的各项课程，令自己掌握更多和休闲有关的知识，比如安全常识、汽车常识、心肺复苏、紧急救助、教练指导等，从而助力自己的职业发展。

二、山地户外运动产业经营者人才的培养建议

山地户外运动产业的经营者既要掌握体育运动的知识经验，又要具备一定的市场经营能力。然而目前我国具备体育运动知识的人才往往没有树立起经营意识，也不具备相应的经营知识，山地户外运动工作者没有形成鲜明的市场观念，所具有的知识结构也无法满足消费者的需求，而普通的经营者又不具备户外运动的相关知识。

从目前我国山地户外运动产业的具体现实出发，可以通过倡导和组织山地户外运动产业俱乐部的工作人员进行培训和进修，或者是聘请相关专家、资深的户外运动经营者到山地户外运动产业俱乐部等举办讲座，或者直接在俱乐部内兼职，或者是和部分高校合作开设名称为“山地户外运动产业”的选修系列课程，通过多种渠道培养山地户外运动产业发展所需要的高层次专门人才。目前我国高等院校中中国地质大学（武汉）和西藏民族大学等高校成立了山地户外运动学院，专门培养山地户外运动经营管理人才。

当前我国山地户外运动产业所存在的诸多问题，从源头上来讲都能够归结为该产业的人才问题。就山地户外运动产业来说，具体缺乏下列几类人才：第一类是负责山地户外运动产业、山地户外运动市场规划、监管职能的行政干部；第二类是能够为山地户外运动企业家服务的综合素质较高的经纪人；第三类是山地户外运动产业营销人才以及山地户外运动研发人才。

人才资源是第一资源。要想让目前我国山地户外运动产业所存在的一些发展问题得到妥善的解决，就要始终坚持以人为本，完善相关的人才工作机制和体制，强化人才资源能力建设，为人才培养奠定重要基础。国家和相关部门也要不断加大人才培养的力度，积极落实各项促进人才培养的政策和措施，为我国山地户外运动产业的进一步发展提供重要的推动力量。

第四节 山地户外运动产业可持续发展动力体系的构建

依照法国社会学家佩鲁的观点，发展是指社会内部各组成部分的联结、相互作用以及由此产生的活动能力的提高。而经济学家们则指出从本质上来说，发展指的是一个国家、一个民族、一个地区如何实现现代化的问题。近年来，人们愈加注重各领域和各方面与“可持续性”的结合，并形成了“可持续经济”等新概念。同时也有越来越多的国家开始意识到“可持续发展”这一问题的重要性。

我国始终坚持“以人为中心”制定和落实各项可持续发展战略，无论何种事业都无法脱离人类而实现可持续发展。山地户外运动产业是我国经济产业的一部分，它能够丰富国民的健身休闲生活，能够对我国的体育事业起到积极的促进作用。所以说，山地户外运动产业也应当适应整个社会的可持续发展，唯有如此它才能获得源源不断地发展自身的动力。

山地户外运动产业具有较为突出的消费型特点，它能够带来的潜在的经济效益要比体育事业的投入高得多。从目前山地户外运动产业的发展来说，它和经济发展有着越来越密切的关系。

毫无疑问的是，山地户外运动消费是促进山地户外运动产业可持续发展的一个原动力。消费又能够具体分为生产消费、生活消费这两种类型，它们同时是社会再生产的起点和终点，而社会生产的最终目的就在于满足人们在精神、物质、文化等方面的具体需求。近年来，我国的市场经济发展迅速，生活消费开始越来越多地影响着生产消费。从山地户外运动产业方面来说，生产消费指的是国家或者企业等在建设相关设施方面的消费，比如设备消费、场地建设消费等。若是这些生产消费无法和人们的需求相适应，那么就会导致生产、消费二者的失衡。另外，我国十分注重提升居民的生活消费，并主张引导居民进一步增加体育健身和旅游消费等。通过上述内容可以知道，我国的山地户外运动消费有其自身的独特作用，能够推动我国山地户外运动产业实现可持续发展。下面重点阐述我国山地户外运动产业实现可持续发展应当落实的具体策略。

一、引导中小企业或俱乐部发展山地户外运动产业

在国民经济中，中小企业发挥着极为重要的作用，它推动着我国的社会发展。各个中小企业或者俱乐部能够发挥其特殊作用，它们能够积极调整自身令自己更加符合动态变化着的社会需求，并且在开发新品、提供岗位、发展地区经济等方面具有不可或缺的作用。然而，目前中小企业和俱乐部普遍存在融资困难问题，不具备丰富的融资渠道，也无法顺利地实现贷款。我国一直具有为中小企业提供服务的社会化服务体系，而相应的人才培养、信息技术等方面则尚需优化。在法规、管理体系上依然存在较多不完善之处，导致无法为中小企业和俱乐部的发展起到促进作用。

因此，为了促进山地户外运动产业相关中小企业和俱乐部的发展，让它们更加符合市场需求，应当从多个角度采取措施。相关政府部门应当制定便于落实的贷款担保制度，让中小企业和俱乐部能够在贷款方面不再面临重重阻碍，给它们的创业提供更多机会和可能，逐渐构建与目前我国国情相符合的中小企业发展制度，提倡更多的俱乐部和中小企业发展山地户外运动产业。目前，国内发展相对较好的户外运动俱乐部有穿山豹俱乐部、凌鹰户外俱乐部、起点户外俱乐部、大自然户外俱乐部、天龙户外俱乐部、悠山美地俱乐部、凯途高山俱乐部、跋涉者户外俱乐部、海客俱乐部等，这些知名户外运动俱乐部为山地户外运动产业的发展作出了重要贡献。

二、减少山地户外运动产业相关企业的税收

国家应多出台相关政策减少山地户外运动产业相关企业的支出，比较常见的方法就是降低企业税收，让企业不再承担过大的税收压力，降低企业的经营生产成本，这样有利于企业积累更多的资本，从而有更加充足的资金来实现企业的发展和创新。若是国家对山地户外运动产业相关企业征收过高的税，那么就会对山地户外运动产业的可持续发展造成不利影响。

三、为社会投资该产业的土地使用提供优惠

当前，我国在建设山地户外运动产业相关设施方面的经验较为欠缺，并且国家的资金投入并不十分充足，所以庞大的社会力量此时就发挥出重要作用。换句

话说，就是国家应当给予社会力量一定的鼓励和支持，令它们积极投入到山地户外运动相关的设施之中，让人们拥有更多山地户外运动场所，让人们户外运动的需求得到更好的满足。此外，在土地使用方面，相关部门也要给企业用地提供相应的优惠，以此来促进山地户外运动的广泛开展。

四、实行山地户外运动品牌战略

我国的知名品牌在整体上来看仍旧维持在较低的水平，特别是在科技创新、技术应用方面仍旧和国际水平存在一定的差距。要想促进我国山地户外运动产业的长期持续发展，就要积极打造具有国际影响力的民族产品品牌，推出具有国际知名度的山地户外运动产品。要想做到这一点，不仅该产业的各企业要积极做好产品创新发展、宣传推广等工作，国家也要积极推出相应的政策和制度辅助相关部门和企业推进这一战略的落实。

第六章 区域山地户外运动产业高质量发展的理论体系

第一节 区域山地户外运动产业高质量发展的经济基础理论

山地户外运动产业是健身休闲产业的重要组成部分，是以自然山地环境为载体、以参与体验为主要形式、以促进身心健康为目的，向大众提供相关产品和服务的一系列经济活动，主要包括登山、徒步、露营、骑行、自然岩壁攀登、定向与导航等项目。山地户外运动产业从属于休闲体育产业，它是社会实现高度发展之后所生成的产物，是第三产业发展中的新兴产业。本研究在此基础上考察山地户外运动产业发展的相关问题时，定然离不开区域社会、经济结构和与之相应的现实发展水平。1978年以后，国家开始推行东部、中部、西部非均衡协调发展战略，并获得了显著成果，但这无疑也让这三个区域在各方面呈现出较大的差异。依照山地户外运动产业的具体发展规律以及不同区域的现实情况，本研究认为要想切实实现山地户外运动产业的可持续、健康发展，就要立足于各区域实际，发展与之相应的山地户外运动产业。因此本章主要对区域山地户外运动产业高质量发展的各相关内容进行阐述。本部分首先阐明区域山地户外运动产业的经济基础理论。

一、区域经济学的相关理论

区域经济学刚兴起不久，属于应用经济学科，是经济学的一个组成部分。区域经济学的研究目的如下：怎样在不同的区域之间和区域内实现区域经济的协调发展，并将各地所具有的资源优势完全地发挥出来，促进不同地区之间实现资源的共享。区域休闲体育产业是区域经济活动的一个重要组成部分，深入研究区域经济基础理论，能够较大程度地引导和促进区域休闲体育产业的健康快速发展。

（一）区域分工的概念及其意义

区域分工有多个别称，例如地域分工、区际分工、地理分工、劳动地域分工等。依照张敦富的观点，区域分工指的是一国内各区域在充分利用区内优势的基础上实行区域专门化生产，并通过区际交换实现其专门化部门生产的产品价值与满足自身对本区域不能生产或生产不利的产品的需求，从而扩大区域的生产能力，增进区域利益。

详细地说，区域分工的意义有以下几点：一是让区域形成了专业化效益；二是让区域经济拥有了更强的发展竞争力；三是拉近了不同区域之间的“经济距离”，促成了更多的经济交易；四是让国家能够更加顺利地对区域经济进行调控。

（二）区域分工理论

在诸多经济学者用来对经济活动区域分布、区域分工等进行解释的理论之中，影响力比较大的当属国际贸易理论，它对山地户外运动产业的发展同样具有重要意义。从广义的角度来说，无论是古典贸易理论，还是新贸易理论，实际上都能够被看作是区域分工理论。

1. 从绝对成本优势到比较成本优势

亚当·斯密在《国富论》这本著作中对绝对优势理论进行了阐述，这为分工学说奠定了基础。依照绝对优势论的观点，不同国家即便生产相同商品其所需要花费的成本也是不同的，因此国家应当选取成本不那么高的商品进行生产，并和其他国家进行交换。如此一来，两国都能在减少成本支出的同时获得更高的劳动生产率，劳动和资本的分配与运用也会更加正确。而若想实现分工和专业化的发展，又定然离不开自由贸易的国际市场。所以，在亚当·斯密看来，想要使国民财富有所增加，最好的方法就是开展自由贸易。然而，绝对优势论却没有办法对以下问题进行解释：若是某个国家全部产品的生产成本都比其他国家更具优势，也就是占据绝对优势，或者是相反地处于绝对劣势的时候，依然能够开展互利贸易的原因。在《政治经济学及赋税原理》这本书中，大卫·李嘉图对绝对优势理论作了更进一步的论述，运用理论说明确实存在比较优势，并证明了贸易的互利性，为比较优势学说奠定了重要基础。也就是说，根据成本的相对差别或相对优势认为“两优取大优，两劣取小劣”的比较利益法则，选择具有较大优势的或者是选择具有更小劣势的，也就是说，选取优势产品展开专业化生产，而不再选择那些具有更大劣势的或者是不存在明显优势的产品，并且出口占据比较优势的产品，而对于具有比较劣势的产品则选择进口。李嘉图所提出的比较利益说为日后发展国际贸易理论奠定了十分重要的基础，并且从理论方面为自由贸易政策提供了重要依据。其他国家所具有的比较优势主要是由什么决定的？在现实社会中该问题的回答可谓非常复杂。根据斯蒂格里茨的观点，以下几项是比较优势存在的重要基础：一是自然禀赋，具体包括土地、自然资源以及气候条件等诸多地理因素；二是后天禀赋，也就是国家所具备的技术、人才、资本等；三是优越的知识，这其中也涵盖了在技术方面所具有的优势，它可能是政策所导致的，也可能是在历史进程中偶然产生的；四是专业化，在其他方面情况类似的时候，专业化能够让某个国家和地区具有相对优势。

根据上述内容所介绍的绝对优势理论和比较成本优势理论，无论何种区域想要发展山地户外运动产业，那么各区域不仅要对自身所具有的绝对优势加以利用，更关键的在于要充分意识到自身所具有的比较优势，对那些有助于山地户外运动产业发展的资源要素加以比较、分析和整合，为本区域的山地户外运动产业确定特色的发展方向。在发展山地户外运动产业的具体过程中，尽量不要出现区域内或者是区域间片面追求“大而全、小而全”的局面，另外还要注意避免“产业趋同”现象的产生，这种现象不仅会极大地浪费生产成本，还会对区域之间的贸易活动产生严重阻碍作用。

2. 要素禀赋理论（简称 H-O 模型）

H-O 模型令区域贸易、区域分工以及生产要素禀赋三者具有了非常紧密的关联，指出之所以会出现区域贸易和区域分工，就是因为各个地区在生产要素方面具有不同的丰裕程度，并由此决定了生产要素相对价格和劳动生产率的差异。所以说，受要素禀赋的影响，国家和地区分工生产对比较充裕的生产要素的产品加以密集使用，那么它就会具备相应的比较优势。举例来说，发达国家和地区具有比较充裕的资本，那么它们更适宜对资本密集产品进行专业化生产；而发展中国家和相对落后的地区并不具备较为充裕的资本，但是在自然资源、劳动力方面比发达国家和地区更加充裕，因此它们适合对资源密集产品或者是劳动密集产品进行生产。如此一来，在自由贸易的大环境下，不同国家都应当依照自身具有的要素禀赋条件来实施分工以及专业化生产，以达到提升本国或者本地区经济水平的目的。

要素禀赋理论所提出的基本思想，实际上和各个地区依照自身的要素禀赋优势发展山地户外运动产业这一思路极为相似，它是各个区域对本地区山地户外运动产业进行开发以及不同的区域之间建立山地户外运动产品市场贸易的基础。由于不同国家和地区所具有的要素禀赋有着较大的差异，因此它们可以对区域内、外的资源情况加以细致比较，并选取占据比较优势的山地户外运动产品展开区域之间的贸易活动。

3. 要素替代理论

实际上，区域分工不仅受要素禀赋的影响，还受要素组合的影响，在实际生产活动中还有一种要素替代情况，要素替代能够改变某种生产活动的要素使用情况。举例来说，在同个经济部门内，劳动力和资本是能够彼此替代的。若是某个区域拥有充裕的资本但是却缺少劳动力，那么在生产方式上就可以更加倾向于资本密集型的；与之相反，若是某个区域有着充足的劳动力但是却缺少资本，那么在生产方式上就可以更加倾向于劳动密集型的。所以，在对某区域的生产优势进行分析的时候，切忌纯粹依照统一的成本项目加以比较，而是要依照该区域最有利的要素投入组合来加以比较。

4. 条件相似的区域分工理论

以上提及的多种理论都具有一个相似的前提，即不同区域之间在生产条件方面存在着差异。但实际上，很多区域在生产条件方面极为相似，所以在此基础上又出现了条件相似的区域分工理论。林德是一位瑞典学者，他是偏好相似理论的提出者，该理论认为唯有在市场支持下区域分工才能够展开专业化生产。若是区域之间有着较为相似的收入和发展水平，在需求偏好和需求结构方面也较为接近，那么它们彼此之间就会有较大的贸易量，也就会对区域分工更加有利。日本学者小岛清是协议分工理论的提出者，依照该理论的观点，虽然不同的区域在要素禀赋比率、比较成本差距方面较为类似，但是它们依旧能够分工协作，获取规模效益，这样还能够减少恶性竞争以及地方保护等问题。

（三）区域合作理论

区域合作更多地是指各区域的经济合作，是不同区域为了获取经济利益，减少或者是避免不同区域之间的经济利益损害，在发展经济的过程中彼此联合起来，共同实现经济发展的一种区域经济组织形式。区域合作能够让不同区域的经济发展实现优势互补，也就是将不同区域所具有的优势进行叠加或者是共享，有机组织各区域的经济活动，对各区域的潜在经济活力进行有效的激发，从而使它们形成更加强大的合作生产力。这无疑让各个地区在获取更多经济效益的同时拥有了更大的发展机会。另外，区域经济合作还在很大程度上保障了区域经济分工，有利于实现区域经济专业化的持续发展，并进一步深化区域分工。

因为不同的区域之间或者是区域内的各个地区在文化传统、社会经济、资源禀赋等方面多多少少存在一些不同，并且在区域山地户外运动产业发展目标、区域山地户外运动消费市场需求等方面存在差异，这些都是区域在发展山地户外运动产业的过程中依照“比较利益理论”进行分工的重要前提。也恰恰是因为具有这些前提，才让各个区域在协调发展山地户外运动产业的同时更加突显出了区域合作的重要性。另外，区域分工能够在成本优势以及资源禀赋的基础上发展区域山地户外运动产业，而区域之间开展合作能够让人们在山地户外运动方面的多种需求都得到较大满足。

（四）区域空间结构理论

在不一样的区域以及不同的发展阶段，区域空间结构有时会呈现出一些共性，但同时也具有一些不同之处。并且，在时间发展进程中，空间结构理论慢慢地也衍生出了许多理论模式，它们分别在各自的层面对空间结构理论体系起着丰富作用，同时它们也让该体系解决区域性问题的能力得到了极大的拓展。下面对这些理论进行具体阐述。

1. 增长极理论

增长极理论源于对区域发展非均衡规律的观察。该理论的最早提出者是法国经济学家佩鲁，提出时间在 20 世纪 50 年代之后。其后，该理论被多位经济学家进一步补充和完善，比如法国的布代维尔、美国的弗里德曼、瑞典的缪尔达尔和美国的赫希曼等。根据佩鲁的理论，增长极是发挥着较大作用的一种关键产业。在工业化高度发展的时代，在劳动地域分工规律的影响之下，每个地区都会明确自身的竞争优势，并将其作为主导产业进行发展，以此来提升市场竞争力。因为产业效益并不是一致的，所以说各个产业部门定然会有着不同的增长速度，并且主要靠创新产业、主导产业来提供增长的势力。空间分布的不平衡往往有如下表现：某个地区和城市将主导产业、创新产业积聚起来，并使它们获得较快的发展，从而形成“增长极”，之后逐渐地再扩散至外围，对区域经济起到一定的带动作用。增长极具体指的是那些有着推动型产业以及优势区位的地理空间，一般来说是作为经济地域核心的城市，这类似于“中心地理论”的观点。

下面是增长极理论的几个基本点：第一，在地理空间方面往往是规模相对较大的城市；第二，一定要有推进性的主导产业部门，必须存在始终处于扩大发展中的工业综合体；第三，要有扩散和回流效应。依照增长极理论，增长极既能够支配区域经济发展，为区域经济发展作出良好的示范，同时又能让区域经济发展出现“扩散”和“极化”效应，也就是说，借助增长极能够促使各有利要素不断趋向增长极，令增长极的发展更加迅速，或者是借助增长极将要素输出至周围的地区，对周围地区的进步和发展起到带动作用。

在区域山地户外运动产业发展的空间结构上，增长极能够对区域内各种经济资源要素进行有效整合，从而产生规模效应并且逐渐积累起因果循环效应优势，构建出区域山地户外运动产业发展的重要模式，最终决定的增长极是不是正确实际在很大程度上决定了区域山地户外运动产业的整体趋势。依照增长极理论，区域发展过程中增长极的一个关键物质形态其实就是中心城市，若是区域范围不一样，增长极也往往有着不一样的物质形态，并且其规模等级定然也会存在着差异。

2. 核心—边缘理论

核心—边缘理论的提出者是来自美国的一位区域学家，名为弗里德曼。他指出：（1）区域都能够分作以下两类，一是核心区（结节区），二是边缘区，其中前者是积聚了诸多社会经济活动的重点区域，受它所影响的诸多区域都分布在其周围；后者则往往指的是社会经济并不太发达的地区，它包括过渡区域以及资源前沿区域。核心区和边缘区彼此之间具有一种紧密的社会经济联系，它们一起构建了完整严密的空间系统，也就是结节性区域。（2）一方面，核心区要对边缘区所具有的生产要素加以吸收，并且进行很多方面的革新；另一方面，这些革新又会从核心区逐渐地向四周扩散开来，促进边缘区各方面加快转化速度，从而令整个空间系统都能够得到一定程度的发展。另外，这两类区域彼此间还具有一种空间作用过程，如移民的迁徙、决策的传播、投资转移等，并且不同的空间作用也具有不一样的力度。（3）在区域经济不断增长的过程中，定然在区域经济空间结构方面也会产生一定的变化，这种变化被划分为 4 个阶段，每个阶段都能够将核心区域和边缘区域彼此之间的关系变化反映出来。

核心—边缘理论在区域空间结构和形态的变化以及区域经济发展的阶段之间构建起了联系，从而与很多区域的实际发展情况相符合，能够很好地阐释区域的经济发展和空间结构，因此它往往被当作对区域的规划和开发进行指导的一项重要理论。

3. 梯度推移理论

梯度推移理论实际上可以看作是对产品生命周期理论的进一步发展。在经济学中有一种理论叫作产品周期理论，它对产品生命周期的特点进行了总结，也就是说，无论何种产品，它的发展都必然会经历以下几个阶段，即科研创新期、发展期、成熟期和衰退期，若是产品的发展阶段不同，那么所需要的生产要素定然也存在着差异，而且它们的布局指向也存在着较大的差异。若是产品处于不一样的生命发展阶段，那么它们的空间布局规律也是不一样的，由此就会出现区域经济技术水平的空间差异，也就形成了区域经济技术梯度。正是因为有了这些梯度，所以创新技术、产业等才慢慢地从高梯度地区转移到了低梯度地区。此时梯度推移理论便出现了。下面概述这一理论的内容：第一，区域经济技术梯度的存在具有客观性；第二，在区域经济发展过程中，大部分创新活动最初都是在高梯度地区产生的，之后伴随着时间推移，产品的生命周期阶段也会发生改变，创新产品、技术、产业等也都会慢慢地从高梯度地区转移到低梯度地区；第三，梯度推移是以区域的多层次城镇体系作为其空间依托的，它的推移方式具体有两种，一是近邻推移，二是梯度推移；第四，每个区域当前所处的梯度并不是绝对的，而是在不断的变化过程中的。

20 世纪 80 年代，我国国民经济总体布局模式采用的是梯度推移发展战略。事实表明，落实梯度推移战略对国民经济发展发挥着有效的促进作用，它不再沿用“均衡布局”这一模式，而是清楚地认识到我国不同地区的经济发展是不平衡的，并且开始遵循从不均衡到均衡的客观发展规律，这和我国当时所处的经济发展阶段是相符合的。与此同时，先将资源和资金优势集中在我国东部，对东部地区进行开发，在地区之间形成产业结构转换的连续关系，以达到结合产业结构和产业空间分布的目的。当前，我国仍旧处于社会主义发展初级阶段，在诸多方面都暂时无法赶超发达国家。山地户外运动产业在我国也处于初步发展阶段，因此在开发山地户外运动产业时要注重落实非均衡协调发展的策略。东部地区的技术水平、经济水平等相对来说较高，并且人们也具有更加先进的生活方式和价值观念，这些无疑都有利于山地户外运动产业实现迅速发展。所以，山地户外运动产业的发展能够从“梯度推移理论”得到部分借鉴和启示，以明确自身的发展路径。

（五）区位理论

区位是地理学之中的一个基本概念，它是对事物空间关系的一种反映。从区域发展的角度来说，区域还是对某地区与其他地区之间的空间联系的反映。区位理论指的是，研究地域因素如何决定并影响人类经济活动空间分布的理论。该理论到目前已经形成了三个大的流派，这些流派和山地户外运动产业的布局理论、山地户外运动资源理论具有紧密的联系。

1. 成本学派

在成本学派看来，决定企业工业布局和经济活动的目标函数是生产成本极小化。该学派最早的代表人物当属“区位三角形”这一概念的提出者——德国学者龙赫德。同样来自德国的阿尔弗雷德·韦伯（Alfred Weber）对最低费用区位理论作了进一步的补充和完善，使其发展成一个系统的学说。在他看来，运输成本、劳动力成本、聚集这三个因子对工业区位起着决定作用，一个工业区位处在这三个指向总费用最低之处才是最为合理的。他的这些思想无疑让区位理论的内涵变得更加丰富。此外，成本学派追求最低成本的思路对区域山地户外运动产业的布局及其可持续发展有着非常重要的意义，在对区域内部和区域之间的诸多要素进行综合考虑的基础上，应选取与本区域情况最为相符的山地户外运动产业特色项目加以开发。

2. 市场学派

市场学派的终极目标在于最大化地服务于市场。伴随着经济、社会、信息化、科技等诸多方面的持续深化发展，企业不再单纯考虑成本问题，而是更加注重产品的销售问题。

德国学者克里斯塔勒（W.Christaller）和勒施（A.Lorsh）在20世纪三四十年代提出了市场区位理论，并对该理论进行了发展。克里斯塔勒（W.Christaller）通过研究指出，圆形是某种服务店的最佳服务面，它的半径可以通过开设服务点的各种成本和到达服务点的耗率求得。在实际的经济社会中，竞争会逐渐让圆形转化为正六边形的市场区。克里斯塔勒还提出另一个重要概念——临界人口，即每个服务店必定存在最低服务人口，不然便无法维持经营。另外，依照不一样的原则构建起来的市场区，它们的影响力、控制范围也存在差异。勒施（A.Lorsh）则运用数学方法证明了如下观点：在现实经济生活中往往通过多个市场区重叠、挤压而形成一个蜂窝状的网络，再由不同产品的网络叠加最终形成城市。

市场学派中所蕴含的满足消费者需求、接近市场等思想，实际上和提供户外休闲运动服务的产业主体的市场开发理念是彼此吻合的，它能够指导山地户外运动产业的布局，是山地户外运动产业布局原则中市场消费需求原则产生的基础。市场学派在对区位进行分析时所思考的诸多因素，例如人口、交通、消费者需求、商业风险、销售费用等，实际上也是山地户外运动产业开发市场时所应考虑到的重要问题。

3. 行为学派

英国学者丹尼逊等人在20世纪30年代的时候就认识到成本学派、市场学派在对区位布局进行考虑时忽略了人的因素，主要是布局决策者这一因素。其后也有一些学者提到很多工厂并不是依照理论上的最佳位置来确定最终选址的。美国学者瑞德（A.Pred）提出行为矩阵式图来对上述现象进行了解释，在他看来：在相对成本、绝对成本逐渐下降之后，便会愈加突显出决策者主观行为的重要性，决策者要对诸多因素加以考虑，通常他所把握的信息和知识越多，所做出的最终决策也会更加理性，选取的区位也会更加合理。另外，该学派还研究了消费者、企业员工等因素对选择区位所带来的影响。

该学派的理论对区域山地户外运动产业如何选取发展策略产生了较大影响。由于该理论对在区位选择时人的因素进行了强调，因此，山地户外运动产业的发展决策是在诸多因素的影响下做出的，决策的确定是由具体环境情况所决定的，因此这些决策并非是完全理性的。所以，在山地户外运动产业布局方面需要政府做出一定的宏观调控。

二、区域发展总体规划理论

区域规划指的是在正确把握区域系统发展规律的基础之上，立足于具体区域，对区域内环境、经济、资源等诸多要素的关系进行综合协调，以达成构建和谐的人地关系系统的目的，为将来区域的中长期发展做出相应的部署。区域总体规划定然涉及很多方面，这里选取和山地户外运动产业发展相关的方面进行重点阐述。

（一）明确区域开发方向

区域开发方向指的是人们在将来一段时间针对区域系统发展所展开的总体设想，又因为区域系统的核心在于经济，所以现实的区域开发方向更加集中在对经济建设、区域资源开发的总体设想上。

要对区域山地户外运动产业发展进行总体规划，首要的工作就是确定区域山地户外运动产业的开发方向，唯有做好这一步，才能顺利开展后续工作，因此要认真对待该项工作。在对区域山地户外运动产业开发方向进行确定的时候，要着重思考下列几点：一是国家宏观背景或者是高层次的区域山地户外运动产业发展背景；二是所开发区域的现实情况；三是区域周边山地户外运动产业的开发现状以及发展趋势；四是市场对该产业的需求情况以及变化的具体趋势；五是科技发展现状及未来趋势。

（二）明确区域开发方向应遵循的原则

第一，客观性原则。区域系统隶属于客观存在范畴，其自身运动遵循着特定的客观规律，因此在对开发方向进行确定的时候要考虑目前区域的现实情况，绝不可单纯地凭借主观意愿做出判断。

第二，综合性原则。确定方向需要对诸多因素加以综合考虑，因为多种因素的作用共同规定着区域开发的方向。具体来说要着重注意下列几个方面：一是对人文因素、自然因素等的综合分析；二是对区域系统当前状况和将来趋势的综合分析；三是对市场变化和区域所具有的山地运动优势的综合分析；四是对区域彼此之间的关联所展开的综合分析。

第三，最佳效益原则。区域是一个有机整体，它涵盖了自然、经济、社会、生态环境等诸多领域。因此，开发区域的最终目的不仅是得到经济利益，而且要确保获得一定的生态环境效益和社会效益。在对区域开发方向进行确定的时候，应当兼顾经济效益和社会效益等，也就是要始终遵循最佳效益原则。

明确区域山地户外运动产业开发方向和制定区域山地户外运动产业发展战略的过程具有很大的相似性。

（三）区域开发重点的选择

1. 选择重点的意义

区域山地户外运动产业的开发重点包括两方面，一是部门重点，二是地区重点。选择开发重点是对该产业进行总体规划开发的一个核心事项，它能够对该产业的发展起到重要的推动作用。其原因在于区域山地户外运动产业开发无论从何种方面来说都呈现出非均衡现象，不同的地区和部门在各个开发阶段所具有的作用和地位也是有差异的。另外，区域山地户外运动产业的开发是一个系统工程，极为复杂和庞大，唯有明确重点，着重发展关键地区和部门，才能对整个区域的产业开发起到有效推动作用。此外，各区域所具有的户外运动资源是有限的，且有着特定的组合结构，客观情况的限制性决定了要先把这些资源集中在重点地区和部门，以符合体育资源结构的规定性，依照重点地区和部门的发展来促进整个区域山地户外运动产业的进步和发展。

2. 选择重点部门的依据

区域山地户外运动产业开发的重点应该选取何种部门没有固定模式可以参考，唯有依照本地区的实际情况进行具体分析，才能做出最合理的决定。通常来说要对如下因素进行考虑：区域当前所处的具体发展阶段、比较利益、带动作用、区内关联等。应当遵循的基本指导思想如下：加快发展山地户外运动瓶颈产业，加大对山地户外运动先导产业的扶持力度，推动发展山地户外运动主导产业，配套发展山地户外运动相关产业，优先发展基础产业。

3. 重点开发地域的选择

从理论的角度来说，区域山地户外运动产业开发的空间模式有：据点式开发模式（也称增长极）、点轴开发模式、网络开发模式等。位于不同地区，处于不同发展阶段的区域应当采取的山地户外运动产业开发模式也是有差异的。要依照区域的实际情况、发展阶段以及区域之间的矛盾现状来确定各个区域开发山地户外运动产业的重点。开发时可遵循下列规律：点—轴—网络—面。也就是说，区域初步发展时应当对区域的某个或某些点进行重点开发。若是所处地域已经较为发达，那么要将开发重点置于对社会问题、生态环境问题的解决方面，因此可以对某地块或者是网络加以重点开发。若是区域已经具备一定基础，但是又没有较高的经济发展水平,那么可以对某个轴带或者是轴带上的一系列点进行重点开发。但应当注意的是，并非全部区域都遵循该规律，应当依照现实情况展开具体的分析。

三、区域开发模式理论

（一）增长极开发模式

不要将增长极开发模式理解为增长极理论在区域开发中的应用。实际上，增长极理论是纯粹的理论，尚未被严格的逻辑证明过，尽管它能作为对区域发展进行规划和区域经济政策进行制定的依据，但是并不能将它视作某种可应用的具体组织模式。所以，增长极开发模式实际上是在各大城市的区域开发成功实践经验中形成的。

增长极开发模式是以下列事实作为基础提出的：若是当前的区域发展资源保持不变，那么就无法均衡全面地将增长极在整个区域内部铺开。那么对于有限的资源，怎样使用才能让发展效果达到最佳？依照增长极开发模式的观点，首先应当得到发展的当属作为增长极的城市，因为它具有更大的经济产出。如果城市在诸多方面都更具先进性，能够在关联附近地区的同时，将支配效应、分配效应、乘数效应等发挥出来，那么就能够组织更多的区域经济活动，对区域发展起到有效促进作用。

当前我国的区域山地户外运动产业处于初步发展阶段，应当在既有条件的基础上，争取使我国山地户外运动产业有计划、有步骤地实现健康发展，将有限的物力、财力投入到具有较大发展潜力、具备较优区位条件的城市中，将它们当作区域山地户外运动产业的生长点，培育和发展该产业的主导产业，让城市顺利地发展为本区域内的增长极。该区域形成增长极之后，它会发挥自身的扩散效应、极化效应等，从而将它们自身的创新成果、经济动力等传播至其他地区，从而对整个区域的发展起到带动作用。

（二）梯度开发模式

梯度指的是不同的地区有着不一样的经济发展水平，促使区域经济从最初的低水平逐渐过渡至高水平阶段的空间变化过程。梯度开发这种生产布局模式实际上是非均衡的。它不同于前文提到的增长极开发模式，它在开发过程中关注到了经济水平较高的城市的发展，同时将更多的注意力放在开发广大经济腹地上。它试图在高梯度地区将经济发展体系构建起来，从整体上促进地区发展，让该地区具有更强的向外竞争力。所以，该模式是在各梯度地区之间实现的，但是细化到区域内部来说，可能采用的仍旧是增长极开发模式，也就是先重点开发城市。

梯度开发模式在探索我国山地户外运动产业发展战略方面同样适用，因为山地户外运动产业中开展部分本体产业需要特定条件的支持，而社会经济发展水平相对较高的区域在基础设施、收入水平、体育资源存量投入等方面都具有较高水平，相较于中、西部来说，我国东部地区显然更具优势。

（三）优区位开发模式

优区位开发模式是以区位论作为其理论基础的。区位论是人类对空间活动场所进行选择的理论，它研究的是人类怎样能够选择出最佳的空间活动地址问题。依照经济学理论，区位论让人们选择的应当是成本最低但是又能获得最多效益的点，也就是最优区位。

根据区位论的观点，能够对区位产生影响的因子有很多，例如自然资源、信息条件、交通状况、人口劳动力资源、社会经济条件等。优区位开发模式就运用区位论所揭示的经济空间布局在空间上指向优区位的规律来进行区域空间结构的组织，是一种点状跳跃式的区域开发模式。因为各个地区具有不同的经济发展条件，在一些发达地区也包含部分欠发达地区，同样在欠发达地区中也定然具有优区位地区。依照区位因子所发挥作用的差异，优区位地区又能够具体分为多种类型，比如位置型优区位、资源型优区位、综合型优区位、经济型优区位等。所以要重点开发建设最优区位，推动区域整体经济水平的提升，这样也有利于周遭地区的进一步发展。

对我国的经济空间布局来说，优区位开发模式发挥着指导作用。我国地域广阔，每个地区都有各自的资源禀赋，且不同地区有着不一样的社会经济发展状况和发展阶段，因此点状跳跃式的优区位开发模式更适用于我国各个区域。我国西部并不具备较高的社会经济发展水平，在发展山地户外运动产业时，它的诸多方面都落后于东部地区，比如资金、地理位置等，但不可忽略的是，西部地区有着独特的自然风光、民族体育活动等，这又是东部地区所缺乏的。所以，我国比较适宜采用优区位开发模式来发展山地户外运动产业。

第二节 区域山地户外运动产业高质量发展的社会指标体系

我国是一个多民族国家，不同地区具有不同的自然资源优势。无论我国的哪个地区，在发展山地户外运动产业的时候，都具有外在约束因素，因此，在研究我国区域山地户外运动产业的理论时，怎样借助社会指标体系对每个区域发展山地户外运动产业的项目、时机、程度、情况等进行客观、科学的评价是一个关键问题。

一、社会指标体系

（一）社会指标体系的含义

最早提出社会指标一词的人是美国学者雷蒙德·鲍尔（Raymond Bauer），是在其《社会指标》这一著作中提出来的，该书的发表时间为 1966 年。根据他的观点，社会指标是一种对“社会在准则、价值和目标等方面的表现”进行判断的一个重要依据，是“作为具有普遍社会意义的社会状况的指数”，它“扩大”和“补充”着经济指标，“在那些通常不易于定量或不属于经济学家专业范围的领域内，为我们提供有关社会信息”。其后，美国又出现了相当多的著作对社会指标方面展开研究，学者们纷纷提出了他们对社会指标的理解。总的来说，国外较多学者认为社会指标理应包括社会结构、社会行为和社会发展过程的变化，一般他们对社会指标所作的定义如下：关于社会变化的关键性、具有战略意义或概括性的度量。所以说重点不在于提出解释指标，而在于研究整体数据。我国则是在 20 世纪 80 年代初期开始对社会指标的相关理论和应用等进行研究的。在中国，社会指标往往会和社会统计指标共同使用。社会指标是对社会发展进程加以全面衡量，制定社会发展的具体规划和目标的一种重要数据指标。它能够用数量将社会现象表现出来，能够对社会现象总体的数量特征进行反映。

在科学研究领域，“指标”指的是能够将事物总体现象反映出来的具体数值和特定概念。根据不同的功能和作用，指标又能够具体分成两种，一是描述性指标，二是评价性指标。前者往往能够独立存在，对社会经济现象的真实状况进行一定的反映，其所运用的计量单位通常是有规定的，不可直接加总，其特点在于有基础性、元素性。而评价性指标则一般是在某理论的指导下，为了对某种社会经济问题进行说明而对比至少两种社会经济现象，并加以计算且最终得出的，它其中蕴含了更多的诊断、分析、评论等。“体系”即依照某种规则的彼此依赖、彼此作用的关系所统一起来的事物的集合体或者总体，一种由发展或事物的相互联系的性质所形成的各部分的自然结合或组织。因此能够知道，指标体系实际上就是由一系列彼此制约但又彼此联系的指标组合而成的完整的、科学的总体。

（二）区域山地户外运动产业发展指标体系的基本功能

1. 描述功能

能够将某个时期我国每个区域在发展山地户外运动产业的社会经济外环境的实际情况真实、客观地反映出来。

2. 监测功能

能够把我国各个地区在发展山地户外运动产业的过程中，外在的社会经济环境所发生的总体变化动态地反映出来，并能够给现存问题提出解决之道。

3. 预测功能

社会指标体系能够在对当前和过去展开深入分析的基础上，摸索和总结出区域山地户外运动产业自身的发展变化规律，从而预测该产业将来的变化趋势。

4. 评价功能

将社会指标体系当作测量尺度，用它来测量和分析区域山地户外运动产业发展的社会经济外环境以及它的发展变化状况，并在此基础上加以比较和分析，从而能够大体判断和评价不同地区或者国家的社会发展进程。

5. 调控功能

将指标体系所反映出来的现实社会经济外环境情况作为重要依据，据此来制定和落实各项相关政策，动态调控我国区域山地户外运动产业的发展情况，从而令我国区域山地户外运动产业的发展更加有序和健康。

二、社会经济外环境指标的理论构建

（一）社会经济外环境指标的筛选原则

1. 目的性

对指标的筛选始终要坚持一个目的，即促进区域山地户外运动产业的发展，以及推动我国社会经济的进一步发展。

2. 联系性

因为多种因素都能够对区域山地户外运动产业的发展产生影响，所以应当对影响区域山地户外运动产业发展的各项社会指标之间的内在联系、数量关系以及规律性等进行较为全面的认识。

3. 科学性

坚持以发展区域山地户外运动产业为目的而筛选出来的一系列社会指标一定要有其科学理论依据。在实践方面也应当始终保持其实效性和可行性，唯有如此，才能用这些社会指标来搜集资料，才能在此基础上开展科学和正确的分析及应用。

4. 统一性

最终筛选出的社会指标应当具备统一性，统一性具体含义如下：一方面，从指标体系的内部关系方面来说，同一社会指标，其口径范围、含义、计算时间和方法、空间范围等必定是相统一的；另一方面，从社会指标体系和外部关系方面来说，还必定要和其对应的计划指标保持一致。

5. 可比性

以发展区域山地户外运动产业为目的所最终筛选出来的社会指标不仅要具备以上诸多特性，更重要的还在于它们要具备可比性，其原因在于唯有这些社会指标具备可比性，才能够将较为准确的信息资料提供给人们。具备可比性的含义如下：第一，在不同空间或者时间上都应当具备可比性；第二，在比较不同地区的时候，不仅要在指标的范围、口径等方面保持一致，通常还要用比例数、平均数、相对数等加以比较，以增强可比性。

6. 可行性

应当对目前既有的社会统计信息财富加以充分开发利用。当前已经有了大概1500 个社会统计指标，但很多都没有被具体应用过。因此，应当以发展区域山地户外运动产业为目的对诸多社会指标加以筛选，并将那些恰当的社会指标体系选择出来，让它们构成专用指标体系，从而为后续的操作和分析奠定坚实基础。

（二）构建社会指标体系的依据

山地户外运动产业隶属于产业部门集合，它始终受到社会经济的影响，山地户外运动产业的发展水平在很大程度上取决于当前社会经济的具体发展水平。唯有社会经济水平在整体上得到提升，山地户外运动产业才能够实现更好更快的发展。山地户外运动产业属于休闲产业，自然也是国民经济的组成部分，在我国市场经济条件下，山地户外运动产业的发展必然会受到很多社会经济因素的影响。

首先，形成和发展山地户外运动产业最为重要、最为基本的条件就是人们的物质文化需要。物质文化需要的诸多方面都对山地户外运动产业的发展起着决定作用。在现实世界中，人们的物质文化需求始终处于动态变化的过程之中，当人们收入尚未达到一定水平的时候，需求更多停留在温饱问题的解决上，而当人们有了更高的收入之后，人们的消费结构也会随之发生变化，开始更加注重对个性和时尚的追求，更加注重追求机能和便利，人们的消费需求也不再固定和单一，而是充满了多变性和多样性。山地户外运动产业正是在人们需求结构持续变化的过程中慢慢发展起来的。

其次，发展山地户外运动产业的基本保证在于稳定供给资源和赢得社会资本的支持。唯有社会经济水平始终处于上升和提高的过程之中，山地户外运动产业才能够持续地得到外界的各种资源，比如信息资源、劳动力资源等，并加以消化吸收和做出相应的转化，促进山地户外运动产业的进一步发展。

出于上述原因，我们从区域社会经济发展水平入手来研究山地户外运动产业发展的外环境。而这里所说的外环境，具体指的是对山地户外运动产业产生影响的外部社会经济发展水平的具体情况，它并不涵盖自然环境以及山地户外运动产业系统内部情况。因为各个地区具有不一样的社会经济发展水平，影响山地户外运动产业发展的力度定然也存在差异，所以必须构建社会经济指标体系，对各地区的发展水平展开客观、正确的评价和分析，从而在理论方面为山地户外运动产业的有序健康发展提供依据。

（三）社会指标体系的构建

对多个初选指标进行筛选，并将他们划归为以下五个大的类别：社会结构、经济效益、人口素质、生活质量、基础设施与环境。选取具有典型的社会经济含义的指标，让它们直接参与到分析之中，另外将初选指标中和山地户外运动产业、社会经济和第三产业关系较为紧密的指标选取出来加以分析，最后选取 25 个指标分类展开因子分析。

依照因子分析结果，我们能够把对区域山地户外运动产业发展产生影响的外环境的社会经济指标体系构建起来。社会结构由第三产业从业人员占地区就业人员的比重、第二产业产值占 GDP 比重、城镇人口占总人口的比重、文教科学卫生事业费占财政支出比重 4 个指标构成。经济效益指标由人均地方财政收入、人均社会固定资产投资额、人均地区生产总值、工业增加值率 4 个指标构成。人口素质由普通中等学校在校学生占地区人口比重、人口自然增长率、科技活动人员占总人口比重、每万人口拥有医生数占总人口比重 4 个指标构成。生活质量主要由城镇居民人均居住面积、职工平均工资、城镇居民家庭人均纯收入、人均绿化面积、城镇居民恩格尔系数 5 个指标构成。城市基础设施与环境水平主要由污水处理率、电视人口覆盖率、每万人拥有公共交通车辆、人均拥有城市道路面积 4 个指标组成。

第三节 区域山地户外运动产业高质量发展的结构理论

一、山地户外运动产业结构概念

（一）区域产业结构概念

不管区域经济当前是何种发展水平，正处于何种发展阶段，它都会具备产业结构，产业结构在很大程度上影响着区域经济的健康顺利发展，另外产业结构分析和评价也让其存在变得更加合理化。同样，区域山地户外运动产业的发展是不是健康和可持续的，在很大程度上和产业结构是不是合理是有关联的。区域产业结构具体指的是在特定的区域各个产业之间的组合状态以及他们彼此之间的比例关系和相互联系等。此种联系以及比例关系能够从以下两方面加以考察，即质和量。“质”具体指的是不同的产业之间及其内部在质量方面是不是彼此适应，也就是探索在国民经济各个产业之中分布着的各种经济资源的彼此依存、彼此联系、彼此提升资源配置效率的运动关系，并将各个产业间对资源要素的利用效率反映出来，它牵涉的是结构效益和产业结构高级化等问题。它通常要通过价值指标和就业指标来衡量。“量”则具体指的是不同的产业之间及其内部从数量方面来说是不是与比例相符合，也就是对产业间的“投入”“产出”数量比例进行研究。

这种关系表明国民经济各个产业之间具有如下联系：某个产业的产出就是另外一个产业的投入，某个产业的投入就是另外一个产业的产出，投入产出关系实际上就是产业之间在投入和产出方面所展现出来的彼此依存关系，它是对各个产业间资源要素是不是得到了合理配置这一问题的反映。

（二）区域山地户外运动产业结构概念

区域山地户外运动产业也是产业的一种，因此对其发展进行研究时也要对其产业结构问题展开研究。其原因在于无论何种产业都定然存在结构问题，若是结构不同，那么其生产要素的空间配置、排列次序等定然也会具有差异，不同类属的产业既具备产业共同特征，同时它们自身也具有鲜明的特性。因此对区域山地户外运动产业结构的状况加以研究和分析，既能够了解在发展时山地户外运动产业之间在市场交换方式方面所具有的关系，同时也能够为区域山地户外运动产业发展政策、战略等的制定在理论方面提供一定依据。我们对区域山地户外运动产业结构所作定义如下：指一定区域山地户外运动产业间的组合状态以及它们彼此之间的比例关系和联系。

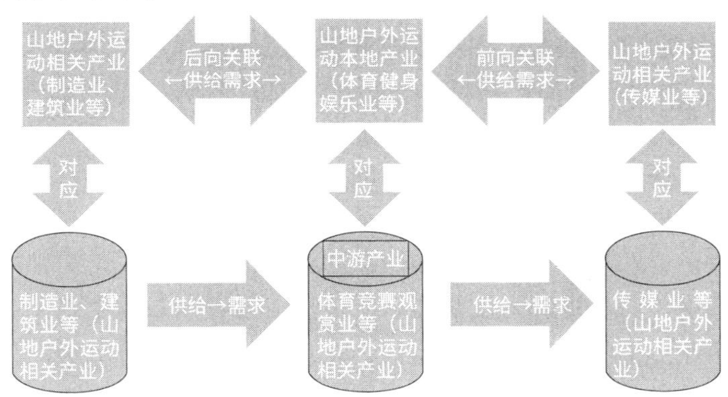

图 6-3-1 区域山地户外运动产业链的上中下游产业示意图

二、区域山地户外运动产业的基本结构形态

（一）山地户外运动产业的社会再生产结构

山地户外运动产业的社会再生产结构，具体是指山地户外运动产业在参与社会再生产的过程之中，各个产业彼此所构建起来的比例关系。在进行社会再生产的时候，山地户外运动产业的发展过程需要对其他产业的产品进行吸收，并将它们作为生产资料进行生产，同时产出其他形式的消费品来令人类的相关需求得到

满足，同时也能够产生一些新型生产消费资料供其他的产业消费。举例来说，山地户外运动本体产业能够对其上游企业，也就是体育用品业生产的山地户外运动用品进行吸收，将它们投入到山地户外运动产业具体的生产活动之中。另外，山地户外运动产业能够将它所创造出来的产品或者是生产要素提供给它的下游企业消费，比如传媒业等。恰恰是因为行业之间具有一定的供需关系，各个产业才能在参与经济活动的同时维持自身的存在及发展。由此可知，山地户外运动产业和其他产业共同构成了社会再生产链条，它要求彼此关联的产业都要以恰当的比例和国民经济共同发展，若是某个环节占据了太大的比重，那么定然就会导致剩余和浪费问题；而若是某个环节占据着太小的比重，那么它就变成了再生产过程的妨碍和瓶颈，不利于山地户外运动产业的整体发展。

应当指出的是，在不违背再生产规律的前提下，也要对国家和区域的开放性因素加以充分考虑，若是市场经济和条件允许，那么就能够通过跨国家、跨地区来维持产业之间恰当的比例，因此不必过于强调和追求某个地区或国家在产业结构方面的完整性和独立性，不必为此而降低效率，因为这样往往会不利于山地户外运动产业的健康持续发展。

（二）山地户外运动产业的需求结构

山地户外运动产业需求能够分为以下两类，即山地户外运动消费需求以及山地户外运动投资需求，所以山地户外运动产业间的需求结构，具体指的是山地户外运动各产业的消费量和投资量在需求之中所占的比重。山地户外运动产业的消费量含义如下：一是指山地户外运动产业的最终消费量，二是指山地户外运动产业的生产消费量。前者可归为生活需求的范畴，后者则归为生产需求的范畴。山地户外运动产业链上的所有企业作为社会总需求能够具体分解为以下几个部分：供人们户外运动健身的消费需求、供山地户外运动开展的投资需求、供下游产业生产的投资需求。另外，应当清楚的是，唯有山地户外运动产业链上的上、中、下游各个产业之间保持较为恰当的消费量和投资量比重，山地户外运动产业的产业结构才可以变得更加合理，才能够确保区域山地户外运动产业健康持续发展。

（三）山地户外运动产业的投资结构

山地户外运动产业的投资结构，指的是在一段时期内山地户外运动产业投资在各个行业之间的分布情况，它包括两种投资结构，一是增量投资结构，二是存量投资结构。山地户外运动产业的投资结构是山地户外运动产业结构研究中不可忽略的根本问题，对山地户外运动产业结构进行调整就要重点对其投资结构进行调整。其中，对区域山地户外运动产业增量的投资结构进行调整，能够对将来一段时间该产业的供需关系产生影响，并在一定程度上决定着各个区域和各个产业彼此之间的关系；而对山地户外运动产业存量结构进行调整，也就是进一步减少低效率产业当前的数量，增加高效率产业的数量，既能够让产能过剩问题得到消解，同时还能达到优化产业结构的目的。

我国在实现体育产业化的过程中历经了不少曲折，但也达成了一定成就，比如起初体育投入品往往都需要国家投资，而当前山地户外运动产业已经基本能够“自给自足”，从而让政府不再承担过重的财政负担，并且该产业的投资结构也发生了改变，不再由国家独立投资，而是实现了国家和社会的多方投资。但不可忽略的是，我国是人口大国，目前这些投入品还远远不够，从山地户外运动产业链来说，这些投入品都属于山地户外运动产业本体产业的上游企业，是山地户外运动产业本体产业不可或缺的一些基本生产要素。

另外，伴随着社会经济的腾飞，人们有了更高的运动文化品位，并且追求多样的户外运动方式，一部分新兴的山地户外运动项目涌现出来，这就对各个区域提出了更高的要求，即依照当前既有的资源禀赋，对增量投资结构加以适当调整，投入更多的资源对有开发价值的山地户外运动项目进行开发。应当特别指出的是，无论是对增量投资结构进行调整，还是对存量投资结构进行调整，都应当赋予企业投资主体经营权，切实做到政企分离，唯有如此，才能够将更多的投资吸引过来，让山地户外运动产业的投资结构得到优化调整，从而发展得更加合理化。

（四）山地户外运动产业的就业结构

山地户外运动产业的就业结构，指的是山地户外运动产业所有就业者在各个行业之间的具体分布状态。该结构既受到产业自身需求增长的影响，也受到技术发展进步的重要影响。在社会对某产业有了更大的需求时，该产业的就业需求也会得到一定提升；当某产业有了更加先进的技术时，那么相应的就会降低对劳动力的需求。

作为一个人口大国，就业问题是我国较为重视的问题，伴随着我国工业化程度的不断提升，我国更多的人口将慢慢脱离第一产业和第二产业，开始从事第三产业。而山地户外运动产业无疑属于第三产业的范畴，它的产业关联效应也是不可忽视的，它的发展能够对其他产业的发展起到带动作用，举例来说，山地户外运动能够带动旅游、餐饮、制造、住宿等各个产业的进一步发展。山地户外运动产业能够提供较多的就业机会。伴随着人民生活水平的提高，人们在体育运动休闲方面的消费支出不断增加，从而和山地户外运动产业的相关产业产生了良性互动效应，能够对山地户外运动产业以及其他相关产业起到重要推动作用，并且提供了更多的就业岗位。

（五）山地户外运动产业间的技术结构

山地户外运动产业间的技术结构，指的是山地户外运动所有相关产业所运用的具有不同先进程度的技术手段在整个技术体系之中的构成比例，以及它们彼此之间的联系。对山地户外运动产业间技术结构展开研究，目的是探求高新技术在不同产业之间的转移和分布，探索不同产业间的协调性和在技术方面具有的关联，以及它们对经济发展方面所带来的影响。

伴随着科技的飞跃式进步，山地户外运动产业的发展对科技也有了越来越高的依赖程度。从山地户外运动本体产业的发展对其上游产业和下游产业的需求方面来说，上游产业所取得的成效和发展能够极大地推动位于中游的山地户外运动本体产业的发展。也就是说，当户外运动投入品具有更高的技术含量时，山地户外运动的消费需求更容易得到满足。另外，科技的发展令山地户外运动产业有了更大的社会影响力，它不仅能够让人们的户外运动需求得到一定满足，还能够生成新的生产要素，供其下游产业实施再生产。因此山地户外运动产业间的技术结构如果安排得较为合理，那么山地户外运动产业就能够更加顺利地实现健康可持续发展。

（六）山地户外运动产业间的区域配置结构

山地户外运动产业间的区域配置结构，实际上是对国家或地区的山地户外运动产业的生产力以及相关资源的空间布局关系的一种反映。其研究内容是山地户外运动本体产业以及其他有关产业在不同的区域进行配置的必要性及必然性，还有对结构进行调整的可能性。

区域的相对优势在很大程度上决定着山地户外运动产业间的区域配置结构。因为当前我国实行的是市场经济体制，所以价值规律会发挥其引导作用，令山地户外运动产业以及与之相关的产业在某个区域内集中，但是仍旧不可忽略国家的调控作用。

在对山地户外运动产业进行发展时，不可实施均衡发展战略，而应当以各地的资源禀赋、社会经济状况、户外运动资产存量结构等为依据，投资开发适合各地的山地户外运动项目。另外，由于山地户外运动各个项目的开展大多离不开对自然资源的运用，而这些自然资源在少数民族地区或者是内陆地区分布得更多，因此，山地户外运动产业的发展除了要遵循经济价值规律，还要积极接受政府调控，令该产业拥有更加合理的区域配置，实现产业健康发展。

三、影响山地户外运动产业结构演化的动因

经济活动是人为事物的一种，而人为事物所具有的共同特征取决于内外部环境。多种因素会对经济活动主体决策造成一定的影响，并且这些因素始终处于变化过程中，经济活动无法准确地对它们的变化进行预测和把握。事实上，经济活动主体是以某些特征或者是某些主要要素为依据来做出反应的。在经济秩序保持正常状态的时候，谋求和环境相适应，实际上指的是谋求时点和时序两方面的适应：前者指的是在某个时点上山地户外运动产业的规模能够和外部环境特征保持一致性；后者指的是在某个时点上要具备下一时点对环境加以适应的能力。山地户外运动产业结构所发生的变化，是由经济因素、非经济因素等共同决定的，换句话说，所有能够对经济发展造成影响的因素都会对山地户外运动产业结构产生直接作用或者是间接作用，对山地户外运动产业结构的发展变化起到促进作用或者是妨碍作用。这些因素具体指的是：国民经济发展状况、技术变动、区域政策、供给因素、需求因素和国际贸易等。

（一）国民经济的发展状况

国民经济的发展情况和山地户外运动产业的发展是彼此制约、彼此影响的，具体有如下表现：第一，山地户外运动产业的发展规模在一定程度上取决于经济规模总量；第二，山地户外运动消费能力受到人均国民收入情况的制约。毫无疑问，文化、政策、消费意识等因素也对该产业施加着影响，但这里我们集中在国民经济角度展开分析。通过发达国家在山地户外运动产业方面的发展历程可以看出，山地户外运动产业是在人们的基本生存需求得到满足，有更多的钱财、时间和精力时才慢慢起步的，并且在国民经济发展水平持续上升的同时，山地户外运动产业所占据的国家 GDP 比重也在逐渐地增加。

（二）技术变动

技术变动的含义是技术实现了进步发展，或者是技术结构产生了变化，这是产业结构发生变化的一个重要因素，并且能够促使产业结构更加合理化，增进产业之间的联系。技术的进步发展给山地户外运动产业带来了下列影响：

第一，技术的发展进步能够对山地户外运动的需求结构产生影响，从而使山地户外运动产业结构发生变化。详细地说，就是技术变得更加先进之后，山地户

外运动产业链上的产品成本会有所降低，市场进一步扩大，从而引发需求的变化。技术进步会降低户外运动资源消耗弹性，增加可替代户外运动资源，从而令生产需求结构发生一定变化。技术进步还会令山地户外运动消费品有所升级，从而令其消费需求结构也发生一定程度的改变。举例来说，科技进步令山地户外运动产业的上游产业，比如制造业等，有了更低的生产成本，减少了资源消耗，从而令消费市场得到进一步扩大，增加了市场需求；另外，以往的山地户外运动赛事只能现场观看或者是看电视直播，但伴随着科技进步，该赛事已能够实现全球直播，从而促使企业和媒体等买断山地户外运动的无形资产并实施一定的广告宣传。此外，户外运动人员会逐渐提高自身的技术水平，这无疑又会促使山地户外运动产业链的生产需求结构发生一定的变化。

第二，技术进步会给山地户外运动产业的供给结构带来一定影响，从而令山地户外运动产业结构发生变化。具体来说有以下表现：技术进步会进一步提高劳动生产率，从而使得山地户外运动产业分工加深，促使山地户外运动产业经济得到进一步发展，如形成户外运动用品产业集群，令生产方式更加高效。技术进步能够为新兴山地户外运动产业的涌现奠定基础，并且促使产业结构不断升级。另外，技术进步还会令国际竞争格局发生较大变化，从而又进一步引发单个国家在山地户外运动产业结构方面的变化。

（三）区域政策

区域政策，尤其是区域产业政策会对山地户外运动产业结构产生直接的影响。区域政府借助区域政策这种工具来对区域经济进行干预，在政府的把控之下，区域政策会令区域内的文化、社会经济、资源禀赋等倾向部分区域，从而对市场机制下产生的空间结果进行调整，以达到促进山地户外运动产业发展、协调区域整体经济格局、推动区域经济发展的目的。

从宏观的角度来说，区域政策对山地户外运动产业所施加的影响更多地通过国家整体的体育发展性质和方向体现出来。另外，区域政策能够令山地户外运动产业结构发生一定的变动。若不同区域的思想意识形态和区域政策有所区别，那么户外运动产业便会具有不同的结构演进环境，它们结构发生变化的规模和进度也会存在差别，相应地所实施的政策措施也各不相同，若是政策方向始终保持正确，思想观念也契合当今时代发展，那么就能够推动山地户外运动产业结构的合理调整以及该产业的健康发展。尤其是在思想意识形态、政治制度等方面发生的变化，能够在很大程度上影响户外运动产品的结构的合理演进。

从微观的角度来说，区域政策对山地户外运动产业结构的演进加以干预，主要通过下列手段进行：一是激励手段，二是限制手段。区域政策能够对某区域的山地户外运动产业进行鼓励或者是抑制，同时也能够对生产要素加以间接诱导，使它们流向某区域的山地户外运动项目，从而实现改组区域山地户外运动产业结构的效应。然而，此种政策效应通常并非是在单独的某个区域产生的，而是在多个彼此关联的地区产生的。

区域政策的波及效果可谓十分巨大，它既能够对山地户外运动项目的开展起到扶持或者是限制作用，同时也可以决定和控制大部分对山地户外运动产业造成影响的因素。

（四）供给因素

1. 自然资源禀赋

当地的自然资源禀赋在很大程度上决定着山地户外运动产业结构的形成以及发展演变。因为每个国家在气候条件、地理位置等方面各不相同，所以它们也具有不同的自然资源禀赋。尽管各国都针对山地户外运动产业制定了发展战略和目标，但是在自然资源禀赋不同的现实情况下就要对山地户外运动产业结构进行恰当调整。自然资源禀赋具体指的是自然资源的数量、质量以及实际分布情况。山地户外运动自然资源具体指的是在开展山地户外运动的过程中可能会涉及的诸多方面，例如地理环境、地质状态、气候条件、综合自然环境等。它以天然存在的物质现实为山地户外运动的开展奠定了物质方面的坚实基础。

山地户外运动自然资源的具体状况要依照当地的自然资源禀赋、人们对山地户外运动资源的认知程度、人们的户外运动意识以及人们的户外运动需求情况而定。这些资源既是区域开展山地户外运动项目的必要条件，同时也是开发山地户外运动各种相关项目的基本前提和关键的物质基础。

2. 人力资源供给

人力资源的质量、数量、流向等会对山地户外运动产业结构的变动方向、变动方式等产生直接的影响。此处所说的人力资源具体指的是户外运动人力资源，即从事户外运动工作的管理人员、专业工作者、辅助人员以及其他参与者等。达到一定素质水平的劳动力朝哪个区域流动，那么该区域的山地户外运动产业就会得到一定程度的发展。

在社会结构中，人口的数量与结构等因素占据重要地位，同时它们也充当着劳动力结构的重要基础。人口在数量与结构等方面发生的变化能够对国民经济各部门的比例关系带来直接影响，从而间接对山地户外运动产业结构的发展协调造成一定影响。人口的数量和结构是不是合理，在很大程度上影响着人口和就业率等的增长情况。一个国家对自然资源、人力资源等方面配置的协调程度，还有第一、第二、第三产业人口的转移进程，也主要取决于该国人口的数量、结构和产业结构以及就业结构的关系，人口的数量和结构是无法在较短的时间内完成彻底改革的。就业结构需要在特定的人口结构这一基础上进行构建，因此人口的结构和数量制约着就业结构的形成。而就业结构又隶属于产业结构，人口在结构和数量方面发生变化时也主要是借助变动就业结构来实现调整产业结构这一目的的。

目前，我国的人口结构具有如下特点：我国虽是人口大国，但人口的素质水平、文化教育结构等方面还处于偏低的水平；人口城市化有了更快的进程，但是城镇人口数量尚且较低；人口密度进一步增加，但不同地区间的人口分布不平衡问题较为突出。上述特点无疑都不利于休闲体育产业的发展，从而使得山地户外运动产业的发展受到一定的阻碍。主要表现为：首先，过快的人口增长速度必然会导致人均国民收入的降低，不利于人民消费水平的进一步提高，从而对山地户外运动产业的发展造成了间接的负面影响。其次，老年人口在人口年龄结构中占据着越来越高的比例，这定然会导致体育人口老龄化的问题，而体育人口是山地户外运动产业的消费主体，这无疑不利于山地户外运动产业结构的调整。再次，人口的文化结构也在很大程度上影响着山地户外运动产业结构。文化程度不同的人所具有的户外运动需求也各有差异，甚至在户外运动的参与度方面也并不相同。若是文化背景不同，那么户外运动产品的消费结构也存在差异，人们的文化水平和人们对运动产品的质量要求是成正比的，因此要想让山地户外运动产业结构变得更加合理，就要不断在提升全民族的教育水平、文化素质方面付出努力。最后，山地户外运动产业人才结构的重要基础之一是人口结构。目前很多国家的山地户外运动产业发展状况良好，因为它们能够对人力资源进行充分利用，积极引进国外优秀人才来对本国户外运动资源进行开发，并令本国的户外运动始终保持在较高水平。

3. 资金供应状况

资金供应状况更多地是从总量方面来影响山地户外运动产业结构的演变的，资金供应是否充裕受国家或地区诸多因素的影响，比如社会和经济的发展情况、社会资金积累状况、储蓄率等。另外，在山地户外运动产业部门所投入的资金比例，也影响着山地户外运动产业结构的演变。通常来说，资金投入的规模越大，山地户外运动产业结构越能够实现高度化发展。此外，资金投入结构对固定资产存量结构起着决定作用，当前既有的固定资产存量结构又对山地户外运动产业结构的演进速度和方向起着决定作用。

4. 商品供应情况

对山地户外运动产业结构变动能够产生影响的商品供应因素具体包括自然资源（山地）、中间投入品（相关的设备设施、资金、运动人员等）等商品的数量和质量。从更广阔的角度来说，商品供应还应该涵盖公共配套设施、各种能源、科学技术、公共服务等。从产业链方面来说，山地户外运动产业的发展水平和其上游企业、基础产业等都有着十分紧密的关联。在山地户外运动产业链上，供需关系是定然存在的。作为山地户外运动产业的上游产业，制造业、建筑业所生产出来的商品会输送给山地户外运动产业，供其正常发展所需。另外，供应这些商品还受到诸多因素制约，比如上游产业和基础产业的发展状况、产业总体技术水平等。所以，若想让山地户外运动商品的供应状况得到改善，就要先将上游产业、基础产业和后向关联系数大的产业等发展起来。

（五）需求因素

1. 消费需求

在需求结构方面发生的变化会直接引发产业结构的改变。在社会经济飞速发展、国民收入水平逐渐提升的过程中，边际消费倾向（消费增加量和收入增加量之比）呈现出明显的递减趋势，这些都有利于发展中国家加快其工业进程，并在制造业拥有更多的资本密集型部门。因此第一产业不再占据过多比重，逐渐让位于第二产业和第三产业，这些变化都有效地推动着山地户外运动产业结构的变化发展。另外，人们的收入水平提高之后，有了更多的可供自由支配的资产和时间，因此个人消费结构也不同以往，人们更加注重在发展和享受方面的投资与消费。目前，人们的生活水平有了较大提升，在生活观念上也与时俱进，人们更加乐于通过参加体育运动来丰富业余生活。并且相较以往人们有了更加多元化的体育消费需求，更加倾向于追求山地户外运动等更加新奇、刺激、富有挑战的体育休闲活动。上述在需求结构方面所发生的种种变化都定然会直接影响到山地户外运动产业结构。

2. 投资需求

无论何种产业，其生成和扩张都离不开一个重要条件，那就是资金，山地户外运动产业自然也是如此。资金投入各种产业方向所生成的投资配置量比例，就是所谓的投资结构。需求结构将投资结构作为其具体实现条件，而需求结构是调整山地户外运动产业结构的导向。这里所说的需求又具体包含两部分，即消费需求和投资需求，而消费需求又是最终环节，因此在转换和推进山地户外运动产业结构的过程中，要始终坚持下列目标，一是全面实现山地户外运动消费需求结构，二是继续增加山地户外运动消费。不同地域的山地户外运动消费需求结构大不相同，所以为了对区域山地户外运动产业结构演进起到推动作用，应当在明确本区域消费需求特点、自然资源禀赋的基础上，分比例投资山地户外运动项目。

第四节 区域山地户外运动产业高质量发展的产业布局

区域山地户外运动产业布局，指的是山地户外运动产业的地区性配置和分布。对区域山地户外运动产业布局所展开的研究更加注重地区在产业结构方面发生的变化，以及当各种产业活动选用具有差异的空间安排方式时给绩效带来的影响。为求让区域山地户外运动产业布局更具指导性，且降低发生损失的概率，必须在科学理论指导下进行区域山地户外运动产业布局。区域休闲体育产业布局既是政策制定的结果，更是区域性资源禀赋、以往经济发展道路及制度选择的结果，所以，制定政策的具体人员应当首先了解决策的目的、路径对布局的约束及其在经济系统中的自身定位，才能确保最终所作的选择决策具有正确性和科学性。

一、对区域山地户外运动产业布局产生影响的因素

现代产业布局包括宏观布局和微观布局等方面，而不单纯是某个企业的布局。所以，能够对区位选择造成影响的因素是多种多样的。

区域山地户外运动产业的运作过程和特征不同于其他的体育活动，因此要对其进行有序开发，就需要依照特定的生产条件展开布局。影响区域山地户外运动产业布局的因素，具体指的是各种山地户外运动产品的生产在布局时对外在的区域环境所提出的要求。在不违背区域产业布局总体原则的基础上，是不是能够令诸多因素的要求得到满足，实际上关系着产业或者企业具体的布局指向以及布局的合理性。下面对影响区域山地户外运动产业布局的几个关键要素展开深入分析。

（一）自然因素对区域山地户外运动产业布局的影响

自然因素涵盖了两大部分，一是自然环境，二是自然资源。自然环境指的是人类维持生存所必须依赖的自然部分，如大气圈、生物圈、水圈等。自然环境的

种种要素都影响着人类的生存，并且这些要素彼此制约、彼此联系，共同构成了自然综合体，极大地影响着人类的产业活动。自然资源指的是人类所利用的那些自然条件，是在特定条件和时空下，能够产生一定的经济效益，从而使人类福利得到提升的各种自然条件和自然因素。

自然环境和自然资源彼此之间并不存在十分明确的界限。二者是山地户外运动产业布局形成的先决条件和物质基础，它们都是体育自然资源的构成部分，是开展山地户外运动能够直接运用的生产要素或者是在加工之后间接得到的投入品。山地户外运动产业所需要的生产要素不管是否经过人类加工，从源头上来说皆是取自自然界。山地户外运动资源包括开展山地户外运动的过程中所涉及的气候条件、地质状态、自然环境、综合自然环境等诸多方面。它以自然界客观存在的物质条件为山地户外运动的开展提供了不可缺少的物质载体。山地户外运动资源既是在某个区域内开展特殊的山地户外运动项目的必要条件，同时也是针对某些项目进行区域山地户外运动产业开发的不可或缺的基础和物质载体。

因为不同的区域所具有的自然资源、自然环境是不相同的，所以在山地户外运动产业布局中，不同山地户外运动项目的开发会受到自然资源和自然环境程度不一的影响。若山地户外运动项目对于自然环境有较强的依赖性，那么自然资源和自然环境就会直接制约着它的开发和发展。比如某山地不具备丰富的水资源，那么漂流、溯溪、溪降等项目就难以开展。另外像登山、攀岩、定向穿越等项目，实际上也间接地受到自然资源和自然环境的影响，尤其是受到地貌条件、地质等的影响。

言而总之，区域的自然资源、自然环境在很大程度上影响着山地户外运动的开展及其产业分布情况。由于区域的自然资源和自然环境又直接或间接地影响着山地户外运动产业的产品质量、劳动效率等，因此为了谋求更好的发展，山地户外运动产业可以先集中在最能够促进它发展的区位。

（二）社会因素对区域山地户外运动产业布局的影响

社会因素在很大程度上影响着区域山地户外运动产业的布局。从区域山地户外运动产业的本质上来说，它和区域社会的诸多因素都有密切关联，不管是户外运动产品，还是相关的运动服务，实际上都要受到社会环境的影响和制约。社会因素非常复杂和多元，其概念也十分广泛，这里仅就其中几个重要方面探讨社会因素是如何影响区域山地户外运动产业布局的。

1. 经济区位影响区域山地户外运动产业布局

经济区位具体指的是世界上某个地点和其他有经济意义的地点之间所形成的

空间联系，或者是某个国家、地区、城市在国内或者是国际范围内的劳动地域分工中所处的位置。经济区位的优劣在很大程度上取决于信息、交通等条件，并且经济区位决定了市场的范围。过去人们在进行产业布局的时候通常只注重自然资源和自然条件对产业分布所造成的影响，而忽略了经济区位条件这一重要因素。实际上，在山地户外运动产业的布局过程中，优越的区位、迅捷的信息联系、便利的交通所发挥的作用愈加重要。区域条件若是较为优越，那么它所蕴藏的经济潜力是超乎想象的。区域山地户外运动产业的布局在选取地址时，应当优先考虑具有较好区位条件的地区或者城市，因为这些地方有着广阔的市场和便利的交通，能够较为方便地从其他地区获取开展项目所需的各种产品、材料和能源。高效的信息渠道便于人们及时把握市场需求的变化，从而对自身的产品结构进行调整，始终和世界上山地户外运动产业的发展保持同步。所以说，优越的区位条件有利于形成各类山地户外运动产业集聚区，例如区域山地户外运动用品的产业集群等。

在把区域山地户外运动产业布局倾斜向优势区位的具体过程中，应当始终以发展的眼光看待经济区位的变动方向及发展趋势，让区域山地户外运动产业布局能够始终和整个经济区位的发展步调相一致。首先，即便在同样的历史时期内，其他相关条件的变化也会致使区位条件出现相应的变化，所以在对区域山地户外运动产业进行布局时要对这些变化加以注重和考虑，并以此为重要依据确定布局的战略重点，唯有如此，区域山地户外运动产业才能协调、健康发展。其次，所处的历史时期不一样，区位条件所发挥的作用也存在差异。随着时间的推移演进，原本因具有的优越条件所发挥的作用可能会慢慢消失，致使经济区位不再占据国内重要地位，从而不利于经济发展。因此，在对区域山地户外运动产业进行布局的过程中，既要着眼于当下，又要着眼于未来，看到优势区位在将来一段时间的发展情况，从而避免将大量的山地户外运动产业布局到不具备发展优势的经济区位上。

2. 人口、劳动力资源影响区域山地户外运动产业布局

作为自然和社会的统一体，人类不仅生产各种山地户外运动产品，提供相关服务，同时也是山地户外运动的消费者。人口、劳动力资源影响着区域山地户外运动产业的布局，这主要体现在以下几个方面。

（1）人口数量影响区域山地户外运动产业布局

唯有人和物彼此结合起来，才能实现生产。区域山地户外运动产业布局不可忽略人口因素，人口数量在很大程度上影响着区域山地户外运动产业的发展规模和资源的开发程度。通常来说，若是劳动力资源十分充足，那么就能够更加充分地对自然资源进行开发和利用，从而更加有利于生产的进一步发展。我国人口数

量庞大，有着十分丰富的劳动力资源，这无疑对区域山地户外运动产业的发展十分有利。相应地，区域山地户外运动产业的发展也提供了大量的就业岗位，该产业所产生的产业关联效应有效地构建了就业渠道。

尽管人口数量极大地影响着区域山地户外运动产业的布局，但是不要误以为人口数量越多就越能促进该产业的发展。其原因在于区域山地户外运动产业的发展需要科技和社会经济的进步提供重要推动力。尽管部分地区有着较大的人口密度，人口数量十分充足，但这只能说明在以往的某段时期该地区有着较高的经济发展水平，但不能据此判定当前该地区仍旧具有较高的经济发展水平。

人口数量影响区域山地户外运动产业布局还体现在人口的消费性方面。人口数量可以具体分为两大部分，一是生产性人口，二是消费性人口。人口只在特定年龄才具有生产性能，但是人终其一生都具有消费性能。消费者的人口数量极大地影响着户外运动产品和服务的消费市场。另外，不同年龄、性别、宗教、民族的人口对山地户外运动的需求也各不相同，因此区域山地户外运动产业布局要依照各个区域的实际情况，选取和开展较为恰当的运动项目，并控制好项目的规模，以更好地令多层次人口的户外运动消费需求得到满足。

（2）人口素质影响区域山地户外运动产业布局

人口素质这一概念具有突出的综合性，它涵盖了劳动人口的科学文化水平、技术水平、体质、心理状态等方面，它也影响着区域山地户外运动的产业布局。人们在满足自己的生理需要后，往往会开始追求发展和享受的需求。若是某个区域的人口具有较高的素质，那么这些人口的基本生存需求普遍已经得到了满足，并转而会追求高层次需求，也正是在此过程中，山地户外运动产业有了更加广阔的消费市场，并发展成为一种社会文化。同时，高素质的人口和劳动力也给区域山地户外运动产业的发展打下了坚实的基础。山地户外运动产业属于第三产业，它的发展和科技、社会的进步紧密相关，随着人类社会逐步迈入后工业化社会，具有较高素质和质量的劳动力资源在区域山地户外运动产业布局方面所发挥的作用将会越来越突出。

（3）人口分布及迁徙影响区域山地户外运动产业布局

一般来说，若是某个地区人口数量较少、不具备较高的开发水平，那么在该地区对山地户外运动产业进行布局时，不仅要迁入必需的劳动力，还要投入大量资金去建设运输、公用事业等设施。而若是某个地区人口资源充足，有着较高的生产力水平，那么在布局山地户外运动产业时，只需要进行较小的增量投资，就能够获得比较可观的社会经济效益。中国各个区域所具有的自然禀赋也存在较大不同，因此在对山地户外运动产业进行发展时，切忌脱离区域现实情况。

在人类社会之中，人口迁徙也是一种常见现象，它对山地户外运动产业布局所带来的影响，具体表现为经济相对落后地区的居民向经济相对发达地区的迁徙，以及国家内部对落后地区开发过程中居民由发达地区向落后地区的迁徙。毫无疑问，前者更能够影响区域山地户外运动产业布局。

除上述因素外，人口的宗教结构、民族结构等也在不同程度上影响着山地户外运动产业布局。

（三）社会历史因素对区域山地户外运动产业布局的影响

1. 社会经济存量影响区域山地户外运动产业布局

一个国家或者地区，不管是在经济发展方面，还是在产业布局方面，都具有突出的历史继承性。无论是社会变革还是在生产方式上发生的变革，实际上都是以既有现实作为基础，对其加以改造、优化和完善的。对当前既有的社会资本存量优势进行发挥和利用，对其劣势加以处理和改变，是区域山地户外运动产业分布发展时不可忽略的重要问题。

社会资本存量具体指的是在历史进程中遗留下来的区域特色文化、产业资本存量、经济管理资本存量、科技资本等，其中最为重要的当属产业资本存量。区域山地户外运动产业布局的一个基本特征就是历史继承性。

另外，区域山地户外运动产业资本存量，应当自始至终都是对新的山地户外运动产业进行安排的出发点。山地户外运动产业增量投入要做到尽量以现有资本存量为重要基础，并在此基础上继续加以扩展，这样无疑能够有效节约成本，提高经济效益，缩短建设周期。即便对新项目进行开发时没有资本存量可以使用，那么也要尽量选取具有较好基础设施和生产协作能力的地区，以减少时间和精力的投入。

2. 经济管理体制、国家宏观调控等因素影响区域山地户外运动产业布局

经济管理体制能够分为市场经济体制和计划经济体制。在我国实行计划经济体制期间，体育的功能更加集中在“增强体质”“为国争光”方面，所以在计划经济条件下，山地户外运动产业无从发展。在我国实行市场经济体制之后，体育的“商品属性”逐渐被开发出来并形成了具有较好发展势头的体育产业。在市场经济管理体制下，山地户外运动产业布局实际上是由市场需求控制的。因此人们偏重于单个企业布局所获得的经济效益，这就使得产业总体布局较为盲目，使得部分有着较大市场需求但利润微薄的项目供需不平衡，供小于求；而部分有着较小市场需求但是又有着可观利润的项目供大于求，从而令区域山地户外运动产业出现较大的波动，发展并不平稳。这无疑造成了人力、财力和相关运动资源的浪

费。因此我国强调“要使市场在国家宏观调控下对资源配置起基础性作用”，借助宏观调控来保证市场的稳定性。

另外区域政策也影响着区域山地户外运动产业布局。若是所实施的区域政策是正确的，那么区域山地户外运动产业的布局和发展将会更加合理；若是所实施的区域政策并不恰当，那么就会极大地阻碍区域山地户外运动产业的发展和布局。

（四）区域经济因素对区域山地户外运动产业布局的影响

1. 市场因素影响区域山地户外运动产业布局

市场这一概念是对以交换为特征的一切社会经济联系的总括。市场的消费区域较广，它不仅涵盖了最终产品的消费区域，同时也涵盖了半成品的继续加工消费区域和原材料消费区域。无论何种社会生产，其目的都在于令消费需求得到满足，并且都是通过市场交换这种形式令产品最终到达消费者手里的。若是说自然资源、自然条件、区位条件、人口条件等是从生产的可能性方面对区域山地户外运动产业造成影响的话，那么市场和消费条件对区域山地户外运动产业的影响则是从生产的目的方面实现的。

首先，市场需求对区域山地户外运动产业具有一定影响。不管是从地区布局方面来说，还是从活动场所选择方面来说，都必定要把市场需求量作为前提条件，若是需求量过低，那么区域山地户外运动产业布局就无从谈起。也就是说，产品的市场需求容量决定了是否有意义开展区域山地户外运动产业布局可行性研究，它是区域山地户外运动产业布局的关键空间引力，对市场加以了解，把握当前和潜在的生产供应能力，能够有效防止重复布局、重复建设等问题。所以，在对区域山地户外运动产业进行布局的时候，应当将对市场需求量、区域市场行情的考察和衡量放在重要地位。

其次，市场的需求量能够对区域山地户外运动产业的结构和规模造成一定影响。市场需求量实际上包括两部分，一是现实需求量，二是潜在需求量。它们二者之间的差异较大，所以，在设计产业生产具体规模的时候，必须要对潜在市场需求变化加以考量。另外，不同地区在诸多方面都具有差异，因此它们对山地户外运动产品的项目、数量、质量等需求也各不相同，所以每个地区都具有各自较为独特的区域市场需求结构。这种结构对区域山地户外运动产业布局的部门结构起着制约作用。此外，从价格方面来说，价格政策是对国家宏观调控经济的反映，若是所实施的价格政策合理，那么就有利于区域山地户外运动产业布局；反之，则会对产业布局造成较大的干扰。产品的地区差价实际上反映了在空间上商品生产和消费之间的矛盾和差异，若是地区差价保持在合理范围内，那么企业就能够较为顺利地依照价值规律对最佳期区位进行选择。另外，产品比价关系是不是合理,也在很大程度上影响着山地户外运动产业生产的地区分布及其内部结构调整。

最后，市场竞争有利于山地户外运动产业的合理集聚，并且能够对生产的专业化协作起到促进作用。通过市场竞争实践可知：若是某个企业或者是地区具有较高的专业化程度，那么它就能够在市场竞争中占据有利地位。为了提高自身的竞争力，区域山地户外运动产业布局应当不断朝着专业化协作方向发展。市场竞争可以促使生产的合理聚集。因为生产综合体具有更强的经济实力和更大的规模，因此相较于单个的企业来说，它们更能够将集聚经济效益发挥出来，能够促使山地户外运动产业对合理聚集原则进行贯彻。与此同时，市场竞争可以使得企业布局指向更有利于商品流通的合理区位。企业要尽快将产品送入市场，产业布局就应考虑选择能使产品以最短的路线、最少的时间、最少的花费进入市场的合理区位。

2. 金融因素影响区域山地户外运动产业布局

无论哪个地区要实现经济发展，都无法脱离资金这一要素。在对区域山地户外运动产业进行布局的过程中，应当对资金来源展开深入细致分析，探索筹集资金的有效方案和策略。山地户外运动产业隶属于体育产业，当前我国体育产业应当遵循以下原则来进行资金的筹集即财政扶持：多元投资、激活存量、内外结合的原则。具体来说，可以依照下列几点展开详细操作：第一，争取国家和地区的财政投资；第二，发行相关体育彩票；第三，引导个人、社会资金进行区域山地户外运动产业投资；第四，建立以体育基金、体育债券、体育银行为主体的金融支持体系；第五，组建山地户外运动产业股份公司，盘活资产存量；第六，面向国际市场找资金。

3. 基础设施影响区域山地户外运动产业布局

若是一个地区具有优良的基础设施条件，那么就有利于区域山地户外运动产业的发展。在所有的基础设施条件中，较为突出的当属信息条件和交通运输条件。交通条件具体是指某个地区或者国家和其他地域进行人员往来和物质交流的便捷程度，它具体体现在交通、线路、管道、港站、枢纽的设备状态等方面。若是某个地区有着较为优越的交通条件，在人流、物流方面都十分便捷迅速，那么无疑就能够对山地户外运动产业布局起到促进作用。信息条件这一因素也能够对山地户外运动产业产生重要影响。尤其是在市场经济环境中，快速、便利的信息沟通和联系，在很大程度上影响着山地户外运动产业的发展。信息条件包含诸多方面，比如商品信息、金融信息以及技术信息等。若是能够比较迅速、准确地获取更新、更全的信息，那么就能对市场有更加深入的掌握，从而对山地户外运动产业布局做出正确的判断和分析，以促进山地户外运动产业的发展。

（五）技术条件对区域山地户外运动产业布局的影响

技术条件能够给人类文明发展提供重要的推动力，能够有效促进社会进步和经济发展。相较于其他因素来说，技术条件是一项更加重要的资源，它对山地户外运动产业布局具有较大影响。技术方面所取得的发展进步使区域自然资源所具有的经济意义发生了一定改变，并且令区域山地户外运动产业的地域范围得到扩展。通常来说，技术水平的发展和提升，能够令原料和动力资源变得更加丰富，使各种矿物资源的平衡状况以及地域分布得以改善，使人们从纵向和横向上都能够更好地利用自然，令自然资源产生出更多新的意义。目前，伴随着运输技术、生产工艺、输电技术等的不断发展，运输的成本进一步降低，运输的距离也更远，从而有效消除了区域山地户外运动产业布局所面临的时空障碍，从而令区域山地户外运动产业的面貌得以改变。

技术条件的改善令区域山地户外运动资源的综合利用能力得到进一步提升，令原本的单一产品生产区转变成了多产品的综合生产区，区域山地户外运动产业的发展定然也遵循下列“价值链”的循环：“技术—规模—效益—竞争力—技术”。详细地说，要想发展区域山地户外运动产业，离不开具有较好的市场前景、带产权且超前的技术。这样的技术能够实现商品的快速转化，令其在短期内实现产业化，并能够借助其超前性促使该产业在技术方面领先于其他企业，促使该产业规模化发展。可以使企业在较长一段时期内获得垄断利润，获取可观的经济效益，从而令企业的竞争力得以提升，在此基础上进一步对新技术加以开发，可以实现产业化和商品化。

目前，社会正在朝着“休闲时代”迈进，区域山地户外运动产业的从业人数以及产值将会实现明显增长，区域山地户外运动产业结构也将会持续演进，以便山地户外运动产业能够更好地和人类生活、生产方式相适应。

二、区域山地户外运动产业布局的基本要求和方法

（一）区域山地户外运动产业布局的基本要求

山地户外运动产业是一种能够给人们提供户外运动用品、场所和服务的产业，它是为了适应区域山地户外运动发展的需求，同时也是以人们的山地户外运动需求得到满足为目的的产业。区域山地户外运动产业发展是以区域山地户外运动消

费需求为中心的。

该产业的布局既和国民经济其他部门有着紧密的联系和共同之处，同时它也有其独特的要求。区域山地户外运动产业的合理布局在获取经济效益、令消费者的山地户外运动需求得到满足的同时，还要对下列基本要求加以考虑。

1. 要适应国家（或地区）社会经济发展的总要求、总目标

区域山地户外运动产业属于国民经济范畴，它并非是孤立的。从产业关联的角度出发来看，山地户外运动产业的发展和其前向关联产业、后向关联产业的发展有着十分紧密的联系，它的发展并不局限于某个地区或者行业，需要多个行业的密切配合。而区域山地户外运动产业的发展，能够对区域内其他与之有关的行业起到有效的促进和带动作用。区域山地户外运动产业发展的终极目的在于对区域经济、国民经济的发展起到促进作用。所以，在对区域山地户外运动产业进行布局的时候，要始终将国家利益放在首位，对整体和局部的关系、城市和乡村的关系、重点和一般的关系、长远利益和近期利益的关系加以妥善处理。中华人民共和国成立以后，无论是在产业布局方面，还是在经济建设方面，都时常会发生各产业、各企业或者各地区对投资、原料、项目等进行争夺的问题。若是仅仅将目光局限于本地区、本企业甚至是本部门的利益，那么定然会使长远利益、国家利益等受到一定的损害。因为不符合地区经济社会发展和国家发展的要求，我国在对产业进行布局的过程中遭受了不可挽回的损失，得到了较多的教训，所以，在对山地户外运动产业进行布局的时候，应当避免发生此类问题。在一段时期内，区域山地户外运动产业的发展往往被地区和国家的经济建设总投资规模、经济发展水平等所制约，各级政府也要将区域山地户外运动产业积极纳入区域社会经济发展计划。因此，区域山地户外运动产业布局定然要服从于地区和国家经济发展的总要求、总战略、总布局，不可与之相违背。

2. 在综合全面评价相关资源的同时统一规划布局，择优开发

区域山地户外运动产业的基本特点在于将区域山地户外运动资源作为凭借，区域山地户外运动资源状况是该产业发展和布局所不可或缺的物质前提。区域山地户外运动产业布局一定要科学评价当地的山地户外运动资源，并在此基础上遵循比较利益论原则统筹规划和开发区域山地户外运动产业。由于我国有着十分宽广的地域范围，且每个地区的经济基础、自然条件、户外运动资源、文化习俗等方面都各不相同，致使每个地区山地户外运动资源的开发条件、开发价值和所获得的经济效益也存在较大的差异。区域山地户外运动产业布局唯有始终遵循择优开发、保证重点这一原则，才能够以较少的投资成本，在较短的时间内获得更好的效益。若是置各地区的现实差别于不顾，片面地谋求各地区均衡布局，就会南

辕北辙，导致每个地区都发展迟滞，获取不到预期的经济效益，不利于山地户外运动产业的迅速发展，同时也无法给予落后地区相应的帮助，难以实现均衡布局所意欲达到的社会效益。唯有对目前的国力和区情持有准确的认知，并始终遵循比较利益论原则和非平衡协调发展原则，将现有的物力、财力等集中起来投入到重点项目和地区，让它们实现优先发展，并最终实现以点带面，以便在较长时期内逐步达到实现各个地区协调均衡发展的目的。

3. 把握山地户外运动资源的区域性特点，做到因地制宜开发特色产业

山地户外运动资源的形成和分布，作为一种社会历史文化现象和自然现象是客观存在的，从空间角度来说，其组合和分布形式是一定的，从时间角度来说，其演化历史也是一定的。应当在准确把握区域山地户外运动资源及其特点的基础上，做到因地制宜地对该产业进行开发，并且在开发过程中尽量避免破坏这些运动资源的自然特色、民族特色、文化以及历史，唯有如此，山地户外运动资源的开发才能取得良好效果，才能促进区域山地户外运动产业的可持续发展。

4. 区域山地户外运动产业布局应当和有关产业的布局和发展相结合

区域山地户外运动产业有着较强的综合性，它是将山地户外运动服务提供给相关消费者的一种行业，其发展的关键在于提供符合山地户外运动消费者需求的场所、项目和服务。这就要求正确认识和开发区域山地户外运动资源，将有价值的潜在的区域山地户外运动资源开辟成实际的运动项目或者运动场所，以开发区域山地户外运动资源为中心，相应地对其相关产业和运动基础设施加以发展，并开发与区域山地户外运动市场需求相符合的山地户外运动产品。因此，区域山地户外运动产业的布局，应当结合区域在制造业、基础设施、传媒业等方面的发展情况，与它们实现彼此促进、彼此协调。

（二）区域山地户外运动产业布局的方法

区域山地户外运动产业本身就是一个复杂的系统。区域山地户外运动产业布局的核心在于对山地户外运动资源的开发和利用，和区域的金融、基础设施、传媒业等产业都有着较为紧密的联系。总的来说，对区域山地户外运动产业进行布局的时候要对下列环节加以着重考虑。

1. 区域山地户外运动资源的综合评价

区域山地户外运动资源的综合评价具体指的是全面地对区域所包含的各种山地户外运动资源进行调查，并将产业布局和发展的现实要求作为出发点，对资源开发的可行性进行深入的论证和分析，全面分析区域内外各种山地户外运动资源，并对其具体的开发利用价值和经济合理性作出评估。它是区域山地户外运动产业

布局所需要的具有较强科学性的依据，是对该产业进行布局和规划之前必须开展的基础工作。

区域山地户外运动资源综合评价的核心问题是将区域山地户外运动产业布局合理化的要求作为重要指导，从技术经济的角度对区域发展山地户外运动产业的社会效益、环境效益和经济效益进行评估和衡量，在经过一系列的对比和选择之后，将经济效益最优的区域最终确定出来。下面是区域山地户外运动资源综合评价的具体内容：区域山地户外运动资源的特点及其分布情况；资源的质量和数量情况；对资源进行开发利用的可行方向、方式；对资源进行开发利用的经济技术方面的具体要求；预期获得的经济效益等。区域山地户外运动产业投入产出比能够将区域山地户外运动资源开发利用所获得的经济效益情况反映出来，在开展经济评价的过程中，通常都要进行科学的估算和预测。

要特别指出的是，目前开发和利用区域山地户外运动资源，既要追求相应的经济效益，还要考虑能否获取相应的环境效益和社会效益。

2. 区域山地户外运动产业宏观布局

区域山地户外运动产业宏观布局指的是在对山地户外运动资源进行综合评价的基础上，对全国山地户外运动产业特点、分布及不足之处展开全面评价，对国内各个地区山地户外运动资源的利用状况展开全面的分析；依照国家总体经济社会发展战略目标和战略部署，在对区域山地户外运动产业发展条件进行分析的基础上，明确该产业的战略发展方向，确定该产业的总投资以及分配给不同地区的投资比例，明确不同区域该产业的发展变化趋势，并对该产业所能够获得的各种效益展开论证等。

在进行总体布局规划的过程中，还要对下列方面加以着重分析和研究：各个区域山地户外运动资源的特征、开发方向、分布情况、价值大小；市场分布、客源量构成及大小；各个地区的消费水平、消费结构、居民收入水平、地区经济发展水平；区域基础设施建设情况；山地户外运动产业相关产业的发展情况等。

3. 山地户外运动产业区域布局

在整个山地户外运动产业布局之中，区域布局可谓是中间环节，需要依照山地户外运动产业总体布局蓝图，确定山地户外运动产业区域开发的方向、目标以及规模；将区域内各种山地户外运动项目的开发规模、时间、顺序等确定出来；确定区域内和山地户外运动资源开发相适应的第二、第三产业的分布和生产情况。它涉及所在经济区范围内的国土开发利用和治理保护、城市建设、产业结构，区域性交通等基础设施建设，劳动就业，各经济区域之间的横向联系等。而这些问题应当根据客观形成的经济区域和经济网络来考虑区域的综合发展。

4. 山地户外运动产业微观布局

山地户外运动产业微观布局，包括山地户外运动产品生产，山地户外运动产业开发的布局，属于微观布局的范畴，是山地户外运动产业布局的基层环节。其任务即在总体布局、区域布局的基础上，落实山地户外运动产业，也就是所谓的企业布局。企业布局具体指的是企业为了实现既定目标而选取最能促使目标达成的空间位置，该位置就是企业在布局过程中所选取出来的最优区位。企业布局过程实际上就是企业选择最优区位的具体过程。企业在确定最优区位的时候，往往将获取最大化利润作为其出发点。伴随着山地户外运动产业的逐步发展，将会迎来更加激烈的市场竞争，企业在进行布局的过程中应当对市场竞争加以着重考虑，为自身谋得最大程度的比较优势。企业优势一般通过如下两点得以表现：第一，企业禀赋，即企业所具有的特殊优势；第二，企业所拥有的特殊区位因素。因此，企业在做布局决策的具体过程中，不仅要谋求最大化的利润，还要考虑企业所具有的上述两种优势，从而令企业拥有最大优势合力。企业既要扬长避短，将自身所具有的竞争优势充分发挥出来，又要精心选取布局地点，借助特殊的区位优势为自己谋求更多的发展机会。此种选择无疑具有全局性和动态性，并且通常其目标体系较为具体，和企业禀赋有着较为紧密的结合，能够充分利用企业的相对优势。企业在布局过程中应当对下列内容加以细致考虑：地域内山地户外运动资源的分布和特点；对山地户外运动消费者的吸引力，以往山地户外运动消费者的构成、分布和数量；山地户外运动消费市场的分布及潜力；一段时间内产业开发可用的资金数量；可提供的山地户外运动产品的数量及种类；地形、地貌、气候、地质等情况；在城镇内居于何种地理位置以及和周围城镇具有何种空间关系等。

第七章 山地户外运动产业高质量发展的保障机制

第一节 社会保障是山地户外运动产业发展的坚实后盾

早在 1935 年，美国就颁布了《社会保障法》，这也是社会保障一词的来源。在随后不断发展的社会过程中，社会保障的内容也随着时代的发展作出了相应的改变。国际劳工局针对社会保障做出了解释，“社会保障即社会通过一系列的公共措施对其成员提供的保护，以防止他们由于疾病、妊娠、工伤、失业、残疾、老年及死亡而导致的收入中断或大大降低而遭受经济和社会困窘，对社会成员提供的医疗照顾以及对有儿童的家庭提供的补贴”。

我国自改革开放后进行了市场化改革，对社会各方的利益进行了调整，社会结构也重新改革组合，之前的社会保障模式已然不适用，需要尽快创建全新的社会保障制度，为广大人民群众提供安全保障。现阶段我国经济飞速发展，社会保障制度可以最大程度地解决群众的生存风险，也可以为公民提供防范，使他们能够维持基础的生活条件。

近年来，体育、户外运动产业受到国家政策的支持，发展良好，国家及省级产业政策频出，对户外露营、登山、徒步等户外装备、鞋服的市场发展、户外基础设施建设产生了积极影响。2019 年以来，国家体育总局、中共中央办公厅、国务院办公厅等相关部门围绕体育、户外运动产业发布了一系列支持政策，国内徒步健身步道、骑行大道、露营地等基础设施建设也在逐步完善，这些均为国内户外用品行业的未来发展奠定了良好基础。

发展户外运动，有助于人们走出城市、走进自然，在和自然接触的过程中强身健体，同时认识到环境对人类的重要性，加强爱护环境的意识。居民积极参与户外运动是现阶段实现居民健康的主要途径，也是广大人民群众体质加强，快乐生活的有效手段。各种行政指令的发布使得人们参加体育健身活动成了一种权利，也在此带领下使得各项运动得到了蓬勃发展，户外运动也被越来越多的人青睐。

为了响应国家全民健身的口号，我国部分地区已经允许使用社会保障卡到健身房或者运动俱乐部锻炼身体。这一举措鼓励民众及时锻炼，把社会保障卡的功能由传统的治病变成防病，显然是未雨绸缪的体现，也是十分超前的一种尝试。

但是我国地大物博，各个城市受地理位置、经济发展的影响，医疗条件水平有着显著的不同，假如不结合实际情况直接硬性推进社保卡的健身功能，也是不可取的。每个地区在推行社保“健身卡”工作时要做到以下三点：首先，借鉴已经成功实施这一措施地区的经验，并在此基础上结合本地区的实际发展情况制定出科学、合理的实施细则，设置好用于健身、户外运动的金额比例，避免影响疾病治疗的资金额度，造成治疗的延误。其次，结合本地区民众的健身需求，由当地政府体育部门以及其他职能部门展开细致调查和论证，选取愿意为民众提供健身服务的运动场所，和他们签订服务协议，使这些运动场馆成为可以用社会保障卡支付的定点场馆，并在相应的网络平台上公布。最后，明文规定可以使用社会保障卡的运动项目，并组织相关人员定期进行检查，查看是否有运动场所任意更改消费运动项目；查看是否有运动场馆利用健身运动的名义让民众购买其他产品，使其成为“购物卡”；查看是否有人假刷，将其中的金额提取出来用于消费。

需要注意的是，我国多数居民对休闲户外运动的消费需求有限，其中经济水平限制是重要原因，但除此之外，民众对于教育、医疗、养老等问题的诸多顾虑、消费预期比较差、消费观念非常落后也是主要的影响因素。所以，为了进一步刺激居民参与到休闲户外运动的过程中，必须及时完善我国的社会保障制度。可以说，社会保障制度是国家居民收入分配的调节器，也是社会不断发展的稳定器。纵观我国的社会保障制度可以发现，尽管国家已经在尽力完善，但制度依然存在着各种各样的问题，主要体现在以下几个方面。

第一，社会保障的覆盖面有待扩大。最近 20 多年来，我国社会保障工作把重心放在社会保障项目和对象的增加上，简单来说，就是扩大覆盖面、应保尽保。而这项工作在社会各界的不断努力下，也确实取得了显著成果，社会保障的项目范围和参保人数都有了非常大的增长。2012 年，我国相关政府部门决定将新型农村社会养老保险以及城镇居民社会养老保险从最初的试点开始面向全国开展，这一举动也是我国基本养老金实现制度和人员全覆盖的重要标志。但也正因如此，很多地方政府对社会保险的覆盖面有了错误的解读，认为扩大覆盖面已然没有必要。但实际上，根据相关调查显示，我国2018年年底城镇居民的就业人数达到了43419万人，但实际缴纳生育保险、失业保险、工伤保险的人数只有20434.1万、19643.5万、23874.4万，即使减去那些不必参保的人员数量，这个缴纳比例依然是较低的。此外，我国一些项目的参保有着一定的选择性，并没有真正实现强制参保。2018年年底的数据显示，职工基本养老保险的参保人数达到了41901.6万，但缴纳基本医疗保险的人数只有31680.8万，一些本应该缴纳医疗保险的员工并没有参保。这些数据都说明，我国的社会保险并不像有些人想的那样实现了所谓的“完全覆盖”，也并没有真正做到“应保尽保”，尚需要进一步努力。

第二，社会保障的运行体系缺乏科学性。在20世纪90年代，我国已经建立起不同层次的社会保障体系目标，但发展路程却不尽如人意。尽管社会保障制度已经在逐渐完善，但其主要侧重点依然在基本保障上，有关补充性保障的内容迟迟得不到有效发展，社会保障体系中，政府主导的基本保障占据了较大比例。举例来说，养老金体系有多个层次，第一个层次的职工基本养老保险一直在以较快的速度扩张，第二、三层次的发展速度却十分有限，尽管相关部门大力提倡企业为员工缴纳职业年金，甚至对企业采取各种税收优惠政策作为鼓励来刺激职业年金的发展，但却收效甚微。据统计，在2018年年末，我国参与职业年金计划的企业数量不足10万，只占到缴纳养老保险员工数量的8%左右。而每年缴纳费用较高的商业性保险人数更是少之又少。

第三，社会保障的质量有待提高。一个国家应对风险的基本制度就是社会保障制度，它是每个民众应当享有的权利的体现，对国家的稳定发展有着重要的作用。社会保障应当是公平公正的，是长远发展的，也应当有着较高的资源配置效率。但我国的社会保障质量却并不乐观，出现了各种各样的问题。社会保障是每个国家公民的基础权益，不论其从事何种职业，是何种身份，在社会中处于何种地位，为国家作出了怎样的贡献，都应当受到这一制度的保护。但现实情况却是不同的人群有着不同的保障待遇，农民接受的社会保障和其他人群相比有着非常大的差别。社会保障的项目、待遇以及政策在各个地区都有着较大差异，同时，随着我国进一步向人口老龄化发展，保障基金的支出越开越多，社会保险基金是否能够持续支撑下去也让人心存疑虑。

针对以上问题，相关政府应当积极采取各种措施来推进社会保障的发展，具体可以从以下几点着手进行。

首先，不断调整社会保障的结构体系。在一个国家的众多管理体系中，社会保障有着举足轻重的作用，它的结构体系是否完善、制度是否规范、运行是否有效对国家的治理效果有着非常直接的影响。社会处于不断进步的过程中，人民生活水平也在逐渐提高，对于风险保障的需求也在进一步增加。只有让民众有基础的社会保障，他们才能解除后顾之忧，投身体育休闲运动的意愿增强，参加户外运动的人群才会越来越多。在这一背景下，社会保障体系的质量应当不断优化，以满足民众的需求。这种优化主要针对的是以下三个方面。其一，对社会保障体系整体层次机构的优化。优化的重点在于使基本保障待遇维持在一定的范围内，并努力提升补充性保障的比例。现阶段，我国社会保障的主要问题就是基本保障与补充性保障的比例失衡，前者的规模一直在不断扩张，后者却几乎没有进展。造成这种现象的原因有很多，例如：相关部门给予的支持有限、保障产品缺乏创新和相应的服务、相关知识普及不到位等，但起决定性因素的则是民众缺乏参与补充性保障的内在动力。随着国家对社会保障的重视和相关政策的落实，居民的基本保障项目越来越多，一些项目的待遇水平也在不断提高，使民众对基本保障的期望越来越高，这种期望在一定程度上降低了人们参加补充性保障的积极性。由此可见，要想改善社会保障的层次结构，就要让不同保障各归各位，以免民众产生过高的预期。同时也要适当提高待遇水平较低的基本保障项目，使民众的基本权益得到充分保障。其二，对社会保障体系项目结构的优化。社会保障体系不是杂乱无序的，它是个有机整体，需要每个项目都对自身的定位以及职责有非常清晰的认知。社会保障项目要想建立得科学、合理，就要对居民所求保障的主要风险有所了解。在社会这一复杂的环境中，风险几乎存在于每个角落，也无法完全消除，人们应当尽量自己去处理各种风险，政府部门并没有足够的能力去替民众解决这些问题，也不应该将这些问题大包大揽。但有些风险是必须由政府提供相应保障的，相关部门也要承担起相应的职责，充分保证民众的基本生存、发展和尊严，创建科学、有效的社会保障网络。其三，调节社会保障和经济发展的关系。社会保障体系隶属于现代经济社会的总系统，它的发展不能脱离经济社会而独立存在。社会保障和经济发展之间要有适当的分配比例，而这一比例可用社会保障深度指标来呈现。指标数值高于正常范围即说明保障待遇水平过高，国家企业的税务费用相对较高；数值较低则说明保障力度不足，无法真正起到保障的作用。因此，社会保障深度应当有一个合适的数据范围。总的来说，社会保障体系中牵涉的各个保障项目、责任，保障的对象以及水平都与广大民众和各个企业息息相关，也直接影响到国家的经济发展，应当在深入、科学的研究基础上采取相应的机制措施，结合不同群体的利益和需求，依据一定的法律程序来确定或者进行修改和调整。

其次，优化社会保障制度的设计。在科学制定了社会保障的结构体系后，就要充分利用一系列具体措施来使其完成相应的目标，在这一过程中，需要不断优化社会保障制度的设计，使其质量得到提升。现阶段我国社会保障体系中的一些制度质量较差，受到了民众的质疑，因此需要在调整结构体系的同时逐渐提高设计质量，使社会保障充分发挥其作用。主要可以从以下三方面入手。其一，对不合理的社会保障制度重新改造。随着社会的发展，之前制定的一些保障制度出现了这样那样的弊端，若想起到真正的保障作用就要进行改造，重新调整制度的目标以及措施。目前我国需要解决的是基本的养老金制度以及医疗保障制度：要结合实际情况来对制度作出清晰的定位，划定合适的保障水平范围；要认真处理民众的个人账户，使得制度的互帮互助功能得到充分体现；要深入分析基本养老金和医疗保障制度是否能够全民统一，尽力为民众争取到平等的养老金和医疗保障权益；要进行大量调查，研究参与社会保障的病人医药费是否能够接受个人负担封顶机制，并探讨创建此机制的主要条件，真正为民众解决因病致贫的问题。其二，创建有效的社会保障待遇协调机制。社会中存在着各种保障制度，比如社会救助、公共福利以及社会保险等，需要有专人对这些不同的制度进行分析和整理，并确定待遇的范围和调整的方法，在实施的过程中及时调整完善，创建有效的协调机制，使得不同制度、不同政策以及群体间的矛盾得到有效遏制。此外，及时对比不同群体间的保障待遇，分析其差距产生的原因，采取合适的措施来逐渐降低这些差距。其三，不断完善社会保障的筹资机制。对社会各界不同的筹资渠道进行统计，对企业作出的贡献进行梳理和评估，并努力扩散思维，开发各种新的筹资渠道。针对社会保险费用的缴纳规则应当继续完善，尽量采用统一的缴费基数。此外，针对社会保险基金出现的危机可以制定相应的“以支定收”机制，在计算时遵循精算平衡的原则，研究出科学的社会保险费率。

再次，对社会保障的管理机制作出适当创新。对社会保障制度的设计进行优化后就可以采取有效的运行方案来完成相应的政策目标，而实现的效果如何，可以通过目标的完成度、制度运行的支出成本以及不同社会主体的合作度来进行衡量。社会保障体系是面对全部民众的，它的运行体系非常庞大，唯有采取有效的管理机制，才能使得社会各界共同合作，这也是合作度体现制度运行效果的重要原因。结合我国现阶段社会保障的实际运行情况，可以通过以下四点来充分保证体系运行的质量。其一，不断完善社会保障服务和行政管理机制。我国在2018年对行政机构作出了较大的调整，借此契机将社会保障部门的工作职责再次明确，进一步把社会保障的政策、服务流程等再次优化，相关业务信息也进行统一和规范，保证社会保障体系的标准化发展。其二，创建并完善社会保障服务的形成和合作机制。社会保障中的很多项目都要借助服务才能真正实现制度目标，比如职业伤害、生育保障等要提供医药服务，而照护保障则要提供照看服务，并且要给予一定的精神安慰。所以，社会保障部门要和有关部门建立起有效的合作、服务、价格形成机制，鼓励相关行业自我约束，建立良好的自律机制。其三，构建评估社会保障运行效果的机制。社会保障体系牵涉各方利益群体，涵盖不同行业，有着非常强的专业性和技术性，因此要学习国外的优秀经验，构建出合理、科学的评估机制，从而对社会保障运行的目标完成度、各个项目的精算报告制度以及社会保障基金的风险预警等作出正确的评估。其四，充分利用信息技术。网络信息技术的飞速发展使得全球进入了信息化时代，社会保障体系也要紧跟时代发展的步伐，在构建体系、完善设计、管理运行以及开展各项服务工作时都要充分利用科学技术，真正实现社会保障信息化。相关政府部门要进行规范管理，使得社会保障基础信息有一个共同的标准，有效推进社会保障工作的进行，实现信息的及时传递和资源的即时共享，利用互联网提高数据挖掘和整合的效率，借助大数据分析以及机器智能审核来获取相应数据，为相关政策的设计或者优秀服务方案的制定提供资料数据。

最后，进一步提升社会保障的服务能力。社会保障的各项政策的具体落实是通过社会保障经办服务机构以及相关服务的供给机构完成的。这些机构为民众提供的服务质量如何是民众能够直接体验到的。现阶段我国的社会保障的服务质量有了较大的提升，但依然存在着各种各样的问题，需要通过以下几方面来改进。其一，将服务流程进一步调整优化。在办理相关业务的过程中，既要逻辑严密，又要高效简约，及时结合民众的需求来调整服务的流程，减少民众不必要的等待时间，也可以充分利用互联网技术，使得服务过程更加精简。其二，培养更多业务能力强、综合素质高的服务人员。社会保障经办服务隶属于国家政府的窗口服务，是国家对民众权益的尊重以及保护的主要体现，工作人员的工作能力和态度直接影响到民众对国家机构的信任度，因此应当培养一批业务水平高、综合素质高、政治觉悟高的服务人员，为民众提供更好的社会保障服务。针对这些工作人员，国家也要提供合适的薪资待遇和风险保障，同时为其提供较好的发展平台，使他们能心无旁骛地投身于工作中。其三，对社会保障服务质量及时作出评价，构建科学合理的评价体系。一个公正、公平、有效的评价体系能够对社会保障服务作出真实的评价，提高服务的整体质量。此外，为了保证评价客观真实，评价体系既要建立针对服务对象满意度的评价，也要建立起来自第三方的独立性评价。

概括地说，只有进一步完善我国的基本医疗保障体系和社会养老保障体系，真正解决广大民众看病困难、费用昂贵的问题，才能使群众病有所医、老有所养；只有国家重视关注学生的教育问题，增加教育资金的投入，结合国情进行教育制度改革，解决学生家长一直关注的择校问题以及幼儿入园问题，才能使群众学有所教；只有加大管控房地产经济的力度，使房价维持在一定的范围内，才能使民众住有所居。唯有多管齐下，从根本上降低广大人民群众的生活压力，才能使他们有更多的时间和欲望去进行休闲活动，走进自然、拥抱自然，体验刺激而有挑战性的户外运动，并为这些运动消费、买单，使得户外运动逐渐大众化的同时进一步挖掘出市场的户外活动消费潜力。需要注意的是，相关部门以及各种户外运动俱乐部应当引导民众形成可持续的体育运动消费观念，在学校、社区等开展户外运动教育，教导他们放弃传统的和时代不符的运动消费观念，刺激我国户外运动消费的进一步发展。

第二节 财政保障是山地户外运动产业发展的有效助力

一、现阶段我国山地户外运动产业的财政保障

（一）提供财政支持、减免税收费用

山地户外运动产业作为体育休闲产业的一种，其目的是促进我国居民生理和心理的健康发展，为我国居民谋求更多福利。现阶段，各地区政府都对户外运动具有的公益性产业属性有着非常清晰的认知，并在结合地区实际发展的基础上制定了科学、合理的税收优惠政策，从财政角度为户外运动的发展提供一定的经济保障。

此外，政府相关部门也在逐渐提高休闲运动经费在居民收入中的占比，这也恰恰是政府财政投入导向性作用的体现。针对一些难度较低的户外运动休闲设施的建立和维护，政府也积极给予一定比例的财政优惠，也会适当地结合情况提供资金支持，以此来鼓励那些有一定实力的户外运动产业公司获得更好的发展。

目前我国很多山地户外运动企业的重要难题就是承担的税务费用太重，导致其没有较大的利润空间。因此，我国税务部门专门制定了多种优惠方案，比如减免企业税收、返还其国有资产占用费等，通过这种方式使户外运动产业的利润空间得到扩张，使其有进一步发展的余地。此外，为了促进民众对户外运动有更进一步的了解，国家还设立了部分公益性的运动组织，针对这些组织，相关部门则采取了免去其营业税的缴纳，调低其所得税税率等优惠政策。对于一些由企业、

机构、个人自发提供的户外运动休闲设施建设，政府也给予了一定的资金赞助，从各个角度促进户外运动产业的发展。

（二）提供融资支持

山地户外运动产业发展最为关键的问题就是资金缺乏，融资的渠道也十分有限，导致很多经营山地户外运动产品的企业陷入了资金链中断的困境中，也因此影响到了山地户外运动产业的蓬勃发展。针对这些问题，我国政府相关部门为了推动山地户外运动产业的发展，一直在努力为企业和山地户外运动组织提供融资支持，采取各种融资优惠政策、拓宽融资渠道等措施来营造一个相对自由的资金环境。具体来说，可以从以下几个角度着手进行：其一，从国家层面来说，国家发改委以及金融机构要逐渐摈弃以往的传统思想，把休闲户外运动看作重要的产业部门并给予高度关注，使户外运动休闲产业也享受到贷款优惠的政策，解决他们的资金问题。同时针对这些产业公司实行低息贷款优惠，或者采取财政贴息的措施，给那些山地户外运动中较为热门的产业和运动项目建设提供更多支持。其二，从社会层面来说，把居民资金的准入门槛调得低一点，使山地户外运动产业的收益率得到显著提升，从而募集到更多来自社会各界的资金。其三，在山地户外运动产业中适当引入风险资本，通过政府政权金融监管部门的大力扶持和有力监管，批准一些优秀的企业上市获得融资。

（三）土地、国有资产使用优惠

山地户外运动的开展非常依赖各种自然资源，而运动产业的发展离不开土地资源。在过去几十年内，我国针对山地户外运动产业公司或者俱乐部采取的是行政划拨的方式，这一方式可以在很大程度上保护土地资源不被滥用。但经济在快速发展，相关体制也得到了优化，这种方式已经不适用于现代社会。政府以及各界人士都要转变思想，开阔视野，用现代化的理念去处理问题。政府部门应当先处理有公益性质的户外运动产业土地问题，并大力鼓励其发展，给予其适当的优惠；对本身有着丰富土地资源的公司，可以鼓励、提倡他们以入股的方式来进行土地投入；土地管理部门要结合山地户外运动的特性，有目的地采取相应的审批政策，降低各种条条框框的标准。

二、现阶段财政支持山地户外运动产业的各种问题

尽管我国相关财政部门采取了很多措施来扶持休闲体育产业中山地户外运动的发展，且取得了相应的成绩，但也要认识到目前依然存在着很多不足之处，需要持续改善才能使山地户外运动等休闲体育产业得到进一步发展。概括地说，目前我国针对山地户外运动的财政保障存在以下问题。

（一）公共财政资金投入有限，企业融资较难

随着我国经济的飞速发展，财政收入的规模也在逐渐增大，用于休闲体育的资金投入也在逐年增加，但观察相关数据可以发现，休闲运动的整体投入资金依然有限，增长幅度也相对较小。2019 年，我国公共财政针对文化旅游体育的支出只有 4033 亿元，相比教育、科学技术的支出，这个比例是非常低的。体育产业和其他产业有所不同，其资金来源尽管也有一些私人企业、外国资本，但总的来说要靠国家财政的补贴，但在这方面，国家目前提供的支持有限，山地户外运动作为体育休闲产业的分支，所能得到的财政资金自然也更加有限。

（二）相关财政政策不够完善

由于很多地区的政府部门对休闲运动产业、山地户外运动产业发展的重要性缺乏正确的认知，导致他们在确定相关扶持政策时也几乎不把休闲运动产业纳入考量范围，针对休闲体育的政策非常少，而其他诸如现代服务业、文化产业等则有着各种优惠扶持政策。已经投入的财政资金更多的是为了保障休闲体育运动事业的发展，而对休闲体育运动产业的发展状况则并不关注。在江苏省等部分城市，政府部门较为重视体育产业的发展，但扶持的模式却依然是以往的“点对点”模式。没有根据实际的发展情况进行创新，导致这一模式和市场的需求不一致，无法满足政府部门财政改革的需求，更无法满足休闲运动产业中山地户外运动产业发展的需求。

（三）体育彩票的融资功能未得到充分利用

我国的体育彩票金本意是为了取之于社会、用之于体育并最终为广大人民群众服务，它是目前我国的体育休闲运动产业进一步发展的主要资金来源，不仅可以用来培养优秀的体育运动人才，还可以在政府举办各种休闲体育活动、山地户

外运动比赛时发挥作用，同时也可为建立各种公益运动设施提供资金辅助。但实际上，我国目前针对体育彩票的管理有限，彩票发行的管理更是十分松散。此外，彩票获得的资金在使用时并不合理，更加注重一些传统产业的发展，针对休闲运动和户外运动的使用较少；彩票资金的返奖比例设置的较低，发行的成本过高等问题都需要引起相关部门的高度重视。

（四）相关税收政策没有创新

2014 年 10 月国务院出台的《意见》中，为了促进体育产业的进一步发展，提供了很多税收优惠的政策，内容涵盖了营业税、营业所得税、房产税等多个方面，看起来似乎为体育产业提供了更多选择，但仔细研究后就可以发现，这些政策仅仅是将之前已有的优惠进行了汇总整理，并没有增加新的优惠内容。

三、针对山地户外运动产业发展的财政政策建议

（一）明确财政支持范围，建立激励导向机制

山地户外运动产业作为休闲运动产业的分支，其发展归根到底都是市场经济主体的自发性行为。因此应当始终把市场主导放在首位，把政府的财政支持作为辅助，使得市场对资源配置的主要作用得以充分发挥，财政支持的投入是必不可少的，它是政府部门应当承担的职责，但也不可过分包揽，干扰市场的运行。在提供支持时，要先对户外运动产业发展过程中牵涉的项目内容进行划分，明确哪些内容是市场经济主体运作的内容，哪些是需要政府独立完成的，哪些是需要双方共同参与的。在明确了政府的相应职责后，再思索选取何种方式或机制能够事半功倍，把财政资金真正地花在刀刃上。

相关财政部门要努力创建可以促进山地户外运动产业发展的平台以及激励导向机制，为休闲户外运动产业的发展提供良好的氛围。在建立激励机制时可以学习西方国家的优秀经验，根据企业生产出来的产品、服务的特性来进行职责的划分。举例来说，在公共场所建立的休闲运动健身器材和设施宜由政府财政买单，并在后续的使用过程中做好维护和维修工作；而私人的或者混合型的产品、服务则由市场或者个人提供，财政部门可以适当提供资助和鼓励。

（二）增加财政投入，改进财政支持模式

政府部门应当根据每年的财政收入情况来调整对山地户外运动产业的财政投

入力度。我国近几年来的经济得到了进一步发展，针对休闲运动、山地户外运动的支出也应当适当增加，保证在现有的投入资金基础上，划拨相应的财政资金用于支持运动产业的发展，并尽量使每年投入在户外运动产业上的资金增幅超过公共财政的收入和支出增幅。此外，对于财政资金的支持模式也要做出相应的改进，不再采取以往的“点对点”模式，尝试使用“拨改保”“拨改投”的间接支持模式，从而使财政资金收获更高的效益，提高资金的使用率。“拨改保”指的是政府把财政资金交给专业性较强的担保公司为其管理，担保公司身为受托方，需要提供相应倍数的放大配套资金来作为担保。担保公司也应再向银行申请有关休闲户外运动项目的贷款担保。借助这种模式能够最大程度地利用财政资金的杠杆效应，使得担保规模变大，中小企业的担保额度也能得到提升，进而解决这些企业对资金的需求。而“拨改投”指的是把财政资金交给创业投资基金公司打理，由基金公司面向社会募集资金并建立基金，在休闲户外运动市场上选择合适的产业项目，和财政资金一起承担风险、实现利益共享。根据投资的盈利或亏损状态，财政按照相应的比例承担损失或者参与利润分红。等到选择的户外运动项目发展成熟后，财政资金就可以在合适的时机退出。

（三）充分利用现有体育资源，满足民众需求

财政部门应当调查民众对休闲户外运动设施的需求，利用财政资金来配备相应的公共设施，在配备时要进行科学计算，避免资源的浪费。此外，财政部门也要充分利用体育部门、学校等休闲运动的资源，尤其是学校内部的体育资源。我国很多院校的体育运动设施、器材都是国家财政部门拨出的经费。这些质量上乘、种类齐全的运动设施、器材通常都仅供学校内部的教师和学生使用，利用率是非常低的，其具有的运动价值也未能充分发挥出来。

为了充分缓解广大居民的健身需求以及运动设施、场所不足的矛盾，在逐渐提高财政资金投入比例的同时，也要充分利用学校内部的运动设施和器材。各个学校可以结合实际情况选择固定时间向社会开放，使社会各界人士也能够免费享用这些运动场地和器材，使他们的使用率大大提高，也可以节省财政资金，不再投入大量人力、财力去建设新的运动场地和器材。此外，各个学校把运动场地和设施对外开放，势必会增加支出，比如固定开放时管理人员的薪资、对运动场地以及设施器材的维修和保养、群体参加体育运动时的责任险费用等，财政部门可以给予一定的补助，缓解学校因此带来的支出压力。

（四）支持企业创建品牌，打造有特色的运动商标

我国山地户外运动产业想要得到进一步发展，甚至走出国门、走向世界，就要有自己的运动品牌。但我国现阶段只是各种休闲户外运动产品的生产大国，在相关的体育品牌建设上却鲜有建树。根据 2019 年数据统计，全球十大运动品牌依次为 Nike（美国）、Adidas（德国）、Reebook（美国）、Puma（德国）、Fila（意大利）、Mizuno（日本）、Umbro（英国）、Kappa（意大利）、Diadora（意大利）、Lotto（意大利），其中美国 2 个、德国 2 个、意大利 4 个、英国 1 个、日本 1 个，但我国却一个都没有。闻名世界的阿迪达斯、耐克都在我国有数量众多的加工厂，工厂工人都是廉价的劳动力，为这些品牌做加工，在整个运动产业链中处于最底层。在以后的发展中，应当重视休闲户外运动的品牌建设，由财政部门设立专项资金来资助那些品牌企业以及那些得到国家嘉奖的运动产品企业。另外，针对这些企业开发产品或者推广产品产生的费用单独列项，在缴税时予以扣除，为这些企业承担一定的风险，借助这种方式鼓励他们积极创建运动品牌，打造出有着中国特色的体育运动商标，使休闲运动产业做大、做强。

（五）加强山地户外运动专业人才的培养

任何产业想要快速发展都需要优秀人才的大力支持，山地户外运动产业也不例外。唯有真正符合山地户外运动产业的客观发展规律，掌握户外运动企业经营管理的方法，充分发挥这些人才对产业的带动作用，才能不断促进产业向前发展。目前，我国有关山地户外运动的专业人才有限，能够精通管理、经济、户外运动专业知识且熟知相关法律制度的综合型人才更是少之又少，这在很大程度上限制了我国山地户外运动产业的快速发展。因此，重视山地户外运动运营、管理人才的培养工作刻不容缓。国家相关部门以及各地区政府部门应当大力支持高校设立和山地户外运动产业有关的课程，设立诸如体育产业运动、产业研究等专业，在高校内部培养符合产业发展要求的高质量人才。

目前，以中国地质大学（武汉）和西藏民族大学为代表的高等院校已经成立了山地户外运动学院，专门为社会培养山地户外运动人才，尤其是西藏民族大学山地户外运动学院与西藏自治区体育局签署为期 5 年的“订单式”人才培养协议，确保了学生今后的就业工作，解决了学生毕业的后顾之忧。另外，贵州大学、贵州医科大学、浙江农林大学、长安大学等综合类高校和首都体育学院、武汉体育学院等专业类院校纷纷开设了户外运动相关专业，为山地户外运动高层次人才培养发挥着重要作用。此外，针对从事这一行业工作的人员也可以进行定期或者不

定期培训，提高他们的专业知识水平，采用多种方法来培养山地户外运动产业的优秀人才，并把相关费用列入到财政预算的范围内。

国家体育部门、人力资源和社会保障部门要经常关注山地户外运动产业经营者的情况，并定期组织他们进行行业知识的培训，给予适当的指导，并从中选取一些优秀人才和其他国家进行深度交流、合作，吸取他们山地户外运动产业的管理经验，并成立相应的山地户外运动人才中介组织，为我国山地户外运动发展不断注入新鲜血液，增强自身的抗风险能力。国家财政部门可通过采用以下方式来提供支持：一是政府部门出资购买服务，面向社会公开招标培训；二是对那些积极参与培训的机构、人员给予相应的资金补贴；三是对于山地户外运动中的优秀人才也给予适当的经济补贴，比如办公场所的租金减免、安家的费用补助等，通过这种方式来吸引人才的注意力，促使更多人从事山地户外运动工作，推动产业的进一步发展。

（六）加大山地户外运动产业集群的扶持力度

目前我国的山地户外运动产业多是散户经营，规模较大的产业机构寥寥无几，小规模的经营者多是各自为政，未能形成一个有机的生产网络。这就需要加大力度发展山地户外运动产业集群，把同一区域内有联系、有影响的经营者组织起来，使他们的资源获取更加便捷、迅速，相关的基础设施、劳动服务、人力等资源都能及时共享，形成区域内高效的山地户外运动发展平台。山地户外运动产业本身有着很大的发展潜力，且和许多行业的发展有着密切的联系，诸如电子商务、旅游业、通讯业、会展业、互联网行业都和其有着互为影响、互为促进的关系，能够在发展过程中不断丰富户外运动产业的内涵，使其产业结构得到进一步提升，有更加旺盛的生命力，以促进产业的蓬勃发展。

山地户外运动产业的强势发展离不开其它产业的互相融合，在保证市场自主发挥的前提下，要重视山地户外运动产业集聚区的培育，把与山地户外运动产业有关的优势资源都吸引过来，使产业集聚区的水平不断提高，更有优势，促进企业集聚区以及服务业集聚区的共同发展，共同进步。另外，要重视其他重要的服务产品，有关会计、担保、金融、法律等方面的服务要选择性价比较高的，在保证质量的同时使企业的商务、交易成本降到最低。

（七）完善体育彩票的管理模式，有效利用彩票收入

首先，我国的体育彩票管理模式需要进一步改进和创新。针对彩票发行收入的财政管理要加强，并将其归纳到政府性基金的范围内。加大对体育彩票的公益

金收入、支出的监管力度，在每年初始制定合理、科学的年度预算计划，并将详细的项目罗列出来，做到专项资金专门使用，保证彩票收入用到休闲体育事业中，使体育事业的各个分支产业都有一定的资金保障，也使山地户外运动的发展有资金支持。彩票收入不能用在平衡其他政府性的资金预算上，也不能违反国家的相关法律规定，不能用来发放福利或者奖金等。每隔一段时间就要面向全社会公开体育彩票收入的使用明细，做到资金使用公正、透明，加大社会公信力。

其次，将户外运动产业的事权进行科学划分。明确中央和地方政府的不同职能范围，合理分配体育彩票公益金。通常来说，中央政府一般对体育产业、山地户外运动产业等整体的发展方向进行规划，制定相关的法律法规，各个部门实施监督管理等职能。地方政府则对本地区的体育产业、山地户外运动产业的发展情况有更全面的了解，可以负责主要的政策实施，比如申报不同的户外活动产业项目、合理使用财政资金、选择合适区域建设休闲运动公共设施等，且相比中央政府更有优势，效率也会更高。所以，体育彩票的公益金留成比例可以根据实际情况适当提高，从现阶段地方与中央的 5 ∶ 5 比例提升到 7 ∶ 3 或者 8 ∶ 2，为地方政府发展户外运动产业提供更有力的资金支持，使得户外运动产业的基本公共设施得到完善，公共服务水平也得到较大幅度的提升。

再次，合理提升体育彩票的返奖比例。现阶段，我国体育彩票的返奖比例一般维持在 50% 左右，这一数值和国外博彩公司的 80% ~ 85% 有着较大差距，这也在一定程度上导致了彩民的流失。为了获得更高的收益，一些彩民找到相应的服务公司并购买其他国家的彩票，导致我国体育彩票收入降低。因此，适当提升彩票的返奖比例来保证彩民的收益，能够促使更多民众来购买体育彩票，同时使彩票公益金规模日渐扩大。但要注意的是，返奖比例的提高要合理，要在彩民收益和彩票公益金规模间取得微妙的平衡。

最后，采取各种措施将彩票发行成本降至最低。在很长一段时间内，我国体育彩票的发行成本都比很多西方国家的成本要高得多，比如我国的发行成本占收入的 15%，但保加利亚、西班牙、日本仅有 10%、10%、10.1%。因此，有必要降低成本，实现利益的最大化。社会发展飞速，互联网技术得到了广泛应用，充分利用互联网和各种手机应用端来销售体育彩票，逐渐关闭体育彩票实体店，实行彩票的网络化和无纸化销售，有效控制成本。

（八）加强休闲户外运动产业公共服务平台的建设

休闲体育产业以及山地户外运动产业的发展离不开产业相关的公共服务平台，这些平台可以为运动企业提供不同的刚需服务，且有一定的正外部性以及溢出效应，因此国家财政部门和地方政府应当将资金扶持的重点进行合理转移，加强这些公共服务平台的建设。目前来看，以下四个平台需要加大建设力度，完善平台功能，为体育产业、山地户外运动产业的发展提供强有力的服务支撑。

第一，发展政策咨询平台。国家及地方政府针对体育产业以及各种分支产业都会制定相应的法律法规，都会根据时代发展出台相应的政策文件。这一平台就负责将这些政策文件进行上传，在国家、政府发布有关产业相关的权威信息时及时对社会各界公布，便于体育各个产业的企业经营者以及意向投资各种体育产业的民众及时获得第一手资料，确定以后的经营或投资方向。

第二，信息交流平台。体育产业的所有企业都可通过该平台发布行业信息，达成和其他企业的深度交流和合作。也可将企业发展过程中遇到的各种问题总结发布，其他企业积极探讨和研究，共同寻找解决方法。一旦不同企业再次遇到这类问题，也有了妥善处理的对策。对于山地户外运动产业发展来说，这一平台的建设是必不可少的。由于山地户外运动在我国还属于小众产业，企业经营者在发展过程中会遇到各种各样的问题，迫切需要和其他经营者进行有效交流和沟通，促进户外运动产业的迅猛发展。此外，国家体育相关部门也可以聘请一些对产业发展非常有经验的优秀人才入驻平台，在规定时间内为企业解惑答疑。

第三，各类体育产业企业信息名录平台。通过政府财政管理信息系统平台，创建一个财政资金资助体育产业发展的大数据平台，把各个企业的相关信息收录进去，诸如企业的地址、名称、法人代表、企业资信等，使社会民众、担保、银行、创投部门能够及时查询到主要信息，真正实现资源共享。这一平台不仅能够保证预算的透明性，实现理财的规范化和法治化，还能保证各个体育户外运动产业企业的信息高度透明，使企业信誉得到提升。此外，企业在后期发展过程中需要创投、担保时，对应的担保机构可以通过平台资料库获取相应信息，不必耗费人力、物力进行调查，大大提高了工作效率，降低了交易成本。在调查信息的过程中，创投以及担保结构也可以寻求和不同企业合作的商机，而不必再盲目地到市场上进行搜罗。

第四，产业商务交流平台。平台旨在为众多体育产业经营者提供商务信息和各种快捷服务，满足企业开展商务活动的需求。除此之外，各个地区的体育行政部门可以寻求和当地或者外地高等院校的合作机会，创建休闲体育产业、户外运动产业发展的创新中心。利用学到的相关知识为企业提供信息咨询的服务，也可以把企业实际发展过程中遇到的问题作为课题展开深度研究。利用学科知识研究发明出新型的运动产品，在区域内创建户外运动产业资源共享、共同创新的全新机制。

第三节 科学保障为山地户外运动产业的安全保驾护航

一、山地户外运动疲劳的有效恢复

不管是参加何种体育运动项目，在进行过程中都会出现身体机能短暂降低的情况，这就是运动性疲劳。山地户外运动的场所和室内运动不同，有的是蜿蜒曲折的小路、险峻陡峭的山峰，有的是速度极快的河流，但不管是哪一种，其环境都要恶劣得多，参与者也更加容易出现运动性疲劳。尽管这是人体正常的生理现象，是运动过程中必然会发生的、通过合理休息能够恢复的，是对人体的基本保护，但假如运动者始终处于疲劳状态，前次的运动疲劳没有全部消除后就继续运动，那么疲劳就会不断累积，从正常的疲劳转变成过度疲劳，对运动者的机体能力造成损伤。

运动性疲劳实际上是非常复杂的问题，引起这种疲劳的主要因素究竟是什么，迄今也没有一个统一的答案。但有一点毋庸置疑，如果一个人的生理、心理承受过重的负担，会导致机体内部的机能发生变化，人的呼吸、心跳频率以及血压指数一旦发生变化且不能在一定时间内恢复正常，就会不可避免地产生疲劳。

在进行户外运动的过程中，及时判断出参与者的疲劳状态是非常有必要的，但由于其表现形式繁多，造成疲劳的原因也各不相同，因此并不存在标准的判断疲劳的办法。但结合人体机能的各项指标和户外运动的特点，可以大致总结出以下几个生理指标测定法，为户外运动爱好者提供相应的参考和借鉴。

第一，肌力测定法。对背肌力和握力可以在早晨以及晚上分别测量一次，并算出差值。假如在第二日清晨数值恢复正常，则表明是正常的肌肉疲劳。针对呼吸肌耐力的检测可以采取连续五次测量肺活量，两次之间间隔 30 秒，假如参与者运动疲劳，几次肺活量的值就会逐渐下降。

第二，感觉功能测定法。皮肤空间阈：用触觉计来刺激参与者皮肤的两个部位，在疲劳状态时，参与者是不能准确辨别皮肤两点间的最小距离的。

第三，神经系统的功能测定。常见的测定有膝跳反射、血压体位反射。人在疲劳时，膝跳反射的阈值增高，反应时间延长；在身体姿势发生改变时，人的血压会出现短暂的下降并在短时间内恢复，但疲劳状态时，恢复时间相对较长。

第四，肌电图测定法。在户外运动中可以用无线便携式表面肌电测试仪来测量，人在疲劳状态时，肌电的振幅会比平常大，且频率减小，电机械延长，神经肌肉的功能下降。

参与户外运动时一旦感到疲劳，就会影响运动的进程，因此要采用多种方法及时消除疲劳，使肌肉得到充分放松，改善机体血液循环，提高身体的新陈代谢，将代谢产物及时排出，并适当补充身体所需的营养物质。由于人体的神经系统和运动系统彼此影响，也可以对神经系统的机能状态进行调节来消除人的疲劳感。比如保证充足的睡眠、听一些优美的音乐、做放松练习等。具体来说，以下几种方法都较为有效。

其一，整理活动。山地户外运动的运动量较大，参与者感到疲劳时可以通过有效的整理活动来保证呼吸系统、心血管系统始终控制在较高的水平内，缓慢而有层次地使呼吸、心跳降至正常范围。诸如慢跑、伸展运动、呼吸操都是有效的整理运动。在运动后进行各种伸展练习能够避免肌肉痉挛，对促进肌肉血液循环、缓解肌肉的僵硬、酸痛有很好的效果，在运动前进行动作标准的伸展运动还可以有效预防运动损伤。

其二，物理疗法。对于运动疲劳来说，按摩是非常有效的方式之一。运动过程中承担较大负担的部位可以加大按摩的力度，肌肉部位则多加揉捏，也可以采用抖动、按压、扣打等多种手法循环进行，对小腿等肌肉发达的部位可以用肘关节按压。对于人体来说，关节部位要承受很大的荷载，是进行各项运动的关键部位，因此要多加按摩。肢体部位则可以按照先大肌肉群后小肌肉群的顺序进行。山地户外运动多是团队活动，按摩时可以自主进行，也可以和队员互相按摩，以取得较好的按摩效果，有效缓解运动疲劳。

其三，营养物质的补充。户外运动中产生疲劳的主要原因之一就是身体能量消耗过多，机体工作动力不足。在进行运动时，身体各个系统和肌肉群都在工作，极大地消耗了营养物质，在休息时应当尽快补充，尽快消除身体疲劳感，快速恢复体力。补充的营养物质也是有讲究的，以能量和维生素为先，维生素 C、B1 应当准备充足。在炎热的夏天进行户外运动，皮肤会大量排汗，因此要及时补充水分。补充食物时要选择营养价值高且容易消化的食品。

其四，良好的睡眠。缓解疲劳使体力快速恢复有很多方式，保证良好、充足的睡眠是十分有效的方式之一。人在睡眠状态时，大脑皮层相对运动状态时兴奋程度降低，机体内的合成代谢速度要高于分解代谢速度，便于积累能量。尽管户外运动的条件有限，但在保证安全的前提下有高质量的睡眠，可以有效缓解参与者的疲劳感。

二、山地户外运动的营养基础保证

通常情况下，营养的获得源自于各种各样的食物，而机体必需的营养物质包含维生素、脂肪、矿物质、水、蛋白质、糖六大类。

（一）维生素

维生素在人们的生活中十分常见，各种广告都在宣扬补充维生素的益处，它可以充分调节人体内部的物质代谢，使人体基本的生理功能得到保证。生活中常见的牙疼、上火、皮肤干燥、眼干等身体不适都和维生素摄入不足有着或多或少的联系。由于维生素几乎无法在人体内部进行合成，导致它很难在机体内储存，需要在生活中借助饮食来及时补充。

维生素的种类繁多，且各自功能不同，常见的有以下几种：第一，维生素 A。它能保证人的视力在正常范围内，可通过动物肝脏、乳品以及各种黄绿色蔬菜来补充，一旦含量不足就会影响双眼视觉以及暗适应的能力，严重的还会得夜盲症。第二，维生素 D。它能保证人体的钙、磷代谢正常，并促进骨骼的生长和发育，可通过蛋黄、奶品以及鱼肝油获得，一旦摄入不足会缺钙。第三，维生素 C。众多蔬菜、水果中都含有维生素 C，它的作用非常多，既可以充分加强人体内部氧化还原的过程，使人们能够有充足的能量来进行各种生理运动，在运动中也不易感到疲劳，也可以在人受伤时加快伤口愈合的速度，使机体的造血功能加强，促进机体抵抗力不断加强。第四，维生素 E。它可以帮助人们及时感受到机体的缺氧状态，并调节身体内部组织细胞的耗氧量，有效扩张血管，使机体内部循环更加高效，心肺功能、有氧活动耐力以及肌肉蕴含的力量得到有效加强。维生素 E 和维生素 C 共同使用能够在一定程度上预防并且缓和动脉硬化。人们可以通过小麦胚芽、各种绿叶蔬菜以及动物性食品来进行补充。

（二）脂肪

在人体组织细胞中，脂肪是不可或缺的存在，它能够为细胞功能、结构的正常运行提供充分保障。比如细胞膜就是类脂层，它主要由蛋白质、磷脂、糖脂组成，其中脂肪组织能够为机体贮存能量，可以调控体温并且保护身体内脏器官、支持其顺利运转。它有着非常高的热量，平均一克脂肪能够分解出 37.66 千焦的热量，使用含脂肪量高的食物会很快消除饥饿感，且这类食物通常美味可口，能够刺激人的食欲。

由于脂肪的热量非常高，因此在摄入过程中需要加以控制，一旦体内脂肪含量较高，长久在肝脏淤积后会形成脂肪肝，很大概率会导致肝细胞纤维性病变，最终形成肝硬化，使得肝脏功能大大受损。随着人们生活水平的提高以及工作压力的增大，现代人多摄入高能量的食物而又缺乏锻炼，以致身体内部热量堆积、肢体肥胖，发生心血管疾病的概率大大增加。

人们补充脂肪可以通过植物性脂肪以及动物性脂肪两种方式。前者一般指的是植物性的食物，诸如核桃、葵花籽、花生和坚果；而后者主要是指骨髓、蛋黄和鱼油等动物性食物。通常情况下，人们一般的饮食就能够满足脂肪的摄入，而本来不属于脂肪的粮食类物品也能够在体内进行转换，被身体及时利用或者储蓄。

（三）矿物质

矿物质又可以称为无机盐。在人的身体内部几乎包含了自然界中的全部元素。一个人体重的96%都是水分以及有机物，其余的则是无机元素，目前已断定有20多种元素对于人体来说非常重要，它们组成了机体的组织，是人体生理功能正常维持以及进行各种新陈代谢必不可少的物质。按照含量百分比划分，高于0.01%的矿物质是常量元素，低于0.005%的则是微量元素，前者一般指的是钠、钾、钙、镁等，后者则是铁、锌、碘等。钙元素以及铁元素在人体内部起到非常重要的作用。

钙元素在人体内部的关键作用是构成牙齿和骨骼，并保证机体神经系统以及肌肉的兴奋性，在凝血过程中也有一定的作用。一般情况下，成年人每天吸收0.6克的钙就能满足所需，但幼儿、孕妇、老年人由于身体相对虚弱，且排汗量大，钙消耗也较大，因此每天要保证1.0～1.5克的钙摄入。饮食中常见的豆制品、海带、山楂以及各种绿叶蔬菜都可以补充钙含量。需要注意的是，钙、磷在体内有着非常紧密的联系，需要在血液中满足相应的浓度标准后才能充分发挥生理机能，因此补钙的同时也要补充磷元素，可以选取蛋白质较高的食物来摄入。

铁元素能够构成人体所需的血红蛋白，假如铁摄入不足，血红蛋白生成受限，就会导致缺铁性贫血，血液的载氧功能也大幅降低，最终影响人的整体功能。一般成年男性每天需要12毫克的铁元素，而女性以及青少年则需要15毫克，假如当天运动量过大，排汗增多，就要适当增加补铁含量。一般动物肝脏、血液有着较为丰富的含铁量，红糖、沙棘果、蛋黄等食物也可以补充铁含量。

此外，锌元素可以促进人体生长发育，并刺激组织再生，可以通过海带、扁豆等食物来获取；碘则能够加强人体吸收各种维生素并充分利用，保证水盐代谢的平衡，通过食用各种海带、紫菜能够得到补充。

（四）水

一个人的体重中有 57% ~ 60% 的比例都是水分，假如失水超过 10%，生命活动就会受到威胁。水有着十分关键的营养功能，是组成细胞、体液不可缺少的成分，身体内部的生理反应、生化反应几乎都是通过水这个介质来进行的。水可以把身体内部的废弃物排出体外，比如把人体内部的一些毒素通过尿液排出。此外，水在人体体温的调节过程中也起到一定的作用，它可以有效吸收热量，把热量转化为汗液，经由皮肤排汗、蒸发散热，使体表温度维持在正常范围内。

水还有非常显著的润滑功能，它能使体内的摩擦力减小，降低损伤程度。人体内部的肌肉、体腔、器官以及关节等处都可以分泌润滑液，起到一定的润滑作用。一般情况下，正常人一天所需的水分在 2000 ~ 2500 毫升，在参加运动时要根据情况适当调整。为保证机体水分发挥相应功能，人们应当养成良好的饮水习惯。早晨起床后、饭前饮用温水有利于消化，运动后饮水要多次少量，避免大量饮水。

（五）蛋白质

人体生命的维持以及各种不同生命活动的进行都离不开蛋白质，它是生命的物质基础。身体内部的 20 多种氨基酸按照各种比例排列组合成不同的蛋白质，并且持续代谢、更新，发挥着不同的功能。

蛋白质的主要作用是构成身体内部组织并对其进行修补。人的各种肌肉群、骨头、软骨、血液以及皮肤的形成都有蛋白质的参与，它在细胞内的固体成分比例高达 80% 以上。它是机体内部抗体合成的主要成分，可以有效提高人的免疫力。假如人体在较长时间内都无法提供充足的蛋白质，就会出现蛋白质缺乏症，在不同器官会有着不同的表现：肠黏膜的吸收功能明显减弱，消化功能受影响，人会出现慢性腹泻等问题；影响到肝脏功能，血浆蛋白合成有阻碍，血浆中的蛋白浓度低于平均值，身体会出现各种浮肿现象；身体内部的酶活性降低，机体的球蛋白数量减少，身体对疾病的抵抗力减弱；未成年群体会出现过于消瘦的情况，严重的还会对智力造成负面影响；成年人则表现为体力不支、肌肉萎缩、贫血等症状。

补充蛋白质可以通过各种肉类、奶品、蛋类、豆类等食物摄入。通常米、面等物的蛋白质含量并不高，大约在 10%，但受几千年来民众的饮食习惯影响，在食物中有着非常大的比例，因此也是获得植物性蛋白质的关键来源。一般成年人每天所需的蛋白质含量按照体重来计算，每千克体重宜摄入 1.0 ~ 1.9 克，青少年则宜摄入 3.0 克，假如进行各种体育活动，要根据活动量的大小做出相应调整。

（六）糖

糖也可以指碳水化合物，它是人体内部获取热量最关键、性价比最高的来源，通常 1 克糖的热量能够达到 16.74 千焦，故人在饥饿状态时食用糖可以有效消除饥饿感，进行体育活动时也可通过吃糖来增加机体所需能量。

对于人体大脑来说，糖是绝对不可缺少的物质，它是脑部能量的唯一来源，能够维持人体中枢神经系统的正常运转。人的大脑是无法储存能量的，只能通过血糖来供应能量。一旦脑部血糖供应不足，人们就容易出现头晕目眩、昏厥等症状，因此患有低血糖症的人群应随身携带糖果，及时补充糖分，这也正是糖的重要性的一种体现。

糖能够帮助机体更好地吸收、利用蛋白质，对氨基酸的活化、蛋白质的合成也非常有利，能够实现蛋白质的节约利用。假如机体摄入蛋白质不足或者蛋白质吸收有限，可以通过摄入含糖量高的食物来促进体内蛋白质的含量趋于正常值。糖也可以对肝脏起到保护作用，并能够维持骨骼肌、心肌的正常功能，人体摄入糖分不足时，这两者的工作能力就会有所下降，呈现出耐力不足等问题。

在日常的饮食中，米、面、谷物等 80% 都是糖类，各种糖果、面包、饮料中也含有大量的糖分，因此无需额外补充。

三、山地户外运动创伤的预防

（一）山地户外运动损伤的主要原因

第一，对山地户外运动危险性认识不足。虽然山地户外运动在我国逐渐兴起，很多青年群体对此表露出较大的兴趣，但他们中有一部分人群是出于跟风心理，对山地户外运动的危险没有足够的意识，认为只是在野外自然环境中进行的锻炼而已，只要有充足的体力就足以应对，并且自己有充沛的精力。这种错误的思想使得他们低估了山地户外运动的风险，在运动前未能做好准备，运动过程中也冒失行事，最终造成了各种运动的损伤。

第二，运动前准备活动不充分。在进行运动前要适当做一些热身运动，使机体内部的各个循环系统被充分动员，以免韧带、肌肉未能充分伸展而导致协调性差，从而对关节、软组织造成损伤。但准备活动量也不宜过大，以免还未正式运动就已经感到体力不支，影响山地户外运动的进度。

第三，运动时整体状态不佳。如果在进行山地户外运动前，参与者没有得到充分的休息，或者身体抱恙，或者连续一段时间过度疲劳，生理功能大幅下降，就会在运动过程中出现各种各样的问题，肌肉反应迟缓，肌力也较弱，从而导致运动损伤的出现。

第四，气候环境的影响。山地户外运动极易受到自然气候的影响，而野外环境中，自然气候往往是难以预料且不可操控的，气温过高过低都会造成参与者的损伤，光线不足或者过于刺眼也会影响运动者的活动，造成程度不一的损伤。

（二）山地户外运动损伤的预防

不管是室内运动还是户外运动，其本质都是充分锻炼人们的身体，在此基础上释放一定的身心压力，获得运动的满足感。但假如防范不当，不仅不能达到这一目的，反而会影响身体机能，严重的还会威胁到参与者的生命安全。因此要从以下几点来有效预防运动损伤。

首先，参与者要充分重视山地户外运动的危险性，对预防工作有正确的认识。在运动开始前做好热身准备，在运动过程中加强自我保护，避免一些本可以预防的损伤出现。

其次，在运动前要规划好运动计划，检查随身携带的运动器材。由于山地户外运动形式多样，一些运动的举行地环境恶劣，为保障参与者的安全要充分考虑，制定详细的运动计划。在出发前要仔细检查所带器材，确定其性能和安全性符合运动需求，运动前要穿戴好相应的服装和护具，有效保护自身，避免无谓的运动的损伤。

最后，各种防护措施要预先准备好，运动过程中要注意劳逸结合。根据山地户外运动的性质来选择有效的防护措施，比如在易受伤的关节处贴肌肉效能贴。这种效能贴可以对神经进行调节，使其恢复原本的机能，也可以为皮肤与肌膜、肌肉间创造空隙，消除淤血或者组织液，降低参与者的疼痛度和不适感。在运动过程中，一旦有焦虑、疲劳、肌肉酸痛等现象，不可硬撑，要结合运动进度做适当休息，避免浅层损伤形成深度损伤，最终形成机体的慢性伤害或者对身体机能造成不可逆转的功能障碍。

山地户外运动和自然的亲密接触使其对运动爱好者有着十足的吸引力，但如若运动不当也会造成参与者的损伤，对其工作、生活、学习造成一定的负面影响，和山地户外运动本身的目的背道而驰。因此在运动过程中务必要做好预防工作，提高危险意识，避免这把锋利的双刃剑伤害到自己。

第八章 山地户外运动产业高质量发展的路径选择

第一节 突破山地户外运动产业高质量发展瓶颈

一、市场问题频出

（一）效率与不公

市场经济是将资源运作当作其核心，凭借分工以及技术专业化，吸纳各种资源来发展生产的。相较于其他生产模式来说，市场经济对社会物质生产起到了有效的促进作用，令生产效率得到进一步提升。因此，对于山地户外运动产业发展过程中体育市场的重要地位，定然要予以确立和持续稳固，从而将山地户外运动产业的经济效能和社会效能最大化地发挥出来。然而，若是“经济理性”脱离了伦理和制度方面的规范和引导，就会走上盲目崇拜资本的错误道路，使得体育市场主体单纯注重盈利目标的达成，有时甚至使用不合法律的竞争手段，不遵守市场的公平竞争和公平交易原则，致使市场内部的公平和效率出现失衡问题，令山地户外运动产业市场秩序进入一种恶性循环之中。

（二）无序发展与恶性竞争

依照当前我国国情来看，体育市场化能够令山地户外运动产品和服务供给得以进一步扩大，从而令山地户外运动消费者不断增长的文化需求、运动物质需求得到更好的满足，令人民群众逐步增长的多层次、多元化运动需求和体育有效供给不足之间的矛盾得到一定程度的缓解。另外，尽管体育市场有着巨大的效能，但是要想将其充分地释放出来，离不开“经济理性”的规范以及正常市场秩序的建构。这并不意味着要让体育市场主体变得“大公无私”，完全让道德规范对市场的运作起支撑作用，而指的是让目的与价值、自私与公平彼此兼容，以免让利益追求破坏公平交易，避免片面追求效率、滥用手段，而不顾对伦理价值等方面的追求。

然而，目前我国的市场秩序仍然遭到诸多要素的扰乱，致使“工具理性”“经济理性”在较长一段时间内较为盛行。部分体育市场主体过分追求经济利益，而不顾在“友善”“关爱”等精神层面的追求，这就使得体育市场无法顺利保持其公平、公正、自由的交易秩序。详细地说，我国体育市场所存在较为突出的工具化和唯功利化倾向主要有以下两点表现：第一，体育市场主体片面追求自身经济利益，不顾交易公平和产品质量，为了满足自己的欲望甚至不惜对消费者权益加以侵犯；第二，体育市场各个经营主体为了能够占据更多的市场份额，恶性竞争愈演愈烈，这都极大地阻碍了山地户外运动产业的健康和可持续发展。

首先，从山地户外运动产品和服务的生产和交换全过程所突显出来的唯功利取向方面来说。价值规律要求商品要根据社会必要劳动时间来决定商品的价值量，并且要在价值的基础上实行商品的等价交换。山地户外运动产业之中的生产和交换自然也不可违背价值规律，这样才能让体育市场始终保持较好的发展和竞争秩序。然而，在发展山地户外运动产业的具体过程中，却有部分商家为了谋求自身的利益，不顾自身所提供的运动产品及服务的安全性，在生产及维护时削减工料，降低产品质量，从而令山地户外运动消费者的身心遭受损伤。另外，通过商品交易环节也能够看出我国山地户外运动市场所存在的唯功利化倾向。市场化发展一直以来都注重追求帕累托效率，也就是在不使任何人利益受到损害的前提下，增加某些人的利益。所以，市场交易应当始终不违背诚信原则，既让商家得到合理的利润，又令消费者用恰当的价格购买到相应的产品和服务，从而达到互惠共赢的目的。然而，在实际的山地户外运动市场交易过程中，却有部分商家不遵守诚信规则，恶意抬高产品或者服务的价格，令消费者利益受损。部分商家货架上的户外运动产品摆放了较长时间，质量已然受损，但商家却不及时处理。甚至部分商家将同样的产品以不同价格卖给不同消费者，令童叟无欺沦为空谈。

其次，我国山地户外运动产业的唯功利取向还表现为各个经营主体之间的恶性竞争和不公平交易。也就是说，市场中不诚信、不公平交易的现象也在市场主体之间存在。对于山地户外运动市场主体来说，公平和诚信发挥着重要的“黏合”作用，而若是诚信体系不够完善和健全，那么各市场主体就无法展开持续深入的合作，这就使得整个山地户外运动市场无法顺利形成聚合效应，无法形成有机统一产业群，从而使山地户外运动产业出现“空心化”发展趋向。一些经营主体为了谋求利润而开展恶性竞争行为，一方面，某些俱乐部或者企业为了在行业内占据优势或者垄断地位，恶意地通过砸钱等方式令市场价格变得虚高，扰乱市场秩序，令其他主体正常盈利无法得到保证；另一方面，恶性竞争还通过“以劣币驱逐良币”的低价竞争表现出来。一些山地户外运动市场主体为了在较短的时间内抢占市场份额，有时会将生产成本和服务成本恶意地压低，借助低价竞争来排挤其他商家或者企业，致使他们无法开展正常的生产经营活动甚至面临倒闭局面。

二、正义分配的缺失

（一）从产业追求角度看正义分配缺失问题

个体要想促进国家安定、社会和谐、人民幸福等目的的顺利达成，必定要始终遵循自由优先性原则。政府存在的意义是为个体以及各法人组织提供服务，帮助个体获取福利、实现自由，为企业创建公平竞争的环境，维护市场的正常秩序。也就是说，政府实际上是一个中介机构，它能够对公民之间、社会团体之间所产生的权益冲突进行裁决，它的职责就是在维护国土安全的基础上确保个体的人身安全以及市场的正常秩序，让公民福利得到保障，并借助各种经济杠杆增加人民收入，实现市场环境下的正义分配。因此，政府并不是和市场、公民各自独立的，政府作为一个公共服务组织需要为人民服务，把握人民的诉求，保障人民的利益。然而，当前我国体育产业在发展过程中呈现出了诸多问题，这无疑反映出这样一个问题：政府在产业追求方面的正义分配缺失。

相关政府机构为了确保体育市场的自主和自由，应当做好“保驾护航”的工作，但实际上，相关人员和机构却并未将其公权力充分发挥出来，给予体育市场正确有效的调控和引导，反而存在干预过度问题，致使体育市场竞争机会的自由性和公平性被降低。尽管宏观调控并没有违背宏观经济发展的客观规律，但是只有政府调控得适机、适时，才能够保持市场的自由平衡运作。但是，实践证明，在生产水平、生产力还存在一定限制的现实条件下，市场价值规律和市场自由竞争是具有其优先性地位的。也就是说，政府的调控和参与不可超过一定的限度，只有这样才能既确保市场效率，又促进市场的持续健康发展。

但是，当前在我国山地户外运动产业的发展过程中，政府做出了过多的市场干预行为，发挥了过大的主导效应，从而使得山地户外运动产业无法依照自身规律健康发展，并且也没有营造出完整意义上的公平、自由的市场环境。

（二）从产业布局看正义分配缺失问题

山地户外运动产业的正义分配问题还和政府对体育资源在区域和门类上的分配、调控有着极为紧密的关系。我国在改革开放之初便确定了一条基本的经济发展思路，即“以先富带后富，最终实现共同富裕”。目前，虽然相对来说我国东部地区比西部地区发达，城市比乡村发达，在某种程度上来说已经实现了预期的“先富”，但若是无法遵循“先富带后富”这一思路，去改善和解决不同区域、各个城乡在发展方面存在的不平衡问题，那么定然无法顺利实现社会公平正义。

山地户外运动产业隶属于体育产业，而体育产业在促进消费、调整经济结构、带动经济发展等方面发挥着极为关键的作用。另外，大力发展体育产业和体育消费，还能够给弱势群体、弱势区域所享有的体育权益提供保障。当前，我国体育产业在布局方面仍旧没有将正义分配中的“机会”和“差异”充分地体现出来，东部地区和西部地区、城市和乡村的发展状况仍旧存在着较为突出的二元对立问题。这具体通过以下几点体现出来：第一，我国城市和乡村在体育产业发展方面存在着不协调问题。中国的一线城市和二线城市占据着突出的资源优势，相较于经济欠发达地区来说，它们有着更高的体育产业发展水平。我国各地的居民实际上享有同等的参与山地户外运动、享受体育娱乐的机会，尽管各个地区有着不一样的经济发展水平，有着不同的体育消费能力，但是也不可因此让城市和乡村之间的户外运动资源存在过大差距，从而令居民无法享受到平等的参与山地户外运动的机会。然而目前，我国城乡在山地户外运动资源配置方面仍旧存在着较大的差距，经济发展缓慢地区缺乏基础的户外运动设施建设，并且他们户外运动服务业、运动商业的发展也较为迟滞。第二，我国东部地区和西部地区在体育产业发展方面存在着不均衡现象。东部地区和西部地区在山地户外运动产业发展方面存在的差距，不仅通过山地户外运动俱乐部的分布情况得以体现，还反映在山地户外运动资源开发、山地户外运动项目创建等方面。而这些差异又定然会致使东部地区的人民群众和西部地区的人民群众在运动成果分享和山地户外运动参与机会方面存在不对等问题。

山地户外运动产业资源的正义分配既要对不同地域间的均衡协调发展加以考虑，还要对人群间的分配公平予以重视。也就是说，山地户外运动产业应当具备合理的产业结构，以山地户外运动休闲、户外运动竞赛等服务业作为核心，开展多区域、多行业、能够辐射更多人群的户外运动设施的设计和建设。将多样化的山地户外运动产品、山地户外运动服务以及运动场地提供给人们，使人们多层次、多元化的山地户外运动需求得到有效满足，并且尽量确保不同人群所享有的山地户外运动机会是均等的，确保他们所享有的山地户外运动权益是正当的。

目前，我国体育体制在不断深化改革，山地户外运动产业也处于不断发展的过程之中，山地户外运动产业的管理部门定然会出现相应的变化，数量也会逐渐上升，山地户外运动产业分类也在不断完善的过程中。另外，山地户外运动产业结构急需优化，并转变“山地户外运动产品业就是山地户外运动产业”这一观念，促使山地户外运动核心产业得到健康迅速发展。

首先，我国山地户外运动核心产业发展较为迟滞。近年来，山地户外运动核心产业，例如山地户外运动休闲业、山地户外运动竞赛表演业等的发展速度较为缓慢，并且它们核心产业的地位并没有完全确立起来。核心产业得不到有效发展，就会致使山地户外运动产品单一、服务质量无法得到切实提升、运动项目较少等情况出现，这既会给产业规模扩大带来不利影响，也无法与山地户外运动产业结构优化的要求相符合，同时无法令人民群众的山地户外运动需求得到充分的满足。

其次，我国山地户外运动产业存在门类结构不合理现象。随着人民生活水平的提升和闲暇时间的增多，人们有了更强的健康意识，这些无疑对户外运动、竞赛表演、户外运动培训等业态的发展起到了极大的推动作用，令山地户外运动市场供给变得更加完善，产品种类日益多元化，总产出比以往有了较为明显的增加，但与此同时，山地户外运动产业也存在着结构性矛盾突出、经营方式落后、服务体系不完善等各种问题。

三、个体生命自由与全面发展的“不在场”

我国对体育产业的发展给予了大力的扶持，其原因在于，一方面，体育商品和服务能够对经济发展起到有效促进作用，而此种对经济的推动实际上是建立在人们丰衣足食、有充分休闲时间的基础上，也就是说人们不必再为了衣食而劳碌，也不必用身体的过度消耗和劳累来换取财富。从该角度来说，体育产业的发展实际上表明大众有了更加强烈的健康意识，更加向往美好生活。另一方面，体育将很多正向的价值理念传递给人们，比如友爱、努力、公平等，有利于人们强健体魄、感受多元生活。也就是说，体育产业的发展能够令更多的人参与到体育运动中来并享受其中，有利于人们健康身心的塑造以及人的全面发展。山地户外运动作为体育活动的一种，自然也具有上述功能和特点。

但是从山地户外运动产业方面来说，其在现实发展过程中却存在着一定的异化问题，并没有像预想的那样对人们的身心健康全面发展起到促进作用，反而让户外运动消费活动、竞技活动等占据了个体生命的主宰地位，令人的本质无法顺利地实现。在山地户外运动和消费过程中，人逐渐丧失了其“主体性”，无法将人的自主、自觉等充分展现出来。山地户外运动产业的异化所带来的“主体性”缺位问题还表现在下列方面：一些山地户外运动参与者持有强烈的胜负欲，有的甚至为了满足欲望、获取利益而扭曲运动和生命的本真价值，致使人在道德层面不断堕落。体育消费者持有突出的“娱乐至死”心态，要么过度贪恋消费，要么仅仅专注于锻炼身体，令自己的人生轨迹变成了“单向度”，而忽略了对自身的反思和对外界社会的必要的批判。

详细地说，山地户外运动消费活动中的异化主要有如下表现：

第一，消费目的存在异化问题。人们进行消费活动，其最初的目的在于令自身的自由和全面发展的需求得到满足，但是很多消费者却仅为令自己的占有欲得到满足、令身体健美需求得到满足而消费，甚至单纯为了达成消费目的而进行消费。举例来说，很多个体开展山地户外运动的原因仅仅是为了塑造良好的身形，而并非真正的强身健体。他们消费是为了让自己的外在变得更加完美，而并不注重自身精神世界的构建和完善。一些消费者在山地户外运动的俱乐部办卡、观看比赛，或者是购买户外运动相关装备等，其目的也并非是促进自身的身心健康发展，令自身的精力变得更加充沛，而仅仅是为了彰显自身的地位和财富等。

第二，消费合理的异化问题。一方面，人们应当从自己的能力和需求出发确定自己的运动消费，而不要受到外在因素的迫使而被动消费。但是，在实际的很多山地户外运动消费活动中却有很多人是出于无奈才消费的，自身可能并不具备消费条件或者并没有消费需求，但仍旧被迫进行消费。比如一些消费者消费的目的是追赶潮流、开展社交等。另一方面，山地户外运动观赏性消费应当是通过观看比赛受到体育精神的感染、达到陶冶心灵目的的一种活动，而不应当仅仅注重比赛结果。但是，因为一些山地户外运动消费者在观看相关赛事时往往带着有色眼镜，用功利化、政治化的眼光看待赛事，当赛事结果与自己期望的不相符时，便态度恶劣、肆意谩骂，从而使得观看赛事本身所具有的意义和价值完全丧失。

第三，在消费者身份方面存在异化问题。消费者不仅有个体，同时也有很多宏观主体，比如群体、社会甚至国家等。在消费时，个体和集体之间的消费活动以及后果也常常出现异化问题，也就是说，本应属于个人的消费有时会被强加到国家或者社会身上。相反地，本是国家的消费也可能最终异化成个体的责任。

总的来说，山地户外运动方面的消费异化问题使得人们盲目追求欲望的满足和物质的获得，令人们无法清醒地秉持正确的价值观。消费主体的消费活动不仅无法起到促进身心和谐发展的重要作用，反而令消费主体沦为被控制者，被自身的欲望和虚荣所胁迫，这样注定会令人的发展变得畸形，并最终沦为人性缺失的机械。

第二节 规范山地户外运动产业市场伦理行为

阿马蒂亚·森曾获得诺贝尔经济学奖，针对较长一段时期以来经济学和伦理学二者之间的脱离逐渐演变成“不讲道德”或者是“道德中性”这样一种学科现象，他指出经济学已经沦落成了工程学，也就是“只关心最基本的逻辑问题，而不关心人类的最终目的是什么，以及什么东西能够培养‘人的美德’或者‘一个人应该怎样活着’等这类问题。在这里，人类的目标被直接假定，接下来的任务只是寻求实现这些假设目标的最适手段。较为典型的假设是，人类的行为动机总是被看作是简单的和易于描述的”。历史上的经济学其实是伦理学的一个组成部分，它更加侧重于对真实的人的关注，真实的人指的是那些不仅追求财富，也追求心灵和精神层面满足的人。而如果经济学不对伦理问题加以重视，那么这既是伦理学家的悲哀，同时也会令经济学变得贫困，令其不再具备较强的说服力和判断力。所以，应当重新把伦理问题融入经济学的研究范式，通过真实的人的视角对经济行为进行审视，唯有如此，才能实现经济长期健康的发展。

如今，体育产业是政府较为关注的绿色产业和朝阳产业，要想将其社会效益、经济效益等长期、充分地发挥出来，就要首先从伦理视角切入，也就是对山地户外运动市场主体的行为趋向以及价值等加以规范和完善。因为，若是把山地户外运动产业所带来的经济效益看作最终结果，那么达成该结果的途径就是其手段。若是仅仅突出结果的有效性，而不顾手段是否合乎道德，那么既会令结果的正当性受到猜测和怀疑，同时也会令结果实现的有效性、持续性等大打折扣。因此，山地户外运动市场应当始终秉持“契约精神”以及“责任意识”，自觉维持市场竞争的自由性和公平性，从而防止拜物、逐利等问题的出现。进一步丰富和完善产业的门类及结构，充分发挥“公益精神”，以最大程度地满足人们对于山地户外运动的参与需求，激发人们对山地户外运动的热情，从而实现经济反哺社会，社会反推经济的良性循环。始终坚持“绿色产业”的定位，在发展产业的同时注重保护生态和环境，并在此基础上实现整个生态经济圈的健康发展和转型升级。

一、促进市场主体的合理自由竞争

近年来，我国山地户外运动产业的发展速度相比以往来说更快，其原因在于对市场手段进行了运用，通过对各类资源的融合来推动该产业经济的发展，从而让山地户外运动产业有了更广阔的影响范围和更强的影响力。所以，山地户外运动产业发展的首要目的就在于对国民经济整体发展起到有效推进作用，并令自身慢慢成为经济发展的新增长点。山地户外运动产业如果想要实现自身“量”的长期高效增长，有一个前提条件，就是将合理的市场竞争秩序构建起来。这是因为，竞争能够将“经济理性”的作用最大程度地发挥出来，并令社会物质积累的效率变得更高。同时也只有营造合理竞争的市场环境，才能够将市场盈利、社会担当、消费者权益等方面有机结合起来。

要想推进山地户外运动市场的合理竞争，令市场始终保持稳定的“自由秩序”，就必须先让各市场主体间建立起和谐关系。要让山地户外运动市场的潜在市场主体以及既得利益主体实现和谐发展，要让山地户外运动市场拥有多元主体，从而避免出现霸权化和单一化等不良的市场主体发展模式。山地户外运动产业发展多元化主体的目的并非是达成某种经济目标，其目的在于将更多的社会资本吸纳进来，参与到该产业的运作之中，与此同时，这也是经济伦理所具有的内在诉求。不管在何种理念主导下，市场经济都一直坚持着“自由”“开放”和“包容”等核心价值理念，恰恰是这些理念的存在，市场效率才得以提升，市场活力才得以彰显。对于山地户外运动产业来说，要想实现盈利增长、规模扩大等目的，山地户外运动市场主体就要始终保持开放、自由的心态，通过吸引和纳入其他社会资源，来促进市场内部形成良性的循环而竞争，从而不再单纯地凭借集体力量或者是政府的力量，或者是让市场陷入单一主体主导的困境。

目前，我国经济不再注重“需求侧刺激”，而是更加强调“供给侧改革”，前者的实现需要政府在社会基础设施等方面投入较多，而后者则更多是让市场主体对领域内的不足之处进行弥补。因此，要始终注重市场主体的自我调控和多元融入，避免部分市场主体霸占市场，排挤其他潜在主体或者是弱势主体，从而真正令市场具有更强的自我兼容能力，实现健康可持续的发展。

首先，要促使山地户外运动市场各主体之间开展良性竞争，从而达到优化和完善市场环境的目的。市场经济令各种资本有途径进入山地户外运动产业，但是山地户外运动市场的自由和竞争，也可能会令企业被拜物和逐利情结所捆绑，从而忘记了自身责任所在，更甚者为谋求自身利益而开展恶性竞争，严重破坏市场正常秩序。所以，应当让山地户外运动市场明晰自身的责任意识，自觉维护山地户外运动市场的正常发展，明确各个企业之间本质上是对立统一的关系，它们彼此依存，彼此互为前提，在市场和谐发展中都发挥着重要作用。所以，山地户外运动产业相关企业唯有借助科学、合法的手段参与市场竞争活动，才能够确保市场始终保持良好、和谐的秩序，从而促成互惠共赢的局面。而若是山地户外运动市场主体尚未明确不同企业之间所具有的互补关系，而用恶性竞争手段为自己牟利，损害他人利益，那么终将两败俱伤。

其次，促进山地户外运动市场主体的合理竞争，也就意味着各市场主体要始终以负责任的态度进行经营活动。不管是山地户外运动用品生产企业还是提供相关运动服务的企业，它们想要获得经济效益，自然要吸引消费者前来消费，而消费者进行消费活动的原因在于企业所提供的服务或者产品的某一方面能够令自身的需求得到满足，企业服务能够与消费者心理预期相符合。相反地，若是企业所提供的产品质量低下，服务态度较为恶劣，那么消费者就无法与企业建立长期的信任和合作关系，因此其消费行为也不会维持较长的时间。也就是说，山地户外运动相关企业在通过种种宣传营销手段吸引消费者到店消费后，要想将消费者发展为长期顾客，确保自身在较长一段时期内的盈利，那么企业就要进一步提升其产品质量和服务质量，并在交易过程中始终遵守信用，尊重用户知情权，定价合理，而且提供优质的售后服务。只有这样，才能令企业和消费者的权益得到切实的保障和维护，并令消费者更加信赖企业，更具消费信心，并为整个山地户外运动产业的健康发展打下群众基础。

二、加强市场主体的社会责任担当

山地户外运动产业是社会的一个有机组成部分，山地户外运动市场主体应当对“经济理性”的私利视角加以克服，并用自身的财富以及经济建设能力来为社会做出应有的贡献。山地户外运动市场主体对社会责任加以承担，并非代表它们要打破市场效率原则，也并不意味着它们所获得的经济收益会减少。其原因在于，从较长一段时间来看，山地户外运动市场主体所做出的社会贡献常常会提升居民在户外运动领域的消费动力和参与热情，而这定然会对山地户外运动市场规模和收益起到促进和提升作用。详细地说，山地户外运动市场主体可从以下几点增进其社会担当：

第一，市场主体要避免单纯追求短期利益，而应当充分发挥自身的经济建设能力去构建产业体系，并通过产业联动带动周边产业的发展。目前，我国确立的调整产业结构，实施“供给侧改革”的发展战略，其目标正是以产品和服务的质量为根基，为拉动内需营造良好的市场环境：“以质量发展战略引领经济转型升级，以质量品牌提升推动经济转型升级，以质量技术基础支撑经济转型升级，以质量社会共治促进经济转型升级，着力把本地区质量工作提高到一个新的水平，共同推进质量强国建设，努力推动我国经济社会发展迈向质量时代。”要想将该发展战略落实到位，山地户外运动产业自然也要对其服务质量加以提升和完善。因此，首先要将其独特功能发挥出来，进一步优化其门类，不可仅从盈利角度出发将全部资本集中投到部分热门运动项目中，令山地户外运动产业畸形发展，并且无法充分满足市场的多元化需求。相反地，山地户外运动市场主体要充分考虑群众需求，为群众的户外运动和运动消费提供多种多样的选择，并提供更多不同层次的产品，从而令少数消费者的消费需求得到充分满足。另外，山地户外运动产业在功能、质量方面的提升还以其业态扩大为基础条件，为此就要将山地户外运动产业的联动作用充分发挥出来，在实现产业融合发展的同时，令自身的技术含量、专业化水平等得到进一步的提升。

第二，山地户外运动市场主体不可仅对高利润、高回报的行业进行投资，还要扩大并落实其社会公共服务的价值追求，推动山地户外运动基础设施的建设。山地户外运动产业的发展从根本上来说离不开人民群众，他们是消费者，他们对山地户外运动的消费欲望和参与热情最终决定着山地户外运动产业的盈利情况。所以，山地户外运动产业的发展应当将其社会公共服务功能充分发挥出来，让居民有户外运动设施和场地来开展户外运动，并在户外运动过程中将居民的运动热情充分激发出来，令他们养成长期的、健康的户外运动消费习惯，从而推动山地户外运动经济发展，令该产业获得更多的社会效益。

第三，山地户外运动市场主体还要对“公益精神”进行弘扬，直接运用公益方式来扶持贫弱、反哺社会。换句话说，山地户外运动市场相关运营主体应当积极开展户外运动相关社会服务。比如对户外运动相关知识进行推广、免费建设山地户外运动场地、成立专门的山地户外运动发展基金、组建专门性的社会公益团队等。这一方面能够增强山地户外运动产业在经济领域中的道德正义，令山地户外运动市场运作的合法性基础得到巩固；另一方面，也能够激发群众的户外运动热情，令群众具有更强的山地户外运动消费欲望，从而反过来对相关经营主体的盈利和发展起到推动作用。

三、树立市场主体的生态文明意识

山地户外运动市场要想实现健康发展，既要保证其“量”的增长，比如完善门类、实现经济发展等，还要注重“质”的优化和完善，促进整个产业生态圈的优质发展。现阶段，我国经济转型将体育产业当作一个重点领域。而做好经济和生态之间的融合是将体育产业发展为“绿色产业”所不可忽略的方面。

相应地，山地户外运动产业也要坚持走可持续发展模式，推进山地户外运动产业结构的不断优化。20世纪80年代以来，我国经济社会取得了不可小觑的成就，其中工业制造提供了重要的发展动力。但是应当注意的是，此种粗放式的资源密集型发展模式，在促进经济社会进步的同时也严重地破坏了生态环境，怎样使经济、环境之间的矛盾以及人类、自然之间的矛盾得到有效缓解成了我国亟需解决的重要问题。对此，体育产业的健康发展成为解决该问题的一个重要突破口。其原因在于，体育产业更多地集中在服务业，相较于工业体来说，它能够提供大量的就业岗位，并且几乎不排放任何的废料、废气。这无疑能够有效缓解我国经济减排压力以及资源约束压力，能够进一步发展我国的低碳经济。而山地户外运动产业作为体育产业的一部分，自然也发挥着同样的功能。因此，从山地户外运动产业方面来说，首先，其市场主体要尽快改变自身服务性质，扩大户外运动服务行业在该行业中所占的比例，从而改变户外运动产品制造业占据体育产业结构主体地位的现状。其次，市场主体在对山地户外运动服务性项目进行建设和运营的过程中，要尽量维持场地开发建设和地区生态环境二者间的平衡，切忌鼠目寸光，只贪求眼前的经济利益，而破坏生态环境，破坏大自然中其他生物的生存空间。

第三节 强化山地户外运动产业行政伦理导向

一、提升政府对山地户外运动产业发展的服务意识

因为山地户外运动产业隶属于体育产业，所以本部分具体从体育产业的角度阐述政府应当做出何种举措。在我国体育产业的建设发展历程中，政府过度发挥其管控作用，从而出现市场管理过度问题，致使市场主体的自主性被压抑，无法顺利营造公平、自由的市场竞争环境，这无疑也降低了体育产业的经济效能；因国家过于注重对竞技体育的发展，而在一定程度上忽略了群众体育的发展，因此民众未能更好地享受体育建设成果。所以，要想让体育产业获得更好的经济效能，让该产业将更好的服务提供给民众，那么政府就要积极转变角色，令自己逐步发展为“服务型政府”，并对当前的体育管理局面加以改善。

首先，政府要增强自身的服务意识。让体育产业更好地服务于广大人民，此种服务既能够呈现国家荣誉和民族尊严，同时也能够确保民众更好地享受体育参与权益。政府应该遵循体育产业发展的基本原则，“坚持以人为本，必须牢固树

立以人民为中心的发展思想，以保障人民群众的体育权益为着眼点，充分调动人民参与体育的积极性、主动性、创造性，进一步激发和调动各方活力，不断满足人民群众日益增长的多元化体育需求”。

其次，政府还要积极为体育产业市场主体提供相应的服务。对市场在资源配置方面所占据的地位予以尊重，并不断深化管理体制改革，使放权让利变得更加合理。在现阶段，自由市场是令生产效率得以提升的最佳手段。但是，因为市场也具有其局限性，所以单单依靠市场无法令所有问题得到解决，也无法妥善处理公平和效率二者之间的关系。因此，在体育产业的具体发展过程中，政府应当对市场进行恰当的干预，令市场秩序变得更加公平有序，并且将合理有效的管理服务提供给体育市场。详细地说，政府不过度干预体育市场，让市场主体的自主权变得更加充分，需要其做好如下几点。第一，政府应当实现政企分开、管办分离。政府要明确自身和体育市场在作用和职能方面的差异，界定好二者之间的界限，不可对市场主体活动做出过多干预。体育市场主体应当在开放、公平、自由的市场环境中依照需求开展经营活动，并令市场效率得到有效提升，从而促进生产总值的增加。第二，对于体育产业的发展，政府仍旧要强化其宏观管理，对市场无法解决的问题得到妥善处理，比如区域布局、产业结构调整等，指引体育市场未来的发展道路，为产业发展营造更加健康积极的环境。

最后，国有体育产权管理与政府公共体育管理的职能应当分开。我国政府是社会公共权力机构，因此应当将其所具有的政策导向作用充分发挥出来，确保市场环境的公平性和自由性。但是政府同时也是体育市场主体之一，是国有资产所有者的代表。以防出现职能混乱和交叉问题，政府应当明确国有体育产权管理与公共体育管理的界限，并对体育产业中出现的行政垄断管理问题加以妥善处理，从而维持市场主体的多元化和多样性，让各市场主体之间能够顺利开展公平和自由的竞争活动。所以，应当对国有体育资产的监督和管理加以完善，对既有出资体育市场主体的各项合法权益进行维护，完善相关体育企业经营业绩考核体系，健全国有体育资本经营预算制度等。

二、健全政府对山地户外运动产业管理的法制体系

当前，我国山地户外运动产业在其具体建设发展过程中涌现出了很多伦理方面的问题，这一方面是因为市场主体的道德意识有待加强，另一方面是因为相关法制体系尚待完善。因为该产业的相关立法并不健全，所以很多市场违法行为得不到法律的约束和制裁，这无疑不利于维护市场的正常秩序。因为市场执法不严，

也使得人们往往通过人际关系等手段来解决问题，而不愿诉诸法律。当山地户外运动市场出现纠纷但是又没有司法适用的时候，人们便被迫私下和解。上述现象屡次出现在我国山地户外运动产业的发展过程中，这不仅严重破坏了市场正常秩序，同时也在一定程度上引发市场的诚信危机。

山地户外运动产业要实现健康可持续发展，就必须将其纳入法治框架，其原因在于法律手段所能够发挥的一些特殊作用是其他手段所无法代替的。政府是国家权力机关，它的一项职能就在于建立和健全法制体系，唯有让法律法规变得更加完善，才能对政府权力加以限制，避免其拥有过大的权力，或者是对权力加以滥用；对恶意破坏市场秩序的恶性行为加以打击，从而为市场主体营造良好的竞争环境，确保运动人员、消费者等能够在法律约束的范围内开展正常的户外运动活动。总的来说，健全山地户外运动产业法制体系，应当依法治理和依法行政，唯有如此，才能够从法律层面对市场、行政管理、个体行为等加以规范，从而令山地户外运动产业实现健康发展。详细地说，政府在法律方面要做到下列几点：

首先，对《中华人民共和国体育法》进行修订，通过法律保障山地户外运动产业的发展。目前在该法律中，涉及山地户外运动产业的相关条款迟迟没有完善，这就使得我国山地户外运动产业发展过程中出现的诸多问题和矛盾无法通过法律得到有效解决，令该产业市场的违法行为或者是纠纷无法在法律上找到相应的依据，致使许多不合理行为屡屡出现，并且也让政府在制订山地户外运动产业有关软法和制度时没有相应的参照。所以，有关部门应当尽快对相关法律内容进行增设和修订，为山地户外运动产业的健康发展提供法律层面的保障。另外，政府有关部门也要对山地户外运动产业的相关软法以及规章制度体系加以完善。有关政府机构要完善山地户外运动产业的科学立法，并且做好规章和行政法、法律之间的衔接，避免和相关规范性文件等产生冲突。中央和各地政府出台的山地户外运动产业有关法律和规章制度，要能够涉及该产业的各方各面，并且从内容上来说应当切实可行、详细具体。

其次，有关政府机构应当积极对自身的执法水准进行提升，并将司法监督的效能充分发挥出来。山地户外运动产业市场的顺利运行，需要政府落实严格、精准的执法管理。唯有始终依照法律严格执法，才可以推动相关行政决策的科学民主合法、相关行政权利规范透明运行以及法律的公正实施；也唯有始终严格执法，才能妥善处理产业之中的各种不正义问题，提高法律在市场主体中的威信，促进法治理念的深化以及践行。除了执法以外，政府也要不断探索和强化其司法工作，能够落实违法必究、有罪必惩的公正裁决。只有有效、公正的司法能够加强法律的规范效能。相反地，若是司法在山地户外运动产业中裁决不明、适用不清，那么仍旧无法对违法行为起到遏制作用，从而引发山地户外运动产业的秩序混乱问题。

最后，有关政府部门应当对山地户外运动产业的法制体系、法律监督机制进行完善。目前，在山地户外运动产业的发展过程中，存在着诸多对市场法治建设造成不利影响的因素，怎样突破瓶颈，促进工作落实，是目前该产业面临的重要问题。具体来说，相关部门要做到如下几点：第一，对行政法律监督机制加以完善，其中涵盖了法院监督、行政内部监督以及社会监督等机制，这些监督机制的完善能够对各种行政乱象起到有效制约作用。第二，要对经济法律监督机制加以完善，通过监督令各种资源开发、资本运行在法律许可范围内开展生产经营活动，让主体采取合法竞争手段来谋得收益。第三，要对法治体育市场协调配合机制进行健全和完善。做好山地户外运动产业的普法宣传工作。可开辟该产业专门的网站、电视节目、自媒体账号等，不断对该产业的法制宣传教育方式方法等进行创新。

三、优化政府对相关产业资源的正义分配

山地户外运动产业在资源分配上也存在着不公平、非正义问题。山地户外运动市场存在的非正义现象又会对市场效率起到抑制作用，从而不利于社会稳定。所以，既需要市场主体秉持“公益精神”落实社会担当，也需要有关政府部门借助各种有效的二次分配途径促进山地户外运动资源的正义分配。

在山地户外运动资源所有分配主体中，政府无疑居于最高地位，其分配制度是不是合理和完善，分配程序和结果是不是足够公正，实际上决定着群众能否对国家发展成果进行平等、自由的分享，是否能够令自身的运动权益得到切实保障。然而，我国实行市场经济体制之后，尽管社会经济水平有了大幅提升，但是也致使社会出现了阶层和区域的分化，使各地区、各群体无法平等享有山地户外运动资源。山地户外运动产业属于体育产业，而体育产业又是我国经济整体不可或缺的组成部分，各地区的经济水平以及人们的消费能力、消费观念存在差异，因此各地的发展水平也各不相同。区域之间的差距既通过山地户外运动资源的持有和分布体现出来，也通过其他方面得以体现，比如行政、教育方面等，这也会间接使得山地户外运动资源在分配上存在不公平的问题。

除了经济发展水平等会给山地户外运动产业造成影响，自然条件、地缘优势等也会给该产业带来重要影响，并会对产业资源分配不均产生影响。也是这些因素使得我国山地户外运动产业在东中西部发展呈现不平衡现象，从而使得个体之间存在着享用和占有相关资源的差异，这些问题若是日渐突出，那么定然会对山地户外运动产业的发展造成极大障碍，若是不对这些问题进行纠正和处理，那么

山地户外运动市场规模的扩大和产业结构的优化都会受到这些问题的不利影响。

所以，作为体育资源分配者，政府一方面不可用绝对平均主义方式对资源分配进行调节，要清楚地认识到不同地区在山地户外运动资源方面存在的差异；另一方面，政府要积极运用市场调控手段或者是行政手段来缩小这些差异，将它们控制在恰当的限度内，以防因为产业资源的分配不公问题而对产业的正常发展带来不利影响。换句话说，尽管政府无法将市场化所造成的山地户外运动资源和消费能力在不同个体、不同地域之间出现的不平等现象完全消除，但是政府应当始终遵循平等、公平的分配原则对那些公共性的、基础性的资源进行分配，并在政策方面对弱势群体和地区予以支持，从而落实山地户外运动公共服务的均等化发展，让群众更加公平地享受山地户外运动产业发展成果。详细地说，政府要对不同区域山地户外运动资源的正义分配进行优化，需要将科学的公共政策制定出来，从而对资源配置进行恰当的调整，并通过政策支持中西部地区山地户外运动产业的发展，给予这些地区相应的优惠和财政支持。另外，政府要实现山地户外运动产业资源的正义分配，不仅要关注不同区域之间的分配差距问题，还要对该产业在门类和结构存在的不合理问题加以妥善解决。

总的来说，山地户外运动产业要想实现健康可持续发展，既要不断发展，谋求产业规模的扩大，还要对其产业结构进行优化，打造具有特色的山地户外运动产业品牌，促进产业经济总量的进一步提升。并且有关政府部门要积极借助各种举措对山地户外运动资源分配不公问题加以解决，并且对行政手段、政策杠杆等加以合理运用，从而促进山地户外运动产业公共服务的均等化，促进山地户外运动资源的正义分配，令人民群众能够平等地享受到国家和产业的发展成果。

第四节 端正山地户外运动产业个体伦理取向

山地户外运动产业发展的目的是使人们在与自然的接触中锻炼身体，愉悦身心，感受运动的快乐，释放身心压力，从而更好地投入到生活和工作中。但由于我国户外运动产业发展有限，缺乏有效的市场管理，因此一些山地户外运动产业的经营者、从业人员、山地户外运动爱好者在认知上出现了误差，使山地户外运动的真正价值被扭曲，出现了“拜物教”“拜资教”的不良现象。面对这些情况，可以从以下几个方面来加以纠正，从而改变个体对山地户外运动的错误看法。

一、加强山地户外运动参与者素质和职业道德的培养

山地户外运动产业的从业人员本应当为运动产业的发展而贡献自身的力量，但在实际过程中会受到各种外在因素的影响，难以真正控制自身行为，加上国内针对户外运动人员的培训机构有限，户外运动从业人员的综合素质和职业道德水平有限，不能正确认识山地户外运动的价值，外界给予的各种诱惑以及压力也难以抵挡，最终破坏自身更进一步的发展，丧失获取自身主体性的机会。

想要改变这种状况，户外运动的从业人员要从以下三点入手改正：

首先，加强对山地户外运动的认识。对山地户外运动的目的有正确的认知，摈弃以往的错误思想，意识到山地户外运动和一切体育运动一样，是为了锻炼人的身体素质，可以间接提高人的生活品质。社会是由千千万万的个体组成的，而个体在世间存在需要认真对待生命。但一些山地户外运动从业者的生命意识薄弱，道德素质低下。不管处于山地户外运动产业的哪一个位置，都应当对生命有足够的敬畏，这也是最基本的道德基础。唯有如此，山地户外运动发展才能更加规范。假如山地户外运动俱乐部中的教练能够对山地户外运动有清晰的认知，对生命有足够的敬畏之心，就会在组织参与者进行山地户外运动时更加尽职尽责，制定出更加全面而详细的运动计划，在运动过程中时刻将参与者的安全放在第一位，保质保量地完成山地户外运动工作；而山地户外运动参与者如果能做到这一点，就会对运动不再轻视，对其中的危险提前预防，在运动过程中不急躁不冒进，在保证安全的前提下完成山地户外运动，在参加各种山地户外运动比赛时也不会因为比赛的胜负而做出危害其他对手生命安全的举动，而是给予对方足够的尊重；山地户外运动产品的经营者如果能做到这一点，就不会在利益的驱使下售卖假冒伪劣产品，把山地户外运动参与者的生命安全置之不顾。对于体育活动来说，其重要精神体现在生命的律动和价值的提升上，比赛的输赢不是最终目的，而正是竞技的结果。山地户外运动作为体育运动的分支，其产业发展的主要目的和意义自然也是如此，也唯有如此才能真正实现产业蓬勃发展，达到提升参与者生命品质的目的。

其次，培养自身的敬业精神。从事山地户外运动的人员要发自心底地热爱户外运动，而不是单纯为了牟取利润，在日常组织各种山地户外活动时要尽职守责，约束自身的行为。山地户外运动在我国起步较晚，但随着人们生活水平的提高以及对身体健康的需求，参与山地户外运动的人群越来越多，许多人看到了其中蕴藏的商机，纷纷加入到这一行业中。其中一部分人在利益的诱惑下丧失了职业操

守，对山地户外运动工作缺乏一定的敬畏和坚持。假如从事山地户外运动的人员没有了敬业精神，其自身的行为和思想就会出现偏差，把工作当成获得利益的手段，从而破坏产业的良性发展。因此，加强山地户外运动从业人员敬业精神的培养势在必行。其一，要加强他们对山地户外运动价值的认同感，使他们愿意主动提升职业道德。目前，我国针对山地户外运动从业人员的专业培训少之又少，迫切需要组建高水平的培训机构，对其进行专业、科学的培训，促使他们对山地户外运动有更深的了解，对其重要价值有更清晰的认知，激发自身对行业的热爱，加强其道德水平，通过行业人员整体素质的提升来推动产业的稳步发展。其二，加强山地户外运动从业人员的法律意识。山地户外运动发展到今日，我国相关的法律法规并不完善，而且很多从业者对已经颁布的相关法律政策也知之甚少，这就导致他们的法律意识薄弱。相关部门应当定期组织法律知识培训，使他们在工作和运动中不触犯法律，同时还能用法律来保护自己。

最后，加强平等和民主意识。山地户外运动也有各种各样的运动比赛，从业人员要有公正、公平的比赛观，对比赛中出现的各种不公平现象进行监督并提出质疑，维护比赛的公正性和其他山地户外运动参与者的合法权益，使山地户外运动更加正规，得到良性发展。随着山地户外运动的发展，我国一些自然资源丰富的地区也开始举办各种各样的运动比赛，这些比赛有的和经济利益挂钩，在比赛过程中会出现一些不公平的现象，从业人员对此要有强烈的维权意识，能够借助相关法律来充分维护自身的权益，以保证山地户外运动比赛的公正和客观，促进山地户外运动赛事的健康发展。

二、提高消费者对山地户外运动价值的认知

山地户外运动产业是为众多运动爱好者服务的，他们对户外运动的热爱和需求刺激了运动产业的快速发展，没有他们也就没有户外运动产业的可持续发展。山地户外运动可以使人们充分接触大自然，在运动的过程中锻炼身体并丰富自身的精神世界，能够促进个体生命全面、和谐的发展。但事实上，一部分山地运动参与者并没有真正意识到山地户外运动的价值所在，以致陷入了“品牌之上”“面子第一”的误区，过分强调山地户外运动对身体的锻炼功效而忽略其精神层次的价值，又或者是仅仅观赏比赛而不真正参与到山地户外运动中去。

如果要改变这种山地户外运动的消费异化现象，使他们真正地参与到山地户外运动中，通过山地户外运动实现自身生命的全面发展，当务之急是改变他们对山地户外运动的错误认知，端正他们的思想，使其对山地户外运动的价值有正确

的了解。只有对运动的巨大价值充分体验后，才能激发他们内心深处对运动的参与兴趣，不再只是单纯地跟风或者次数很少地参与。在山地户外运动的过程中促进自我身体和心理的健康发展，实现自身的生命价值。

通常来说，山地户外运动对个体参与者的全面、自由发展的价值主要体现在以下几个方面。首先，山地户外运动能够促进个体身体、心理的良性发展，使其生命进一步健康发展。社会快速进步的同时也给现代人带来了较高强度的工作和巨大的工作压力，假如这些负面影响长期无法得到纾解，就会引发各种生理疾病和心理疾病。而进行山地户外运动能够使人们短暂脱离城市生活，在自然环境中锻炼身体，改善机体的肌肉力量，增强关节灵活性以及骨强度，避免骨质疏松过早发生；大自然的无穷魅力也会使人们的心灵得到净化，从而促进心理向健康方向发展。其次，坚持进行山地户外运动锻炼，可以塑造更加优美的体形，使机体的血液得到充分循环，心肺功能也日益强大，身体抵抗力增强，防止疾病缠身，有延年益寿的作用。山地户外运动地势一般都较为险要，经常需要参与者手脚并用，并随时观察周边的环境，及时作出应对，这对增强其身体的协调性和灵敏度是非常有效的，也可以在一次次的应对过程中锻炼大脑的观察、组织能力。再次，山地户外运动能够调节人的情绪控制能力，使参与者养成乐观积极的生活态度，避免负面情绪的干扰。科学研究数据表明，适当的运动能使人体内肾上腺素的数量以及敏感度都有所下降，并降低其血压、心率，保证血糖的稳定，在面临突发状况或者险境时避免出现过激反应，用稳定的情绪来处理问题。山地户外运动尽管有一定的危险，但和自然的接触也会在一定程度上改变参与者的心情，使他们以更积极的态度面对困难。在运动过程中，为了更好地完成目标，参与者要和其他人积极沟通，共同合作，这也能锻炼他们的社会交往能力，改变都市生活中日渐冷漠的人际关系，对促进个体的健全人格也大有裨益。最后，山地户外运动和所有体育运动一样，彰显了尊重生命、敬畏自然、顽强拼搏、和平友爱的品质和精神，它能够在一次次的锻炼中使参与者养成良好的道德品质，在潜移默化中塑造更加健全的人格。

总的来说，在山地户外运动的过程中，参与者感受到了运动的趣味，在和其他队员的合作中体会到了友情，在比赛中领略到了对手的风采，在失败中学会了坚强不屈，在和自然接触并征服自然的过程中感受到了自信，这些共同组成了山地户外运动的意义，也在很大程度上推动了其思想境界的提升，在以后的生活中参与者能够以更加乐观的态度去面对困境，取得生命的进一步发展，成为更加优秀的自己。而将这些功能真正发挥出来需要各方主体的共同努力：一是山地户外运动市场的蓬勃发展以及相关公共服务设施的建设，为户外运动爱好者提供更宽广的场地、更优质的产品，在硬件上提供充足保障；二是山地户外运动消费者要树立正确的消费观念，不要为了消费而消费，要真正地参与到山地户外运动中，选择合适的运动产品，感受运动对自身生理、心理的塑造，脱离“拜物教”的错误消费观念。

提高消费者对山地户外运动价值的认知至关重要，但这同样需要多方努力。国家和地区相关部门应当加大山地户外运动的价值宣传，鼓励对山地户外运动有兴趣的人们积极参与到山地户外运动中来,而不是仅仅坐在电视前收看各种节目;在山地户外运动市场的宣传中要控制好方向，不能为了获得利益而夸大或者虚假宣传，吸引很多没有经验的群体参与，却无法真正保证他们的安全，应当对参与运动的人们作出详细说明，将其中的危险一一告知，避免他们冲动消费；消费者自身也要对山地户外运动的相关知识加以了解，结合自身实际情况选择合适的运动项目，切忌盲目跟风。在选择产品时也要重视质量，不要过多地被名牌和五花八门的宣传迷惑。只有国家、市场以及个体三方共同努力，山地户外运动的价值才能被人真正理解，消费者才能真正端正认知，积极参与并享受山地户外运动带来的乐趣和挑战。

三、强化山地户外运动市场经营者的道德治理

山地户外运动产业在我国的起步较晚，一些经营者为了获取更多利润，售卖三无产品，或者挂羊头卖狗肉，经营的山地户外运动产品质量堪忧；一部分户外运动俱乐部为招揽更多人成为俱乐部的一员，在宣传时避重就轻，刻意回避户外运动中的危险，造成很多人对山地户外运动的认知出现了偏差，对运动的风险浑然不觉。这些行为都对山地户外运动产业形成了负面影响，也在一定程度上阻碍了市场的进一步发展。为保证山地户外运动产业的良性发展，需要强化山地户外运动市场的道德治理。这不仅需要国家相关法律的支持，也需要众多经营者的道德自律。自律、他律都是约束户外运动市场主体行为的有效手段，两者密不可分，他律是自律的基础，而自律则是他律的最终目的。强化山地户外运动市场经营主体的道德自律需要考虑以下几个方面。

首先，培养山地户外运动市场经营者的道德意识。和法律不同，道德是社会意识形态的一种，它是根据社会舆论、民族风俗以及内心信念形成的一套行为准则和价值规范，没有强制性，但却有非常明显的导向、教育和激励功能。道德意识的提高能指引山地户外运动经营者在运行过程中自觉遵守相关规则，积极维护市场良好的秩序，把社会效益放在第一位。国家以及地区相关部门要定期组织各

种行业培训，不断强化经营者的行业基础知识和道德意识，通过约束他们的行为来规范山地户外运动市场，避免市场异化的情况发生。

其次，创建山地户外运动市场经营者道德自律机制。这种机制的核心指的是经营者的道德调节机制，即良心。户外运动经营者只要有这样深刻的责任感，在从事任何行为时都把良心放在第一位，就能用正确的价值观来指引自身的行为，作出“善”的选择，户外运动经营者一定要避免各种不合乎道德的行为，坚决抵制各种不法利益的诱惑。

最后，培养山地户外运动市场经营者正确的道德观念。道德自律不仅要依靠自身观念的约束，通过道德意识以及良心来监督自身的行为，同时也离不开良好的社会道德环境的助力。一般情况下，借助社会宣传、各种道德评价和赏罚，社会道德可以充分发挥其对个体道德的调控功能，也可以通过一些详细的外在道德标准来对山地户外运动市场经营者的行为作出评价，使其逐渐实现自律。现代社会是网络信息技术极其发达的社会，可以充分利用互联网和各种新兴平台，结合电视和纸质媒体来引导山地户外运动市场的舆论方向，使其向正面、积极的方向靠拢，使山地户外运动市场经营者以及居民对市场的相关行为规范有更加清晰的了解，在更大范围内建立起居民认同的市场道德评价机制。

参考文献

[1] Schut,Pierre-Olaf. How the Touring Club de France Influenced the Development of Winter Tourism[J]. International Journal of the History of Sport,2016(10)：1133-1151.

[2] 卞烨 . 防水透气膜在防护服中的应用 [J]. 纺织导报，2014(08)：60-63.

[3] 曹春红 . 湘西山地户外运动资源开发 SWOT 分析及策略研究 [D]. 吉首大学，2018.

[4] 陈百顺 . 户外运动产品的技术创新与发展趋势——以探路者控股集团股份有限公司为例 [J]. 纺织导报，2017(03)：26-28.

[5] 陈桂生 . 我国山地户外救援发展现状与对策研究 [D]. 武汉体育学院，2018.

[6] 陈伟 . 绳降运动研究 [J]. 体育文化导刊，2015(05)：56-59.

[7] 陈奕滨，陈靖东，张朝枝 . 知识溢出与目的地户外运动全域发展：基于张家界的实证研究 [J]. 旅游学刊，2019(02)：72-82.

[8] 仇春燕，胡越 . 户外运动监测功能骑行服的设计研究 [J]. 上海纺织科技，2016(04)：36-37.

[9] 初彤阳 . 张家界山地户外运动安全风险管理研究 [D]. 吉首大学，2019.

[10] 丛洪莲，范思齐，董智佳 . 功能性经编运动面料产品的开发现状与发展趋势 [J]. 纺织导报，2017(05)：83-86.

[11] 董范 . 户外运动史 [M]. 武汉：中国地质大学出版社，2020.

[12] 范成文，刘晴，金育强，等 . 我国首批运动休闲特色小镇类型及其地理空间分布特征 [J]. 首都体育学院学报，2020(01)：63-68.

[13] 冯道光 . 攀岩运动研究 [J]. 体育文化导刊，2015(01)：51-54.

[14] 高佳明，朱亚成 . 新时代拉萨市体育旅游资源开发的 SWOT 分析 [J]. 中国商论，2019(07)：100-101.

[15] 耿文光，姜迪，郑美艳，等 . 基于 APP 技术背景下我国户外公共健身器材管理研究 [J]. 北京体育大学学报，2017(11)：28-33.

[16] 国家体育总局，国家发展改革委，工业和信息化部，等．山地户外运动产业发展规划 [EB/OL].2016-10-21.http://www.sport.gov.cn/n316/n340/c774637/content.html.

[17] 国家体育总局青少年体育司，中国登山协会．营地建设与管理 [M]. 北京：高等教育出版社，2018.

[18] 国家体育总局青少年体育司，中国登山协会．营地山地户外运动教程 [M]. 北京：高等教育出版社，2020.

[19] 国家体育总局青少年体育司，中国登山协会．营地水上运动教程 [M]. 北京：高等教育出版社，2020.

[20] 国家体育总局青少年体育司，中国登山协会．营地指导员基础教程 [M]. 北京：高等教育出版社，2019.

[21] 国家体育总局青少年体育司，中国登山协会．自然教育操作手册 [M]. 北京：高等教育出版社，2018.

[22] 国务院．关于加快发展体育产业促进体育消费的若干意见 [EB/OL].2014-10-20.http://www.gov.cn/zhengce/content/2014-10/20/content_9152.htm.

[23] 国务院办公厅．关于加快发展健身休闲产业的指导意见 [EB/OL].2016-10-25.http://www.gov.cn/zhengce/content/2016-10/28/content_5125475.htm.

[24] 韩浩，丛洪莲，徐仲贤．羊毛混纺户外运动服用针织面料开发与性能评价 [J]. 毛纺科技，2020(03)：7-10.

[25] 胡达道，阳芸．优秀红色教育资源在大学生户外运动中的运用研究——以井冈山为例 [J]. 广州体育学院学报，2019(06)：30-33.

[26] 胡箣．山地户外运动装衣袖结构功能性设计研究 [D]. 大连工业大学，2012.

[27] 黄恬恬．生态文明背景下山地户外运动与生态环境保护的冲突与协调 [D]. 华中师范大学，2014.

[28] 霍萧轻．我国山地户外赛事中的皮划艇项目成绩分析与对策研究 [D]. 中国地质大学（北京），2019.

[29] 季凤芹，洪文进，张文翰，等．基于针织柔性传感技术的智能化户外针织安全运动内衣设计 [J]. 上海纺织科技，2017(05)：35-37.

[30] 姜梅英．中国山地户外运动风险防范机制研究 [D]. 北京体育大学，2013.

[31] 金媛媛，杨越，朱亚成．我国体育产业与旅游产业融合发展研究 [J]. 体育文化导刊，2019(06)：82-87.

[32] 李辉，兰海龙．基于方式设计的户外便携水壶设计 [J]. 包装工程，2015(08)：51-54.

[33] 李俊 . 山地户外运动生命安全风险分析与防范研究 [D]. 中国地质大学（北京），2015.

[34] 李龙江 . 体育运动与运动服装的发展研究——评《户外服饰设计与产品开发》[J]. 印染助剂，2018(10)：70–71.

[35] 李美华 . 消费升级背景下山地户外运动产业能级提升研究 [D]. 天津财经大学，2018.

[36] 李荣日，叶锦 . 体育产业“元”逻辑：运动项目 [J]. 体育与科学，2017(03)：94–100.

[37] 李晓 . 区域联动视角下贵州山地户外运动赛事设计与发展 [M]. 成都：西南交通大学出版社，2019.

[38] 李兴刚 . 四姑娘山地区山地户外救援的实施调查与分析 [D]. 四川师范大学，2018.

[39] 李雪，苏全生，胡毓诗，等 . 户外体力劳动者亚健康风险分析及运动干预 [J]. 成都体育学院学报，2015(02)：110–114.

[40] 李雪涛 . 山地户外运动安全因素分析及对策研究 [D]. 北京体育大学，2012.

[41] 李正贤，邱海枝 . 山地户外运动风险防范指标体系的理论与实践研究 [M]. 北京：中国原子能出版社，2019.

[42] 林岱萱 . 台湾溯溪活动风险管理研究 [D]. 北京体育大学，2017.

[43] 凌媛，代向伟 . 产业集群视域下西南山地户外运动产业发展策略研究 [C]. 第十一届全国体育科学大会论文摘要汇编，中国体育科学学会，2019.

[44] 刘潺 .L 户外运动公司营销策略改进研究 [D]. 西北大学，2019.

[45] 刘朝明 . 山地户外运动产业发展研究 [M]. 成都：电子科技大学出版社，2019.

[46] 刘丽芳 . 户外运动怎样着装 [J]. 财会月刊，2014(26)：81.

[47] 龙海如 . 功能性针织运动面料产品开发 [J]. 纺织导报，2017(03)：31–32.

[48] 陆艳珊 . 基于态势分析法视角下山地户外赛事市场开发对策研究 [D]. 成都体育学院，2017.

[49] 罗竞杰，顾雯 . 运动服市场潮流现状与发展前景分析 [J]. 针织工业，2014(07)：92–95.

[50] 罗锐，鲍明晓，蔡林 . 山地户外运动特色小镇产业开发研究 [J]. 首都体育学院学报，2019(04)：311–315.

[51] 罗锐，许军 . 西南贫困地区山地户外运动资源开发研究 [J]. 体育文化导刊，2018(01)：92–96.

[52] 罗怡雯 . 户外运动不足是近视率上升的更重要原因 [J]. 人民教育，2018(17)：10.
[53] 骆腾昆，岳庆利，王俊人，等 . 户外教育的后现代持征及启示 [J]. 体育文化导刊，2018(10)：137–142.
[54] 吕海舟，吴召山，陈珍 . 嘉兴地区户外运动服装市场调研与分析 [J]. 针织工业，2014(05)：66–68.
[55] 莫娓 . 中国・大秦岭（宁陕）山地越野挑战赛路线设计的分析 [D]. 西北师范大学，2020.
[56] 牛鹏飞 . 我国高校山地户外运动队现状研究 [D]. 中国地质大学（北京），2015.
[57] 平凯炜 . 浙江省高校学生参与山地户外运动发展对策研究 [D]. 宁波大学，2018.
[58] 任蕊，弓太生，金鑫 . 户外背包的功能与结构设计 [J]. 中国皮革，2015(17)：56–59.
[59] 山本正嘉 . 登山技巧全攻略 [M]. 青岛：青岛出版社，2017.
[60] 邵如蓉，盘劲呈 . 贵州省山地户外运动参与者感知风险研究 [C]. 第十一届全国体育科学大会论文摘要汇编，中国体育科学学会，2019.
[61] 沈纲，董伦红，纪俊玲，等 . 户外功能服装面料的进展 [J]. 印染，2013(24)：46–48.
[62] 宋学岷，司虎克 . 中国户外运动研究的发展特征及趋势分析 [J]. 广州体育学院学报，2018(02)：48–56.
[63] 孙班军 . 山地户外运动 [M]. 北京：学苑出版社，2007.
[64] 谭建共，严宇文 . 大学生户外运动休闲限制与参与行为的研究 [J]. 武汉体育学院学报，2018(08)：38–42.
[65] 陶兴琳 . 户外运动拷贝 NO.6[J]. 美术观察，2015(09)：64.
[66] 宛霞，于海丽 . 户外背包轻量化趋势分析 [J]. 体育文化导刊，2016(06)：187–191.
[67] 汪俊杰，龙斌 . 历史回顾与现实拓展：近 30 年国外户外游憩研究述评 [J]. 武汉体育学院学报，2020(11)：64–72.
[68] 王露 . 健康趋势与科技创新助力运动装设计发展 [J]. 装饰，2016(03)：22–25.
[69] 王培善 . 攀岩运动教程 [M]. 上海：同济大学出版社，2019.
[70] 王琪 . 登峰・户外运动品牌标志 [J]. 包装工程，2019(18)：282.

[71] 王兴怀，朱亚成．“一带一路”背景下环喜马拉雅体育产业发展战略研究——以西藏体育产业为例 [J]. 西藏民族大学学报（哲学社会科学版），2018(05)：163–168.

[72] 王燕．遵义国际山地户外运动挑战赛组织管理研究 [D]. 四川师范大学，2017.

[73] 王政军．青岛市城区老年人户外运动情况研究 [J]. 体育文化导刊，2016(09)：60–64.

[74] 王志丽．安全保障视角下山地户外运动的群体规范管理 [M]. 长春：吉林大学出版社，2016.

[75] 王子朴，朱亚成．新时代中国体育强国建设中的体育产业发展逻辑 [J]. 北京体育大学学报，2018(03)：8–13.

[76] 韦宗林．山地户外运动与体育旅游研究 [M]. 北京：民族出版社，2013.

[77] 毋洪飞，宋清华，胡建平，等．长期户外登山活动对老年人心肺耐力及肢体运动功能的影响 [J]. 中国老年学杂志，2019(01)：95–97.

[78] 吴静涛．山地户外挑战赛运动员身体素质的研究 [D]. 广西民族大学，2016.

[79] 吴晔，秦尉富．消费促进背景下我国户外运动产业 SCP 范式分析及其发展路向 [J]. 广州体育学院学报，2019(01)：49–52.

[80] 武常宏，杨永祥，耿海燕，等．并行拓展及关联分析的户外运动资源整合模型 [J]. 科技通报，2017(05)：244–247.

[81] 邢冉．山地户外培训课程中的风险分析与应对对策 [D]. 首都体育学院，2020.

[82] 熊欢，何柳．女大学生户外徒步运动体验的口述研究 [J]. 体育与科学，2017(04)：63–70.

[83] 修艳．基于惯性卡尔曼滤波的户外运动跟踪定位模型 [J]. 科技通报，2016(12)：159–162.

[84] 杨璨．基于户外运动监测功能的老年服装设计 [J]. 上海纺织科技，2020(05)：42–45.

[85] 杨海航，朱亚成，张治远．“一带一路”背景下西藏山地户外运动发展 PESTEL 分析 [J]. 西藏民族大学学报（哲学社会科学版），2020(05)：129–133.

[86] 杨汉．山地户外运动 [M]. 武汉：中国地质大学出版社，2006.

[87] 杨丽芳，曲进．我国西部地区户外休闲运动发展方式研究——以重庆武隆为例 [J]. 武汉体育学院学报，2016(05)：36–40.

[88] 杨毅．山地户外运动产业研究 [M]. 北京：中国纺织出版社，2018.

[89] 姚路嘉，曹莉，和立新，等．国家认同视角下中国登山运动的历史演进与时代镜鉴——基于习近平关于国家认同重要论述的分析 [J]. 体育与科学，2020(05)：1–7.

[90] 袁宏．登山文化源流探析 [J]. 山东体育学院学报，2013(05)：27–30.

[91] 张博，张猛，王非，等 .VGI 数据与地形图数据的自动融合研究 [J]. 武汉大学学报 (信息科学版)，2019(11)：1708–1714.

[92] 张春红，蒋东，刘艳霞．户外手电筒的人性化设计研究 [J]. 机械设计，2014(05)：97–99.

[93] 张剑．山地户外运动专项课程体系与实施研究——以沈阳体育学院为例 [C].2017 国际体育与健康学术论文报告会暨第八届全国青年体育科学学术会议论文摘要汇编，中国体育科学学会，2017.

[94] 张莲莲．高原赛事风险管理研究——以山地户外运动挑战赛为例 [C]. 第六届中国多巴高原训练与健康国际研讨会暨第二届高原科学与可持续发展分论坛论文摘要集，中国体育科学学会，2020.

[95] 张璐．北美户外运动营地建设与经营管理模式研究 [J]. 广州体育学院学报，2020(04)：54–56.

[96] 张雨．山地户外运动竞赛 [M]. 北京：新华出版社，2013.

[97] 章春筱．户外运动在大学生体育课程中的应用与创新——评《大学生户外运动》[J]. 中国教育学刊，2018(04)：112.

[98] 赵聚，朱亚成，王玉闯．“一带一路”倡议下西藏山地户外运动发展环境分析 [C]. 第六届中国多巴高原训练与健康国际研讨会暨第二届高原科学与可持续发展分论坛论文摘要集，中国体育科学学会，2020.

[99] 赵聚，朱亚成，王玉闯．新时代推进西部大开发形成新格局背景下西藏山地户外运动发展战略研究 [C]. 第六届中国多巴高原训练与健康国际研讨会暨第二届高原科学与可持续发展分论坛论文摘要集，中国体育科学学会，2020.

[100] 赵聚，朱亚成．西藏户外运动价值探究 [J]. 中国市场，2020(04)：25–26.

[101] 赵平，李楠．户外运动与拓展训练对大学生影响研究——评《现代大学生户外运动与拓展训练》[J]. 当代教育科学，2015(12)：66.

[102] 赵平，王宁，王兴．全民健身与河北省户外运动项目的发展 [J]. 河北学刊，2014(04)：229–231.

[103] 赵万武．内战后美国户外生活的流行与资源保护运动的兴起 [J]. 历史教学 (下

半月刊)，2019(10)：34–43.
[104] 赵伟，梁强 . 国家登山健身步道系统构建与可持续发展研究 [M]. 北京：经济管理出版社，2020.
[105] 周昕虔，杨绛梅，刘小学，等 . 女大学生户外健身登山运动损伤发生的特征研究 [J]. 首都体育学院学报，2015(03)：282–285.
[106] 朱亚成，季浏 . 西藏体育旅游市场开发的 PEST 分析 [J]. 西藏民族大学学报（哲学社会科学版），2020(06)：205–212.
[107] 朱亚成 . 关于《体育发展"十三五"规划》的若干探讨 [J]. 南京体育学院学报 (社会科学版)，2016(03)：85–92.

后　记

全世界无产阶级和劳动人民的伟大导师马克思曾说，“在科学上没有平坦的大道，只有不畏劳苦沿着陡峭山路攀登的人，才有希望达到光辉的顶点”。一直以来，我都特别欣赏这句至理名言。正如古人有云，“宝剑锋从磨砺出，梅花香自苦寒来”。此时，我终于如释重负，将近 27 万字的著作《新时代山地户外运动产业高质量发展研究》如期完成。书稿完成之际，有关山地户外运动的重磅新闻接二连三。2020 年 12 月 5 日山地户外运动员完成阿尔卑斯山区德鲁峰攀岩攀冰路线，12 月 7 日运动攀岩入选 2024 年巴黎奥运会赛事项目，12 月 9 日“搜狐杯”全国滑雪登山挑战赛完美落幕，12 月 19 日中国攀岩自然岩壁精英挑战赛拉开序幕……这些好消息对我来说无疑是一缕春风，一方面映衬这本《新时代山地户外运动产业高质量发展研究》专著出版正逢其时，另一方面更加坚定自己继续从事山地户外运动产业研究的决心和勇气。

一、勇往直前的执着者

我与山地户外运动结缘要追溯到 2010 年高考失利。一直以来，我都对山地户外运动充满好奇，我喜欢冒险和挑战。2010 年我毫不犹豫地填报了中国地质大学（武汉），因为我知道中国地质大学是一所具有优良体育传统和雄厚体育基础的大学，被誉为中国登山户外运动的“黄埔军校”。最终因 2 分之差与中国地质大学失之交臂，但我对户外运动的喜爱依旧没有改变。同年考入武汉生物工程学院，开启了自己的大学生涯。踏入大学之后，我有幸入选学校定向越野队，这是我人生中第一次参加正规户外运动训练。随后开始备战一年之后的湖北省高校大学生定向越野比赛，跟随老师黄正喜、谭军辉练习定向越野。经过一年的刻苦训练，虽然成绩不是很好，但我很享受定向越野带给我的满足感和成就感。定向越野是一种借助地图、指北针或其他导航工具，在一个设定的范围内，通过途中的各种障碍，快速到达各个目标点位，并且完成各个点位任务，最后到达终点的运动。正如黄正喜老师所说，定向越野是“边跑马拉松边下国际象棋”。后来3年，我代表学校先后在中国地质大学（武汉）、武汉大学、武汉市农耕年华风情园等地参加定向越野比赛，庆幸的是，荣获了湖北省大学生定向越野个人赛第三名。大学毕业之后，我以优异成绩考取首都体育学院，开启了研究生学习生涯，主要从事体育经济与管理学、山地户外运动产业研究。“以挑战者精神拼搏创新”的首都体育学院校训一直激励我勇往直前，在追逐山地户外运动的道路上永不止步。

二、乐在其中的参与者

2014年9月在北京读研时，机缘巧合下结识了户外拓展训练的培训师任大成先生。随后3年，任先生先后10余次邀请我在北京黄花城水长城旅游区等地担任户外拓展助理教练，而我也乐在其中，享受着户外拓展带给我的充实感，户外拓展也给“黯淡无光”的研究生生活带来一丝明亮和轻松。依稀记得第一次跟随任先生参加户外拓展培训之后在QQ日志中写下的一段话，“这两天任教练给我讲述了拓展训练的来龙去脉和今后的发展前景和趋势，让我受益匪浅，感触颇深。此外，任教练也为我们后辈分享了他的成功之路和处事之道，听完任教练的经历之后，我对任教练又多了一份敬爱之情。他如同父辈般教育我、关爱我、指点我，我发自肺腑感谢任教练这两天对我的良苦用心和悉心栽培。在这两天的学习中，我从任教练的口中得知拓展训练起源于二战，发源于英国。刘力先生是我国第一位使用‘拓展训练’一词的人并且是‘人众人教育’的开创者。拓展训练英文为Outward Development，又称外展训练（Outward bound），原意为一艘小船驶离平静的港湾，义无反顾地投向未知的旅程，去迎接一次次挑战，去战胜一个个困难。拓展训练通常利用崇山峻岭、瀚海大川等自然环境，通过精心设计的活动达到‘磨炼意志、陶冶情操、完善人格、熔炼团队’的培训目的”。临近毕业时，我在整理QQ空间相册里自己这3年参加户外拓展培训和户外拓展训练的照片时，在相册前面配上了一段导语，“走进黄花城水长城，因为拓展训练，感受不一样的景色和情怀。九分山水一分田，青山碧水两相恋。至此既可欣赏秀丽的湖光山色，又可观长城的清灵俊秀，还有绿树红花相伴身旁，使人有远离城市喧嚣，回归大自然的美妙感觉”。

三、身体力行的考察者

纸上得来终觉浅，绝知此事要躬行。一直以来，在探究山地户外运动产业方面，我都是身体力行的考察者。首都体育学院研究生 3 年，在授业恩师王子朴教授和梁金辉副教授的带领下，先后 3 次实地考察了我国户外运动产业开展现状。2014 年 12 月实地走访了四川省阿坝藏族羌族自治区小金县，详细了解了近年来小金县山地户外运动产业稳步发展的情况。2015 年 6 月实地考察了湖南省湘西德夯地区户外运动资源和德夯风景名胜区，这里发展山地户外运动的条件得天独厚。山势跌宕，绝壁高耸，峰林重叠，天然形成了许多断崖、石壁、峰林、瀑布、原始森林。区内溪河交错，四季如春，气候宜人，有丰富的动植物资源。2016 年 6 月实地考察了重庆市武隆国际山地越野赛，并参观了天生三桥、喀斯特地质公园、龙水峡地缝和仙女山大草原等风景名胜。2017 年 7 月人才引进到西藏民族大学之后，多次参加陕北红色体育旅游、沙漠极限运动体验、高原户外帐篷营地、秦直道户外穿越、山地自行车、定向越野、攀岩、青少年山地户外运动体验及研学游等活动。2020 年 7 月至 8 月，在西藏民族大学体育学院杨海航院长的带领下，先后实地走访了拉萨山地户外运动服务产业中心、当雄县羊八井镇羊八井高山训练基地、定日县岗嘎镇定日登山徒步基地、米林县派镇南迦巴瓦山地户外运动小镇。在调研期间，跟随张治远副教授前往西藏日喀则市实地参观了日喀则珠峰国际登山产业运营服务中心和西藏日喀则攀岩墙。这些研学游经历，是完成本专著的底气和信心。

四、勇攀高峰的求索者

路漫漫其修远兮，吾将上下而求索。在探索山地户外运动产业高质量发展的道路上孜孜不倦、不辞辛苦。从 2015 年至今，本人先后在国际 SCI、EI 源刊 *Solid State Technology*、*Design Engineering* 和国内 CSSCI 期刊、核心期刊《北京体育大学学报》《西安体育学院学报》《体育文化导刊》等上发表相关学术论文 10 篇，在全国体育学术高水平会议上作专题主报告、专题报告 5 次。其中，2015 年 12 月在第三届中国休闲体育大会上作《基于文献计量的山地户外运动研究综述》的专题报告；2016 年 9 月在全国体育社会科学年会上作《户外拓展活动参与人群现状研究》的专题主报告；2019 年 8 月在第 29 届全国高校田径科研论文报告会上作《基于 SWOT 的西藏户外运动发展研究》的专题报告，该报告荣获大会优秀论文二等奖；2020 年 7 月在第六届中国多巴高原训练与健康国际研讨会上作《新时代推进西部大开发形成新格局背景下西藏山地户外运动发展战略研究》的专题报告；2020 年 10 月在第二届西藏旅游发展与旅游教育高端论坛上作《新时代西藏山地户外运动发展战略研究》的专题报告，该报告荣获优秀论文（教师组）。报告期间先后得到首都体育学院院长钟秉枢教授、华南师范大学卢元镇教授、北京体育大学任海教授、北京体育大学蒋依依教授、国家体育总局体育科学研究所所长冯连世研究员、西北大学旅游管理系主任梁学成教授的指导和点拨。以通讯员身份在《西藏日报》客户端发表 2 篇相关新闻报道，《西藏民族大学 99 后"亲兄弟"为珠峰量身高》（2020–06–11）和《西藏民族大学桑登次旺成功登顶 6010 米念青唐古拉山》（2020–10–06），累计浏览量超过 40 万次。此外，指导学生赵聚申报的课题"西藏山地户外运动市场调查研究"获批西藏民族大学大学生创新创业训练计划项目，并在《中国市场》等国家级刊物上先后发表《西藏户外运动"十四五"发展规划前瞻》《西藏户外运动价值探究》等 6 篇论文。

五、不忘初心的追梦者

最近 5 年，为了搜集和洞悉山地户外运动产业最新研究成果和相关学术进展，我先后参加了数 10 次山地户外运动产业相关学术会议。连续参加 5 届中国休闲体育·北京论坛。2018 年 11 月 16 日至 18 日，参加中国登山协会、中国体育科学学会学校体育分会、中国地质大学（武汉）联合主办的"2018 年中国户外教育与户外资源发展高峰论坛"，有幸现场聆听了国家体育总局登山运动管理中心副主任、中国登山协会秘书长张志坚先生的主旨报告《中国高校户外教育之我见》，中国地质大学（武汉）体育学院原院长董范教授的大会报告《我国户外运动发展进程中高等学校地位与作用》，国际高山探险委员会成员、国际攀岩裁判员、国际高山领队马欣祥先生的专题主报告《由北美户外资源开发看户外理论研究》等 10 余场国内外山地户外运动领域的大咖报告。2020 年，先后线上参加了第六届黔西南州旅游产业发展大会暨 2020 年西南民族体育与山地旅游高峰论坛、第四届四姑娘山山地户外专家学术峰会、第九届中国休闲体育论坛等多场学术会议。作为核心成员参与了首都体育学院金媛媛博士主持的 2015 年度国家社会科学基金青年项目"我国体育与旅游产业融合发展的路径与协同治理机制研究"（批准号：15CTY007）和西藏民族大学杨海航教授主持的西藏文化传承发展协同中心 2020 年招标课题重点项目"新时代西藏山地户外运动产业发展研究"（项目编号：XT–ZB202006）以及广州市哲学社会科学发展"十三五"规划 2018 年度青年课题“融合与创新：广州市体育赛事旅游产业对塑造城市形象的实现路径研究”（课题编号：2018GZQN55）等多项课题。自从2020年6月西藏自治区体育局与西藏民族大学合作共建西藏民族大学山地户外运动学院之后，我下定决心要将之前的研究成果汇总成册，并重新加入新的素材和见解，以专著的形式与大家分享。一方面是响应学校和学院领导的要求，将研究重心转移到山地户外运动上来，夯实山地户外运动学院的研究基础和科研实力，为相关教学做好充分的准备；另一方面是对自己近10年的山地户外运动产业研学做一个回顾和总结。

六、永远铭记的感恩者

饮水思源，在本书即将付梓之际，感慨良多，本书能够面世得到各方的支持和帮助。首先，感谢西藏自治区体育局局长尼玛次仁，访谈期间与尼玛次仁局长进行过长达两个多小时的交流与沟通，尼玛次仁局长关于西藏山地户外运动产业高质量发展的理念和思路让我茅塞顿开，有种“山重水复疑无路，柳暗花明又一村”的惊喜之感，让我对山地户外运动产业高质量发展有了清晰的认识和理解，也为我完成这本《新时代山地户外运动产业高质量发展研究》打开思路。感谢西藏日喀则市文体局的扎西老师、德庆欧珠老师，感谢西藏体创空间山地户外运动区的工作人员。调研过程中得到他们的细心照顾和无私帮助，为完成这本著作提供了大量鲜活的素材和资料。第二，感谢中国登山协会主席李致新先生，感谢国家体育总局登山运动管理中心副主任、中国登山协会秘书长、《山野》杂志社主编张志坚先生对我研究工作的指导和帮助，让我豁然开朗，获益良多。第三，感谢我的领导—西藏民族大学体育学院杨海航院长、王兴怀副院长和西藏民族大学山地户外运动学院院长次仁旦达对我工作的支持和帮助，尤其是在杨海航院长的鼓励和鞭策之下，更加坚定了自己完成这本著作的动力和恒心。感谢我的同事张治远老师、刘明坤老师、杜杨婷老师为我提供的资料和推荐的微信公众号平台，让我在研究撰写中少走弯路。感谢我的学生桑登次旺、贡秋桑登、次仁郎珠，作为老师，为你们勇攀珠峰、为国奉献、追求卓越、挑战自我的精神而自豪，同时也激励自己勇攀高峰。最后，感谢我的大学老师黄正喜副教授和谭军辉副教授，是你们引我进入定向运动的大门；感谢我的贵人任大成先生，是您言传身教，为我普及户外运动的知识和灌注户外运动的理念；感谢我的研究生导师王子朴教授和博士生导师季浏教授，是您为学生指点迷津，对我在学术和科研道路的高标准、严要求，让我在学术科研之路上不敢懈怠、精益求精，让我守得云开见月明；感谢《西藏民族大学学报（哲学社会科学版）》常务副主编夏阳教授对我论文的指导和修改，您的宝贵意见让我获益无穷；感谢《西藏日报》记者王雨霏姐姐对我新闻简报的修改和润色，并帮我推荐发表；感谢我的女友，杨凌职业技术学院体育教学部教师张青和我的妹妹朱萍，感谢你们陪我一同前往西藏调研；感谢我的父母，父母永远是孩子的避风港，感谢父亲每次在我最无助的时候给我安慰，并资助我出版此专著。即将而立之年的我唯有不懈努力，用优秀成绩回报父母的恩情。此外，本书在撰写过程中参考、借鉴和引用了许多前人的优秀成果，在此一并表示最诚挚的敬意和感谢。

文章千古事，得失寸心知。作者的责任自不待言。掩卷自问，虽然为完成这本不够丰满的作品付出了不懈努力和宝贵的青春，力求将这本《新时代山地户外运动产业高质量发展研究》专著写的更好一些。但由于能力、时间、条件所限，故仍感尚有许多缺憾之处，若干问题尚待实践检验，因此并未轻松。恳请专家、学者、读者提出宝贵意见，在此先致谢忱！

赋诗一首，以志之。

山峰险峻景奇幽，地路崎岖勇者谋。
户外攀爬流热汗，门中探讨绘鸿猷。
初心不忘穷追梦，使命担当更上楼。
产业标新从藏起，抛砖尽智固金瓯。

朱亚成

2021 年 6 月